Kohlhammer

Der Gemeinderat in Baden-Württemberg

von

Werner Sixt
Erster Beigeordneter a. D. des Gemeindetags
Baden-Württemberg

Professor Klaus Notheis
Präsident a. D. der Gemeindeprüfungsanstalt
Baden-Württemberg

Professor Dr. Jörg Menzel
Dezernent für Umwelt und Technik,
Landratsamt Karlsruhe

Eberhard Roth
Bürgermeister der Gemeinde Sulzfeld a. D.

3., überarbeitete Auflage

Verlag W. Kohlhammer

3. Auflage 2019

Alle Rechte vorbehalten
© W. Kohlhammer GmbH, Stuttgart
Gesamtherstellung: W. Kohlhammer GmbH, Stuttgart

Print:
ISBN 978-3-17-036190-4

E-Book-Formate:
pdf: ISBN 978-3-17-036191-1
epub: ISBN 978-3-17-036192-8
mobi: ISBN 978-3-17-036193-5

Dieses Werk einschließlich aller seiner Teile ist urheberrechtlich geschützt. Jede Verwendung außerhalb der engen Grenzen des Urheberrechts ist ohne Zustimmung des Verlags unzulässig und strafbar. Das gilt insbesondere für Vervielfältigungen, Übersetzungen, Mikroverfilmungen und für die Einspeicherung und Verarbeitung in elektronischen Systemen.

Für den Inhalt abgedruckter oder verlinkter Websites ist ausschließlich der jeweilige Betreiber verantwortlich. Die W. Kohlhammer GmbH hat keinen Einfluss auf die verknüpften Seiten und übernimmt hierfür keinerlei Haftung.

Vorwort zur 3. Auflage

Den gewählten Gemeinderätinnen und Gemeinderäte möchten wir auch künftig eine „Einstiegshilfe" für die neuen Aufgaben als Vertreterinnen und Vertreter der Bürgerschaft geben. Sie werden nunmehr mit vielen, z. T. auch weniger bekannten Bereichen zu tun haben und zu Ihrer Arbeit gefragt werden. Den Autoren ist es gemeinsam mit dem Kohlhammer Verlag ein wichtiges Anliegen, Sie dabei zu unterstützen. Fragestellungen des Kommunalverfassungsrechts, der Finanzen oder des Baurechts und allgemein die Steuerung der Daseinsvorsorge in der Gemeinde sind dabei zentrale Themen.

Wir haben die in diesem Buch behandelten Themenfelder auf die aktuelle Entwicklung fortgeschrieben und hoffen auch mit dieser Auflage die positive Resonanz der bisherigen Vorlagen fortsetzen zu können.

Stuttgart, Karlsruhe, Sulzfeld, im Oktober 2018   Die Verfasser

Vorwort zur 1. Auflage

Das vorliegende Werk wendet sich an das Hauptorgan in unseren Gemeinden, den Gemeinderat. Jedes einzelne Mitglied des Organs vertritt die Bürgerinnen und Bürger in „seiner" Kommune.
Nach dem Subsidiaritätsgedanken sollen auf gemeindlicher Ebene die Fragen behandelt, diskutiert und entschieden werden, die für eine örtliche Gemeinschaft wichtig sind. Insofern ist der Gemeinderat als Teil der Exekutive mitverantwortlich für eine rechtmäßige Handlungsweise in unseren Städten und Gemeinden, die sich am Gemeinwohl orientiert.
Mit seiner Verpflichtung erklärt der Gemeinderat, die Rechte für die Kommune gewissenhaft zu wahren und das Wohl der Einwohner nach Kräften zu fördern. Um diese wichtige Aufgabe in unserem demokratischen Gemeinwesen erfüllen zu können, muss sich jeder Gemeinderat mit einer Vielzahl von rechtlichen Vorgaben befassen.
Welche Rechte und Pflichten habe ich als Gemeinderat, wie ist das Zusammenspiel mit dem Ober-/Bürgermeister, wie gestaltet sich der Ablauf von Sitzungen, was bedeutet das kommunale Haushaltsrecht, wie kann die städtebauliche Entwicklung gesteuert werden oder wie sieht es mit der Kinder- oder Seniorenarbeit aus? Das sind nur einige Stichworte, die im vorliegenden Werk behandelt werden.
Die Verfasser möchten mit diesem Werk neuen Gemeinderätinnen und Gemeinderäten, aber auch denjenigen, die schon längere Zeit Erfahrung in einem solchen Amt haben, Grundlagen vermitteln und Tipps für die vielfältigen Aufgaben geben.

Stuttgart, Karlsruhe, Sulzfeld, im Mai 2009   Die Verfasser

Inhaltsverzeichnis

Vorwort zur 3. Auflage. V
Vorwort zur 1. Auflage. VII
Abkürzungsverzeichnis. XVII

Erster Teil		Kommunalverfassungsrecht	1
I.	Rechtsstellung, Wirkungskreis, Organe der Gemeinden		1
	1.	Rechtsstellung der Gemeinden.	1
	2.	Wirkungskreis und Aufgaben der Gemeinden	2
		a) Allgemeines.	2
		b) Freiwillige Aufgaben/Pflichtaufgaben.	2
		c) Weisungsfreie Aufgaben/Weisungsaufgaben.	4
	3.	Rechts- und Fachaufsicht	5
	4.	Arten der Gemeinden.	6
	5.	Organe der Gemeinden	7
		a) Allgemeines.	7
		b) Gemeinderat	7
		c) Bürgermeister	10
II.	Rechtsstellung und Pflichten eines Gemeinderats.		12
	1.	Das Amt des Gemeinderats und seine Rechtsstellung.	12
		a) Allgemeines.	12
		b) Amtseinführung, Verpflichtung der Gemeinderäte	13
		c) Entscheidungsfreiheit – Gebot und Schutz für den Gemeinderat	13
	2.	Mitwirkungsrechte	14
		a) Rechte einzelner Gemeinderäte.	14
		b) Rechte von Gruppen (Minderheiten) und Fraktionen des Gemeinderats.	15
	3.	Amtsführung	17
	4.	Vertretungsverbot	18
	5.	Teilnahmepflicht an Gemeinderatssitzungen.	19
	6.	Verschwiegenheitspflicht.	19
		a) Gründe.	19
		b) Umfang.	19
		c) Dauer der Verschwiegenheitspflicht.	20
		d) Ausnahmen von der Schweigepflicht	21
		e) Folgen des Geheimnisbruchs	21

Inhaltsverzeichnis

	7.	Befangenheit und ihre Folgen	21
		a)	Begriff – Ausschluss von der Mitberatung und Mitentscheidung.	21
		b)	Grundsätzliche Sachverhalte der Befangenheit	21
		c)	Persönliche Tatbestandsmerkmale, die Befangenheit auslösen	22
		d)	Befangenheit wegen Interessen Dritter an der Entscheidung.	27
		e)	Feststellung der Befangenheit (§ 18 Abs. 4 GemO)	29
		f)	Verlassen der Sitzung bei Befangenheit (§ 18 Abs. 5 GemO)	30
		g)	Ausnahmen vom Mitwirkungsverbot	30
	8.	Verantwortung und Haftung der Gemeinderäte	31
		a)	Privatrechtliche Haftung	31
		b)	Amtshaftung	32
		c)	Strafrechtliche Verantwortung	32
		d)	Disziplinarische Maßnahmen, Ahndung von Pflichtverstößen nach der Gemeindeordnung	32
	9.	Entschädigung für ehrenamtliche Tätigkeit (Auslagenersatz und Ersatz des Verdienstausfalls)	33
		a)	Anspruchsgrundlage	33
		b)	Einzelabrechnung oder Pauschalabgeltung	33
		c)	Reisekosten	34
		d)	Einkommensteuerpflicht	34
		e)	Unfallfürsorge	35
III.	Sitzungen des Gemeinderats		36
	1.	Grundsatz der Öffentlichkeit der Sitzungen	36
		a)	Öffentliche Ankündigung der Sitzungen	36
		b)	Umfang der Öffentlichkeit	36
	2.	Nichtöffentliche Sitzungen	37
	3.	Vorbereitung der Sitzung	38
		a)	Zuständigkeit	38
		b)	Einberufung der Sitzung, Teilnahmepflicht	38
		c)	Wann sind Sitzungen einzuberufen?	38
		d)	Einberufungsfrist	39
		e)	Einberufungsform	39
		f)	Tagesordnung, Beratungsvorlagen	39
	4.	Geschäftsordnung	40
	5.	Vorsitz und Verhandlungsleitung	41
	6.	Eröffnung der Sitzung, Feststellung der Beschlussfähigkeit	41
		a)	Beschlussfähigkeit	41
		b)	Beschlussfähigkeit in Ausnahmesituationen	42
		c)	Ersatzbeschlussrecht des Bürgermeisters	42

Inhaltsverzeichnis

7.	Gang der Verhandlungen		42
	a)	Sachvortrag	42
	b)	Aussprache	43
	c)	Redezeit	43
	d)	Schluss der Aussprache	43
8.	Stellung von Anträgen zu Tagesordnungspunkten		43
	a)	Begriff	43
	b)	Recht zur Antragstellung	43
	c)	Sachanträge und Geschäftsordnungsanträge	43
9.	Beschlussfassung in Sitzungen		44
	a)	Recht zur Teilnahme	44
	b)	Formen des Beschlusses	44
	c)	Abstimmungen	44
	d)	Wahlen	47
	e)	Besonderheiten bei Personalentscheidungen	48
10.	Beendigung und Unterbrechung der Sitzung		48
11.	Teilnahme sonstiger Personen an der Sitzung		49
	a)	Sachkundige Einwohner und Sachverständige	49
	b)	Beigeordnete	49
	c)	Andere Gemeindebedienstete	49
	d)	Rechtsaufsichtbehörde	49
	e)	Anhörung Betroffener	49
	f)	Fragestunde	50
12.	Beschlussfassung im schriftlichen, elektronischen Verfahren oder durch Offenlegung		50
	a)	Voraussetzungen	50
	b)	Beschlüsse im schriftlichen oder elektronischen Verfahren	50
	c)	Offenlegung	50
13.	Änderung und Aufhebung von Beschlüssen		51
14.	Niederschrift über die Sitzungen des Gemeinderats		51
	a)	Inhalt der Niederschrift	51
	b)	Schriftführer	52
	c)	Bekanntgabe der Niederschrift, Einsichtnahme	52
	d)	Veröffentlichung von Informationen zu Sitzungen des Gemeinderats	52

IV.	Ausschüsse des Gemeinderats		53
	1. Einleitung		53
	2. Beschließende Ausschüsse		53
		a) Begriff, Bildung	53
		b) Nicht übertragbare Aufgaben	53
		c) Zuständigkeit, Befugnisse	54
		d) Geschäftsgang	54

Inhaltsverzeichnis

		e)	Zusammensetzung	54
	3.	Beratende Ausschüsse.		54
		a)	Begriff, Bildung	54
		b)	Zuständigkeit	55
		c)	Geschäftsgang	55
		d)	Zusammensetzung	55

V. Ortschaftsrat, volksgewählter Bezirksbeirat 55

VI. Bezirksbeirat 56

VII. Ältestenrat 56

VIII. Fraktionen 56

IX. Beteiligung von Kindern und Jugendlichen, Jugendgemeinderäte .. 57

X. Bürgerschaftliche Mitwirkung 57
    1. Bürgerentscheid. 57
    2. Bürgerbegehren. 58
    3. Einwohnerantrag. 58
    4. Einwohnerversammlung 59

XI. Verwaltungsgemeinschaften – eine besondere Verwaltungsform ... 60

Zweiter Teil   Finanzwirtschaft der Kommunen 61

I. Einführung in die öffentliche Finanzwirtschaft 61
    1. Allgemeiner Überblick 61
    2. Finanzhoheit und Budgetrecht. 61
    3. Abgrenzung der öffentlichen Finanzwirtschaft zur Privatwirtschaft. 62
    4. Rechtsgrundlagen kommunales Haushaltsrecht 63
    5. Ablauf der Haushaltswirtschaft 65

II. Wirtschafts- und Finanzierungsgrundsätze 65
    1. Allgemeines 65
    2. Allgemeine Haushaltsgrundsätze 66
        a) Stetige Aufgabenerfüllung 66
        b) Beachtung des gesamtwirtschaftlichen Gleichgewichts .. 70
        c) Sparsame und wirtschaftliche Haushaltswirtschaft. 70
        d) Finanzierungsgrundsätze 70

III. Haushaltssatzung und Haushaltsplan 81
    1. Haushaltssatzung 81
        a) Begriff und Bedeutung. 81
        b) Inhalt und Form der Haushaltssatzung 82

Inhaltsverzeichnis

		c)	Zustandekommen und Erlass der Haushaltssatzung....	84
		d)	Nachtragshaushaltssatzung	86
		e)	Vorläufige Haushaltsführung	87
	2.	Haushaltsplan.		88
		a)	Begriff und Bedeutung.	88
		b)	Inhalt des Haushaltsplans	89
		c)	Gliederung und Bestandteile des Haushaltsplans	90
		d)	Gesamtergebnishaushalt	90
		e)	Gesamtfinanzhaushalt.	98
		f)	Kontenplan	101
		g)	Haushaltsquerschnitt	102
		h)	Verpflichtungsermächtigungen	104
		i)	Teilhaushalte	106
		j)	Stellenplan	115
		k)	Anlagen	116
IV.	Besondere Haushaltsgrundsätze			116
	1.	Veranschlagungsgrundsätze.		117
		a)	Grundsatz der Jährlichkeit.	117
		b)	Grundsatz der Vorherigkeit	117
		c)	Grundsatz der sachlichen Vollständigkeit	117
		d)	Grundsatz der sachlichen Einheit	117
		e)	Grundsatz der Haushaltswahrheit und -klarheit	117
		f)	Grundsatz der Einzelveranschlagung	118
		g)	Grundsatz der periodengerechten Abgrenzung und Kassenwirksamkeit.	118
		h)	Bruttogrundsatz.	118
		i)	Haushaltsausgleich	119
	2.	Deckungsgrundsätze		120
		a)	Grundsatz der Gesamtdeckung.	120
		b)	Grundsatz der sachlichen Bindung	120
		c)	Grundsatz der zeitlichen Bindung	121
V.	Vollzug der Haushaltssatzung.			122
VI.	Überplanmäßige und außerplanmäßige Auszahlungen und Aufwendungen.			123
	1.	Grundsatz der sachlichen Bindung.		123
	2.	Begriffe – Abgrenzung		123
	3.	Zulässigkeit		124
		a)	Überplanmäßige und außerplanmäßige Aufwendungen..	124
		b)	Überplanmäßige und außerplanmäßige Auszahlungen ..	124
		c)	Überplanmäßige Auszahlungen für Investitionen, die im Folgejahr fortgesetzt werden	125

Inhaltsverzeichnis

VII.	Gemeindevermögen	125
	1. Begriff, Einteilung und Vermögenserwerb	125
	2. Verwaltung und Nachweis des Vermögens	126
	3. Vermögensveräußerung	127
VIII.	Kommunale Schulden	127
	1. Begriffsbestimmungen	127
	a) Schulden	127
	b) Haushaltsrechtlicher Kreditbegriff	127
	c) Umschuldungen	128
	d) Kassenkredite	128
	2. Zulässigkeit von Kreditaufnahmen	128
	3. Kreditbedingungen	129
	4. Kreditähnliche Rechtsgeschäfte	129
	5. Kassenkredite	129
IX.	Jahresabschluss	130
	1. Gesetzliche Verpflichtung	130
	2. Bestandteile des Jahresabschlusses	131
	3. Ergebnisrechnung	131
	4. Finanzrechnung	134
	5. Bilanz	137
	6. Anhang	138
	7. Rechenschaftsbericht	138
	8. Vermögensübersicht, Verbindlichkeitenübersicht	138
	9. Gesamtabschluss	139
X.	Unternehmen und Beteiligungen	140
	1. Allgemeines	140
	2. Zulässigkeit wirtschaftlicher Betätigung	140
	3. Errichtung, Übernahme und Erweiterung wirtschaftlicher Unternehmen	141
	4. Ziele wirtschaftlicher Betätigung	142
	5. Verbot des Missbrauchs von Monopolstellungen – kommunale Konkurrenz	142
	6. Organisations- und Rechtsformen	143
	a) Regiebetrieb	143
	b) Eigenbetrieb	143
	c) Selbstständige Kommunalanstalt	148
	d) Unternehmen und Einrichtungen in Privatrechtsform	153

Inhaltsverzeichnis

Dritter Teil		**Baurecht**	157
I.	Grundlagen des Baurechts		157
	1.	Öffentliches und privates Baurecht	157
	2.	Rechtliche Grundlagen des öffentlichen Baurechts	158
II.	Bauleitplanung		159
	1.	Bedeutung für die Gemeinderäte (Verantwortung und Gestaltungsmöglichkeiten)	159
	2.	Arten der Bauleitpläne	160
		a) Flächennutzungsplan	160
		b) Bebauungsplan	161
	3.	Die Baunutzungsverordnung	163
	4.	„Schlanke Bebauungspläne"	164
	5.	Formaler Ablauf zur Aufstellung der Bauleitpläne	165
	6.	Inhalt der Bauleitpläne	168
	7.	Einzelhandelserlass	169
	8.	Bedeutung der Fachbelange	170
		a) Umwelt	170
		b) Hochwasserschutz	171
		c) Energie	171
		d) Denkmalschutz	172
III.	Bauen außerhalb von Bauleitplänen		172
	1.	Bauen im Innen- und Außenbereich	173
	2.	Satzungen im Innen- und Außenbereich	173
	3.	Gemeindliches Einvernehmen	174
IV.	Hinweise auf weitere Bereiche des Bauplanungsrechts		175
V.	Bauordnungsrecht Baden-Württemberg		176
	1.	Regelungsinhalt der Landesbauordnung	176
	2.	Verfahren der Landesbauordnung	176
	3.	Bauordnungsrechtliche Vorgaben	177
		a) Ermessen	177
		b) Nachbarschutz	177
		c) Brandschutz	177
		d) Ordnungswidrigkeit	178
Vierter Teil		**Weitere kommunalpolitische Handlungsfelder**	179
I.	Gemeinden im Spannungsfeld des Staatsaufbaus		179
	1.	Der kompetente Gemeinderat	179
	2.	Zusammenarbeit innerhalb des Gemeinderates	180
	3.	Zusammenarbeit – Gemeinderat und Bürgermeister	180

Inhaltsverzeichnis

		4.	Öffentlichkeitsarbeit	180
		5.	Gestaltung und Entwicklung	181
II.	Gesellschaft und Soziales			181
		1.	Kinderbetreuung	181
		2.	Schulen	181
		3.	Allgemeinbildung	182
		4.	Seniorenpolitik	182
		5.	Vereine	183
		6.	Jugendbegegnungsstätten	183
		7.	Integration	183
III.	Infrastruktur			184
		1.	Arbeitsmarkt	184
		2.	Verkehrsinfrastruktur	184
		3.	Wohnen	185
		4.	Öffentliche Einrichtungen	185
		5.	Grundversorgung	186
		6.	Ärztliche Versorgung	187
		7.	Interkommunale Zusammenarbeit (IKZ)	187
		8.	Rechtliche Organisationsformen der IKZ	188
			a) Zweckverband	188
			b) Verwaltungsgemeinschaft	188
			c) Öffentlich-rechtliche Vereinbarung und öffentlich-rechtlicher Vertrag	188
			d) Privatrechtliche Formen der IKZ	189
		9.	Verlagerung von Aufgaben	189
		10.	Public Private Partnership (PPP)	190
		11.	Der Gemeinderat und die sozialen Netzwerke (Social Media)	190

Stichwortverzeichnis 193

Abkürzungsverzeichnis

Abs.	Absatz
a. E.	am Ende
a. F.	alte Fassung
AktG	Aktiengesetz[1]
Alt.	Alternative
a. M.	anderer Meinung
AO	Abgabenordnung
Art.	Artikel
BauGB	Baugesetzbuch
BauNVO	Baunutzungsverordnung
Beschl.	Beschluss
BGB	Bürgerliches Gesetzbuch
BGBl.	Bundesgesetzblatt
BNatschG	Bundesnaturschutzgesetz
BP	Bebauungsplan
bzw.	beziehungsweise
d. h.	das heißt
d. s.	das sind
EEWärmeG	Gesetz zur Förderung Erneuerbarer Energien im Wärmebereich
EigBG	Eigenbetriebsgesetz
EigBVO	Eigenbetriebsverordnung
EU	Europäische Union
evtl.	eventuell
EWärmeG	Gesetz zur Nutzung erneuerbarer Wärmeenergie in Baden-Württemberg
FAG	Finanzausgleichsgesetz
ff.	fortfolgende
FNP	Flächennutzungsplan
FwG	Feuerwehrgesetz
GBl.	Gesetzblatt für Baden-Württemberg
gem.	gemäß
GemHVO	Gemeindehaushaltsverordnung
GemKVO	Gemeindekassenverordnung
GemO	Gemeindeordnung für Baden-Württemberg
GemPrO	Gemeindeprüfungsordnung
GenG	Gesetz betreffend die Erwerbs- und Wirtschaftsgenossenschaften
GewStG	Gewerbesteuergesetz
GG	Grundgesetz
ggf.	gegebenenfalls
GKZ	Gesetz über Kommunale Zusammenarbeit
GmbH	Gesellschaft mit beschränkter Haftung
GmbHG	Gesetz betreffend die Gesellschaften mit beschränkter Haftung

---

1 Normen sind unter www.gesetze-im-internet.de und www.landesrecht-bw.de abrufbar.

Abkürzungsverzeichnis

GR	Gemeinderat
GrdStG	Grundsteuergesetz
GWB	Gesetz gegen Wettbewerbsbeschränkungen
HGB	Handelsgesetzbuch
i. d. F.	in der Fassung
i. d. R.	in der Regel
IKZ	Interkommunale Zusammenarbeit
InsO	Insolvenzordnung
i. S. d.	im Sinne des
i. S. v.	im Sinne von
i. V. m.	in Verbindung mit
i. Ü.	im Übrigen
KAE	Anordnung über die Zulässigkeit von Konzessionsabgaben der Unternehmen und Betriebe zur Versorgung mit Elektrizität, Gas und Wasser
KAG	Kommunalabgabengesetz
KAV	Konzessionsabgabenverordnung
KG	Kommanditgesellschaft
KomWG	Kommunalwahlgesetz
KrHRVO	Verordnung des Innenministeriums über die Wirtschaftsführung und das Rechnungswesen der Krankenhäuser und der Pflegeeinrichtungen der Gemeinden (Krankenhausrechnungsverordnung)
LBO	Landesbauordnung für Baden-Württemberg
LDSG	Landesdatenschutzgesetz
LJWG	Landesjugendwohlfahrtsgesetz
LKomBesG	Landeskommunalbesoldungsgesetz
LKrO	Landkreisordnung
LPartG	Lebenspartnerschaftsgesetz
LUBW	Landesanstalt für Umwelt Baden-Württemberg
LVerf	Landesverfassung Baden-Württemberg
LVwG	Landesverwaltungsgesetz
LVwVfG	Landesverwaltungsverfahrensgesetz
MVI	Ministerium für Verkehr und Infrastruktur Baden-Württemberg
m. w. N.	mit weiteren Nachweisen
NatSchG	Naturschutzgesetz des Landes Baden-Württemberg
n. F.	neue Fassung
Nr.	Nummer
o. Ä.	oder Ähnliche(s)
PPP	Public Private Partnership
Rn.	Randnummer
RVO	Reichsversicherungsordnung
S.	Satz/Seite
s.	siehe
SGB I	Sozialgesetzbuch Erstes Buch – Allgemeiner Teil
s. o.	siehe oben

Abkürzungsverzeichnis

sog.	so genannte(n)
StGB	Strafgesetzbuch
StPO	Strafprozessordnung
TOP(e)	Tagesordnungspunkt(e)
TöB	Träger öffentlicher Belange
u. a.	unter anderem
u. Ä.	und Ähnliche(s)
Urt.	Urteil
u. s. w.	und so weiter
UWG	Gesetz gegen den unlauteren Wettbewerb
VBlBW	Verwaltungsblätter für Baden-Württemberg
vgl.	vergleiche
VO	Verordnung
VwGO	Verwaltungsgerichtsordnung
WHG	Gesetz zur Ordnung des Wasserhaushalts (Wasserhaushaltsgesetz)
WG	Wassergesetz für Baden-Württemberg
z. B.	zum Beispiel
Ziff.	Ziffer
ZPO	Zivilprozessordnung
z. T.	zum Teil
z. Zt.	zur Zeit

Erster Teil Kommunalverfassungsrecht

I. Rechtsstellung, Wirkungskreis, Organe der Gemeinden

1. Rechtsstellung der Gemeinden

Die Rechtsstellung der Gemeinden in Deutschland, so auch in Baden-Württemberg ist gekennzeichnet durch das **Recht zur Selbstverwaltung**. Diese Autonomie ist bezogen auf ihren verfassungsrechtlich geschützten Wirkungskreis (Rn. 2). Innerhalb dessen können sie selbstverantwortlich und mit **eigenen Organen** ausgestattet arbeiten. Folge dieses Selbstverwaltungsrechtes ist, dass die Gemeinden nicht nur der verlängerte Arm des Staates bei der Erfüllung öffentlicher Aufgaben, sondern eigenständige Aufgabenträger sind. Als solche sind sie aber auch nicht losgelöst vom Staate. Vielmehr sind sie, wie in § 1 Abs. 1 GemO beschrieben, sowohl Grundlage wie auch Glied des demokratischen Staates.

1

Entstanden ist die heutige Ausprägung der kommunalen Selbstverwaltung durch die sog. Stein'schen Reformen des ausgehenden 18. und beginnenden 19. Jahrhunderts. Beispielhaft sei verwiesen auf die Preußische Städteordnung von 1808, also vor gut zweihundert Jahren, unter dem Preußischen Innenminister Reichsfreiherr von Stein.

Institutionell ist das kommunale Recht zur Selbstverwaltung sowohl durch das **Grundgesetz** wie auch durch die **Landesverfassung Baden-Württemberg** garantiert.

Das Grundgesetz für die Bundesrepublik Deutschland fixiert das Recht der Kommunen zur Selbstverwaltung inhaltlich wie folgt (**Art. 28 Abs. 2 GG**):

„Den Gemeinden muss das Recht gewährleistet sein, alle Angelegenheiten der örtlichen Gemeinschaft im Rahmen der Gesetze in eigener Verantwortung zu regeln. Auch die Gemeindeverbände (gemeint sind damit die Landkreise) haben im Rahmen ihres gesetzlichen Aufgabenkreises nach Maßgabe der Gesetze das Recht zur Selbstverwaltung. Die Gewährleistung der Selbstverwaltung umfasst auch die Grundlagen der finanziellen Eigenverantwortung. Zu diesen Grundlagen gehört eine den Gemeinden mit Hebesatzrecht zustehende wirtschaftskraftbezogene Steuerquelle."

Die Landesverfassung für Baden-Württemberg garantiert das Selbstverwaltungsrecht der Kommunen in **Art. 71 LVerf** so:

„(1) Das Land gewährleistet den Gemeinden und Gemeindeverbänden (gemeint sind damit die Landkreise) sowie den Zweckverbänden das Recht zur Selbstverwaltung. Sie verwalten ihre Angelegenheiten im Rahmen der Gesetze unter eigener Verantwortung. Das Gleiche gilt für sonstige öffentlich-rechtliche Körperschaften und Anstalten in den durch Gesetz gezogenen Grenzen.
(2) Die Gemeinden sind in ihrem Gebiet die Träger der öffentlichen Aufgaben, soweit nicht bestimmte Aufgaben im öffentlichen Interesse durch Gesetz anderen Stellen übertragen sind. Die Gemeindeverbände haben innerhalb ihrer Zuständigkeit die gleiche Stellung."

Diese Verfassungsbestimmungen machen deutlich, dass die Gemeinden mit Hoheitsrechten ausgestattete Träger öffentlicher Aufgaben sind und nicht nur soziologisch definierte Gemeinwesen. Zu diesen Hoheitsrechten zählen die Gebietshoheit, die Personalhoheit, die Finanz- und Abgabenhoheit, die Planungshoheit, die Rechtsetzungshoheit sowie die Organisationshoheit.

2. Wirkungskreis und Aufgaben der Gemeinden

2 a) **Allgemeines.** Der Wirkungskreis der Gemeinden ist bestimmt durch die grundsätzliche **Allzuständigkeit der Gemeinden** für die Erfüllung öffentlicher Aufgaben im Gemeindebereich. Ausgenommen von diesem Grundsatz sind solche Aufgaben, die durch die Gesetzgeber in Bund und Land anderen öffentlichen Aufgabenträgern zugewiesen sind (§ 2 Abs. 2 GemO). Der Wirkungskreis der Gemeinden ist somit nicht fest fixiert und nicht zahlenmäßig abschließend geregelt. Er ist bezogen auf die Einflussrechte des Staates und der Rechtsverpflichtung zur Aufgabenerfüllung weiter aufzuteilen. Andere Einflussgrößen, die die kommunale Aufgabenerfüllung bestimmen, sind Größe, örtliche Gemeindestruktur und Eigenart sowie Finanzkraft einer Gemeinde.

3 b) **Freiwillige Aufgaben/Pflichtaufgaben. – aa) Freiwillige Aufgaben.** Die Aufteilung des kommunalen Aufgabenkreises in **freiwillige Aufgaben** und **Pflichtaufgaben** spricht die Frage der Rechtsverpflichtung der Kommunen zur Aufgabenerfüllung an. Bei Aufgaben, die zum Kreis der freiwilligen Aufgaben der Kommunen gehören, haben die Gemeinden die volle Eigenverantwortung darüber, ob sie eine solche Aufgabe erfüllen wollen und wenn bejaht, wie und in welchem Umfang sie die Aufgabenerfüllung bewerkstelligen wollen.

> **Wichtig!** Innerhalb des freiwilligen Aufgabenkreises zwingt kein Gesetz die Kommunen zur Aufgabenerfüllung; sie sind bezüglich der Art der Aufgabenerfüllung nicht eingeengt. Ihre generelle Verpflichtung nach § 10 Abs. 2 GemO zur **Schaffung erforderlicher Einrichtungen im Rahmen der Daseinsvorsorge** haben sie aber unabhängig davon in die Entscheidungsfindung einzubeziehen.

Jede Gemeinde kann also in diesem Aufgabenbereich die Aufgabenträgerschaft sowie die Art und Weise der Aufgabenerfüllung **eigenverantwortlich** entscheiden. Sie wird die Entscheidung zur Aufgabenwahrnehmung an ihrer **Größe, Verwaltungs- und Finanzkraft** sowie an ihrer **Struktur** (z. B. Gemeinde mit zentralörtlicher Funktion, landwirtschaftlich strukturierte Gemeinde, Industriegemeinde) und deren **Gegebenheiten** orientieren. Zur Entscheidung über die Art und Weise der Aufgabenwahrnehmung gehört auch, ob dazu eine eigene Einrichtung (z. B. eine Kindertagesstätte) betrieben wird, ob der Betrieb solcher Einrichtungen durch freigemeinnützige Verbände oder auch durch private Institutionen finanziell gefördert wird.

Aufgaben der öffentlichen Daseinsvorsorge können Gemeinden grundsätzlich auch durch die **Errichtung wirtschaftlicher Unternehmen** erfüllen. Die Gemeindeordnung schränkt jedoch die Errichtung und den Betrieb solcher Unternehmen insofern ein, als der öffentliche Zweck diese Unternehmen rechtfertigen muss und sie nach Art und Umfang in einem angemessenen Verhältnis zur Leistungsfähigkeit und zum voraussichtlichen Bedarf stehen müssen (s. Rn. 287 ff.). Soweit die Gemeinde außerhalb der öffentlichen Daseinsvorsorge tätig werden will, muss gewährleistet sein, dass der Zweck des Unternehmens nicht besser und wirtschaftlicher durch einen anderen privaten Anbieter erfüllt wird oder erfüllt werden kann. Weitere Einschränkungen bestehen für die Errichtung und den Betrieb von Unternehmen in privater Rechtsform.

Beispielhaft seien für den freiwilligen Aufgabenbereich der Gemeinden genannt:
- Einrichtungen des Sports (Sportstätten verschiedenster Art, Bäder) sowie die Sportförderung von Vereinen durch die pachtweise Überlassung gemeindeeigener Sportstätten sowie die finanzielle Förderung von Kinder- und Jugendabteilungen oder auch Förderzuschüsse für die Unterhaltung und Pflege von vereinseigenen Sporteinrichtungen;
- Einrichtungen der Jugendpflege und sozialen Sicherung (dazu gehören Jugendhäuser, Jugendtreffs, Altenpflegeheime, Betreute Altenwohnungen, Sozialstationen);
- Einrichtungen und Veranstaltungen der Kunst, Kultur und der Erwachsenenbildung (Büchereien und andere Mediotheken, Museen, Theater, Konzerthäuser einschließlich der Ensembles, Festhallen, Kulturveranstaltungen verschiedenster Art, Volkshochschulen, Musik- und Kunsthochschulen, kommunale Partnerschaften, Bürgerzentren);
- Erholungseinrichtungen, Einrichtungen der Gesundheitsförderung (Parkanlagen, Lauf- und Gymnastikstrecken);
- Einrichtungen zur Förderung der Wirtschaft, des öffentlichen Personennahverkehrs, des Tourismus, Messen, Märkte, Messehallen, Kur- und Badebetriebe einschließlich der Förderung privater Einrichtungen;
- Förderung der Land- und Forstwirtschaft;
- Versorgungseinrichtungen (Wasserversorgung, Energieversorgung, Fernwärme).

bb) Pflichtaufgaben. Im Unterschied zu den freiwilligen Aufgaben besteht für die Gemeinden im Bereich der Pflichtaufgaben eine **gesetzliche Verpflichtung zur Aufgabenerfüllung**. Diese kann je nach gesetzlicher Ausgestaltung ohne weitere Vorbedingung für alle Gemeinden oder nur für Gemeinden bestimmter Größe bzw. Struktur bestehen. Sie kann auch auf bestimmte Bedarfsfälle beschränkt sein. Dann spricht man von **bedingten Pflichtaufgaben**.

4

> **Wichtig!** Allen Pflichtaufgaben **gemeinsam** ist, dass die gesetzlich davon betroffenen Gemeinden sich der Aufgabenerfüllung nicht entziehen können.

Die Kommune hat somit bezüglich der Aufgabenfüllung als solcher überhaupt **kein Ermessen**, sondern muss ihr nachkommen (§ 2 Abs. 2 GemO). Pflichtaufgaben sind jedoch gleichwohl gemeindeeigene Aufgaben, aber eben mit dem Unterschied zu rein freiwilligen Aufgaben solche, bei denen der Gesetzgeber eine Aufgabenerfüllung **zwingend** verlangt. Eine materielle Privatisierung, also die volle Aufgabenerfüllung durch private Dritte solcher Aufgaben, scheidet grundsätzlich aus. Ausnahmen sind möglich, wenn der Gesetzgeber in einem das Aufgabengebiet regelnden Gesetz die Einbeziehung privater Dritter ausdrücklich vorsieht.

> **Wichtig** ist für die nur gesetzlich mögliche Übertragung neuer Pflichtaufgaben, dass dabei auch Bestimmungen über die **Deckung der** für die Gesetzesausführung **anfallenden Kosten** zu treffen sind.

Sofern diese neuen Pflichtaufgaben zu einer finanziellen Mehrbelastung der Gemeinden führen, muss ein entsprechender **finanzieller Ausgleich** geschaffen werden (§ 2 Abs. 2 S. 2 und 3 GemO).
Beispiele für Aufgaben aus dem Pflichtaufgabenbereich sind im folgenden Abschnitt genannt.

5 c) **Weisungsfreie Aufgaben/Weisungsaufgaben.** Im Bereich der freiwilligen Aufgaben kann es, da für die Kommunen keine Verpflichtung zur Aufgabenerfüllung besteht, auch **keine Einfluss- bzw. Weisungsrechte** staatlicher Behörden geben.
Dagegen lassen sich gesetzliche Pflichtaufgaben der Gemeinden in solche unterteilen, bei denen der Gesetzgeber die Art und Weise der Aufgabenerfüllung den Kommunen überlässt und solche, bei denen er sich Weisungsrechte vorbehält (§ 2 Abs. 3 GemO). Die Gemeindeordnung bezeichnet diese Pflichtaufgaben als Weisungsaufgaben. Weisungsaufgaben gehören jedoch ebenfalls zum kommunalen Wirkungskreis, auch wenn sie nicht Selbstverwaltungsaufgaben im herkömmlichen Sinne sind.

> **Wichtig!** Weisungsrechte staatlicher Behörden bestehen nur dann und in dem Umfang, als sie **in dem die bestimmte Aufgabe** regelnden **Gesetz ausdrücklich** vorgesehen werden.

Die Ermächtigung zu Weisungsrechten kann so ausgestaltet werden, dass allgemeine, für die Aufgabenerfüllung verbindliche **Verwaltungsvorschriften** erlassen werden können und/oder, dass **Einzelweisungen** gegeben werden können.

Beispiele:
Zu den weisungsfreien Pflichtaufgaben der Gemeinden gehören: der Bau und die Unterhaltung allgemeinbildender Schulen und Schulsportanlagen einschließlich der Anstellung des nichtpädagogischen Personals und die Übernahme der Sachkosten des Schulbetriebs; der Bau und die Unterhaltung von Friedhöfen, die Unterhaltung einer leistungsfähigen Feuerwehr; der Bau und die Unterhaltung der Gemeindestraßen einschließlich der Gemeinde-Verbindungsstraßen sowie der Straßenreinigung und Straßenbeleuchtung.
Weisungsaufgaben (Pflichtaufgaben nach Weisung) sind z. B.: das Einwohnermelde-, Pass- und Ausweiswesen, die Aufgaben der Baurechtsbehörden, die Aufgaben der unteren staatlichen Verwaltungsbehörde, soweit sie von Gemeinden wahrgenommen werden, die Wahrnehmung des Personenstandswesens (Standesamt), die Mitwirkung bei der Bundes- und Landesstatistik, die Mitwirkung der Gemeinden bei der Durchführung öffentlicher Wahlen zum Landtag, zum Bundestag und zum Europäischen Parlament.

I. Rechtsstellung, Wirkungskreis, Organe der Gemeinden

Übersicht: Wirkungskreis und Aufgaben der Gemeinden

	Weisungsfreie Aufgaben		Weisungsaufgaben (Pflichtaufgaben nach Weisung)
	Freiwillige Aufgaben	Pflichtaufgaben ohne Weisung	Pflichtaufgaben mit Weisung
Rechtsgrundlagen	Gemeindeordnung sowie einzelne Bundes- und Landesgesetze		Gemeindeordnung sowie einzelne Bundes- und Landesgesetze
Zuständigkeit zur Aufgabenwahrnehmung	– Gemeinderat – Ausschuss, sofern durch Hauptsatzung übertragen – Bürgermeister, sofern durch Hauptsatzung übertragen oder Geschäft der laufenden Verwaltung		– Bürgermeister – Gemeinderat, sofern gesetzlich ausdrücklich bestimmt
Aufsicht	Rechtsaufsicht		Rechts- und Fachaufsicht
Weisungsrecht	Keines		Sofern und soweit gesetzlich bestimmt

3. Rechts- und Fachaufsicht

Als Glieder im demokratischen Staatsaufbau unterliegen die Gemeinden der **Aufsicht** der dazu berufenen staatlichen Behörden.

Bei den **weisungsfreien Angelegenheiten** (freiwillige Aufgaben und Pflichtaufgaben ohne Weisung (s. o. Rn. 5) beschränkt sich die Aufsicht auf die Überwachung der **Gesetzmäßigkeit der Verwaltung** der Gemeinden, also auf die reine Rechtsaufsicht. In Zweckmäßigkeitsfragen darf die Aufsicht in diesen Aufgabenbereich nicht eingreifen (§ 118 Abs. 1 GemO).

Die Aufsicht über die Erfüllung von Weisungsaufgaben reicht über die Rechtsaufsicht hinaus. Der Umfang der **Fachaufsicht** bestimmt sich nach den zu den einzelnen Weisungsaufgaben erlassenen gesetzlichen Bestimmungen (§ 118 Abs. 2 GemO).

> **Wichtig!** Weder im Bereich der Weisungsaufgaben noch in dem der weisungsfreien Aufgaben darf die Aufsicht so ausgeübt werden, dass sie die Entschlusskraft und die Verantwortungsfreudigkeit der Gemeinde beeinträchtigt. Sie darf mit anderen Worten nicht zu einer „Gängelung" führen (§ 118 Abs. 3 GemO).

Als **Mittel der Rechtsaufsicht** sieht die Gemeindeordnung in den §§ 119 bis 124 ein Informationsrecht zu einzelnen Angelegenheiten, ein Beanstandungsrecht, wenn Rechtspflichten bei der Aufgabenerfüllung verletzt werden, die Ersatzvornahme an Stelle und auf Kosten der Gemeinde, wenn die Gemeinde Anordnungen zur Wiederherstellung der rechtmäßigen Aufgabenerfüllung nicht nachkommt und als weitreichendstes Mittel die Bestellung eines Beauftragten, wenn die Verwaltung erheblich gesetzlichen Erfordernissen nicht entspricht und oben beschriebene mildere Aufsichtsmittel nicht ausreichen.

Rechtsaufsichtsbehörden sind für kreisangehörige Gemeinden ohne die Funktion einer Großen Kreisstadt die Landratsämter als untere (staatliche) Verwal-

tungsbehörden. Für Große Kreisstädte sind die Regierungspräsidien zuständige (untere) Rechtsaufsichtsbehörde. **Obere Rechtsaufsichtsbehörden** sind für alle Gemeinden ebenfalls die Regierungspräsidien. Als **oberste Rechtsaufsichtsbehörde** ist das Innenministerium zuständig (§ 119 GemO).
Gegen **Verfügungen der Rechtsaufsicht** ist die Gemeinde nicht schutzlos. Sie kann vielmehr nach den Bestimmungen der Verwaltungsgerichtsordnung gegen solche Verfügungen, da es sich um Verwaltungsakte handelt, Anfechtungs- oder Verpflichtungsklage vor den Verwaltungsgerichten erheben (§ 125 GemO).

4. Arten der Gemeinden

7 Die Kommunalverfassung ist für alle Gemeinden des Landes (z. Zt. 1101) einheitlich. Nach ihren Zuständigkeiten lassen sich jedoch folgende Kategorien unterscheiden:
- **Stadtkreise.** Das sind Gemeinden, die auf Antrag durch Gesetz gebildet werden (§ 3 Abs. 1 GemO). Sie gehören keinem Landkreis an, und nehmen alle Aufgaben der unteren Verwaltungsbehörde, wie sie sonst die Landkreise erfüllen, mit eigenen Organen wahr. Der Bürgermeister führt in Stadtkreisen die Bezeichnung Oberbürgermeister. Sie müssen mindestens einen Beigeordneten als hauptamtlichen Stellvertreter des Oberbürgermeisters haben. Zurzeit gibt es neun Stadtkreise.
- **Große Kreisstädte.** Das sind kreisangehörige Gemeinden mit einer Einwohnerzahl von mehr als 20000 Einwohnern, die auf Antrag von der Landesregierung zu solchen Städten erklärt werden können (§ 3 Abs. 2 GemO) und einen Teil der Aufgaben der unteren staatlichen Verwaltungsbehörden übertragen bekommen. Zurzeit gibt es 94 Große Kreisstädte. Der Bürgermeister dieser Großen Kreisstädte führt ebenfalls die Bezeichnung Oberbürgermeister.
- Sonstige **kreisangehörige Städte und Gemeinden** (z.Zt. 998).

8 Die **Bezeichnung „Stadt"** führen die Gemeinden, denen sie bereits beim Inkrafttreten der Gemeindeordnung im Jahre 1956 zustand oder denen sie auf Antrag von der Landesregierung verliehen wurde (§ 5 Abs. 2 GemO). Die Verleihung weist aus, dass die betreffende Gemeinde nach Einwohnerzahl, Siedlungsform, ihren kulturellen Verhältnissen und ihrer Wirtschaftsstruktur ein städtisches Gepräge trägt; was gleichzeitig Voraussetzung für die Verleihung ist. Eine besondere rechtliche, insbesondere gemeindeverfassungsrechtliche Bedeutung ergibt sich für die Stadt nicht. Die Mitglieder des Gemeinderats, nicht das Gremium als solches, führen die Amtsbezeichnung Stadtrat (§ 5 Abs. 2 GemO).[2]
Sonstige Bezeichnungen (etwa „Bad", „Kurstadt") dürfen Gemeinden führen, wenn sie diese bereits nach früherem Recht führen konnten oder wenn sie ihnen auf Antrag durch die Landesregierung verliehen wurden. Solche Bezeichnungen können auch für einzelne Ortsteile verliehen werden. Solche anderen Bezeichnungen (z. B. „Landeshauptstadt", „Universitätsstadt", „Schillerstadt") müssen auf der geschichtlichen Vergangenheit, der Eigenart oder der heutigen Bedeutung der Gemeinden oder der Ortsteile beruhen.

---

2 Der Begriff „Gemeinderäte" umfasst daher im Folgenden auch „Stadträte".

5. Organe der Gemeinden

a) Allgemeines. Das baden-württembergische Gemeindeverfassungsrecht sieht für alle Gemeinden, also unabhängig von ihrer Größe und Aufgabenstruktur, **zwei Verwaltungsorgane** vor, den **Gemeinderat** und den **Bürgermeister**. Die Gemeindevertretung trägt auch in Städten die Bezeichnung Gemeinderat. Den beiden Organen sind jeweils eigene Zuständigkeiten zugewiesen. Diesen Typ der Gemeindeverfassung mit einer dualistischen Kompetenzverteilung zwischen der Volksvertretung auf der Gemeindeebene einerseits und der Verwaltungsspitze, dem Bürgermeister andererseits bezeichnet man als **Süddeutsche Ratsverfassung**.

9

> **Wichtig!** Dieser Typ ist weiter geprägt (§ 24 GemO) durch die **Unabhängigkeit der beiden Organe voneinander** einerseits. Weder kann der Gemeinderat gegenüber dem Bürgermeister ein Misstrauensvotum mit Rechtswirkung aussprechen, noch kann der Bürgermeister im Gemeinderat die Vertrauensfrage mit Rechtswirkung stellen. Andererseits sind die beiden Gemeindeorgane durch **gegenseitige Mitwirkungs- und Kontrollrechte** stark miteinander verzahnt. Der Gemeinderat besitzt die kommunalpolitische Führungskompetenz und damit die allgemeine Richtlinienkompetenz. Er überwacht die Ausführung seiner Beschlüsse und sorgt bei Missständen in der Gemeindeverwaltung für deren Beseitigung durch den Bürgermeister. Dabei ist der Bürgermeister Vorsitzender des Gemeinderats (§ 42 Abs. 1 GemO) und gehört daher mit Stimmrecht dem Hauptorgan an. Des Weiteren hat er gegenüber dem Gemeinderat ein Widerspruchsrecht bei aus seiner Sicht nachteiligen Beschlüssen für die Gemeinde und sogar eine Widerspruchspflicht bei rechtswidrigen Beschlüssen. Die Süddeutsche Ratsverfassung hat hier eine lange und bewährte Tradition. Sie ist auch in den anderen Bundesländern inzwischen prägend geworden. Andere Typen der Gemeindeverfassung kennt die Gemeindeordnung nicht. Sie verzichtet auch auf die noch in der Landesverfassung für kleinere Gemeinden vorgesehene Möglichkeit zur Einführung einer Gemeindeversammlung an Stelle der gewählten Gemeindevertretung (Art. 72 LVerf). Zur Bildung von Ausschüssen als Teilorgane des Gemeinderats s. Rn. 119 ff.

Weitere fakultative Gremien nach der Gemeindeordnung sind der Ortschaftsrat (bei Einführung der Ortschaftsverfassung, s. Rn. 129), der Bezirksbeirat (bei Einführung der Bezirksverfassung, s. Rn. 130), der Jugendgemeinderat (s. Rn. 133), der Ältestenrat (s. Rn. 131).

10

Weitere, nicht in der Gemeindeordnung vorgesehene Gremien (Beiräte, Kommissionen), mit oder ohne Beteiligung von Mitgliedern des Gemeinderats, aber zur Beratung des Gemeinderats und/oder Bürgermeisters kann der Gemeinderat bilden oder eben solche, ohne seine direkte Mitwirkung gebildete Gremien zur Beratung regelmäßig zuziehen (z. B. vielfach in Formen des Privatrechts verfasste Gemeinde- und Stadtseniorenräte).

11

b) Gemeinderat. Der Gemeinderat als Gremium ist die in Art. 28 Abs. 1 GG und Art. 72 Abs. 1 LVerf geforderte aus allgemeinen, unmittelbaren, gleichen,

12

freien und geheimen Wahlen hervorgegangene **Volksvertretung** auf lokaler Ebene. Er besteht aus dem Bürgermeister als Vorsitzendem und den ehrenamtlich tätigen Gemeinderäten. Gewählt wird nach den Grundsätzen der Verhältniswahl, wenn wenigstens zwei Wahlvorschläge eingereicht werden, ansonsten gilt die Mehrheitswahl ohne Bindung an die Bewerber **eines** ggf. eingereichten Wahlvorschlags. Er ist, wie in § 24 Abs. 1 GemO auch so bezeichnet, das **Hauptorgan** der beiden Gemeindeorgane. In dieser Funktion entscheidet er über alle, vor allem **alle wichtigen Angelegenheiten der Gemeinde**. Ihm kommt damit die **kommunalpolitische Führungsfunktion** zu, die er hauptsächlich durch die Entscheidung über den Haushaltsplan sowie über andere Grundsatzentscheidungen, z. B. zur Daseinsvorsorge, zur städtebaulichen Entwicklung und durch wesentliche Personalentscheidungen wahrnimmt. Bei Letzteren sieht die Gemeindeordnung allerdings ein Zusammenwirken von Gemeinderat und Bürgermeister, da dieser oberste Dienstbehörde für die kommunale Belegschaft ist (§ 44 GemO), in der Form des Einvernehmens vor. Dies gilt für Entscheidungen über die Ernennung, Einstellung und Entlassung der Gemeindebediensteten sowie für die nicht nur vorübergehende Übertragung einer anders bewerteten Tätigkeit bei einem Arbeitnehmer sowie für die Festsetzung des Entgelts, sofern kein Anspruch aufgrund eines Tarifvertrags besteht. Scheitert das geforderte Einvernehmen so kann der Gemeinderat mit einer Mehrheit von zwei Drittel der Anwesenden allein entscheiden.

Der Gemeinderat ist kein Parlament im Sinne der Gewaltenteilungsgrundsätze, sondern wie auch in der Gemeindeordnung beschrieben (s. o. Rn. 9) ein **Verwaltungsorgan**. Seine Entscheidungen sind dem Verwaltungsbereich zuzuordnen. Dies gilt formell auch für die **rechtsetzenden Beschlüsse in Form** von **Satzungen**. Deshalb besteht auch in der Beziehung zum zweiten Gemeindeorgan, dem Bürgermeister, rechtlich kein Verhältnis wie zwischen echtem Parlament und Regierung. Beide Organe üben Verwaltungstätigkeit aus.

13 aa) Amtszeit des Gemeinderats. Die Amtszeit beträgt **fünf Jahre** (§ 30 GemO) und endet mit Ablauf des Monats, in dem regelmäßige Gemeinderatswahlen stattfinden. Der neu gewählte Gemeinderat ist **unverzüglich** zur ersten Sitzung vom Bürgermeister als Vorsitzendem einzuberufen, sobald die Rechtsaufsichtsbehörde die Gültigkeit der Wahl festgestellt oder sie innerhalb der einmonatigen Wahlprüfungsfrist nicht beanstandet hat. Hat die Wahlprüfungsbehörde die Rechtsgültigkeit verneint und wurde der Wahlprüfungsbescheid gerichtlich angefochten, muss bis zur gerichtlichen Entscheidung zugewartet werden. Bis zum Zusammentreffen des neu gewählten Gemeinderats führt der bisherige die Geschäfte weiter. **Ausnahmsweise** kann die Amtszeit der Gemeinderäte weniger als fünf Jahre betragen, und zwar bei nachrückenden Gemeinderäten und nach Ergänzungswahlen. Der Gemeinderat kann sich nicht selbst auflösen, in dem alle Gemeinderäte ihren Rücktritt erklären. Auch die Rechtsaufsichtsbehörde ist zur Auflösung nicht befugt.

14 bb) Größe des Gemeinderats. Der Gemeinderat setzt sich, abgestuft nach Gemeindegrößengruppen aus **8 bis 60 Personen** (§ 25 Abs. 2 GemO) zusammen. Durch Hauptsatzung kann die nächstniedrigere Gemeindegrößengruppe für die Zahl der Gemeinderäte gewählt werden. In Gemeinden mit unechter Teilorts-

I. Rechtsstellung, Wirkungskreis, Organe der Gemeinden

wahl kann, ebenfalls durch Hauptsatzung sowohl die nächstniedrigere wie auch die nächsthöhere Gemeindegrößengruppe für die Zahl der Gemeinderäte gewählt werden oder auch eine dazwischen liegende Zahl.
Ist die Gesamtzahl der Gemeinderäte wegen Zunahme der Einwohnerzahl zu erhöhen, werden die weiteren Gemeinderäte bei der nächsten regelmäßigen Wahl hinzugewählt. Verringert sich die Einwohnerzahl so sehr, dass auch die Zahl der Gemeinderäte gekürzt werden muss, werden bei der nächsten regelmäßigen Wahl entsprechend weniger Gemeinderäte gewählt.

cc) Ausscheiden aus dem Gemeinderat. Neben der Nichtwiederwahl und dem Tod gibt es verschiedene Anlässe für das definitive Ausscheiden aus dem Gemeinderat aus Rechtsgründen.
Aus wichtigem Grund **können** Gemeinderäte ihr Ausscheiden aus dem Gemeinderat verlangen. § 16 Abs. 1 GemO enthält einen, wenn auch nicht abschließenden Katalog an wichtigen Gründen, aus denen ein Gemeinderat sein Ausscheiden aus der Volksvertretung verlangen kann.
Folgende **Rechtsgründe** haben das **Ausscheiden** aus dem Gemeinderat **zwingend** zur Folge:

- **Verlust der Wählbarkeit (Passives Wahlrecht).** Die Wählbarkeit verlieren Personen (§ 28 GemO i. V. m. § 14 GemO), für die zur Besorgung aller ihrer Angelegenheiten ein Betreuer nicht nur durch einstweilige Anordnung bestellt ist. Der Wählbarkeitsverlust tritt auch ein, wenn zum Aufgabenkreis des Betreuers nicht die Entscheidung über den Fernmeldeverkehr, die Entgegennahme, das Öffnen und das Anhalten der Post des Betreuten nach § 1896 Abs. 4, § 1905 BGB gehört. Die Wählbarkeit verlieren auch solche Personen, die infolge Richterspruchs das Wahlrecht (aktives Wahlrecht) nicht besitzen, die infolge Richterspruchs die Fähigkeit zur Bekleidung öffentlicher Ämter oder die Wählbarkeit nicht besitzen; ergibt sich nachträglich, dass eine in den Gemeinderat gewählte Person im Zeitpunkt der Wahl nicht wählbar war, stellt dies der Gemeinderat fest.

- Der **Eintritt eines Hinderungsgrundes (§ 29 GemO)** während der Amtszeit. Solche Hinderungsgründe haben nicht den Verlust der Wählbarkeit zur Folge. Sie sollen nur verhindern, dass Gemeinderäte, die in enger beruflicher Beziehung zur Gemeinde oder in verwandtschaftlichen Beziehungen zu anderen Gemeinderäten oder zum Bürgermeister stehen, zusammen im Gemeinderat sind.

Beachten: Gewählte BewerberInnen können deshalb **nicht** in den Gemeinderat eintreten oder scheiden als Gemeinderäte aus dem Gemeinderat aus, wenn
- sie zum Beamten (ausgenommen Ehrenbeamten) oder Arbeitnehmer der (eigenen) Gemeinde bestellt werden,
- sie zum Beamten oder Arbeitnehmer eines Gemeindeverwaltungsverbands, eines Nachbarschaftsverbands, dessen Mitglied die Gemeinde ist, sowie der erfüllenden Gemeinde einer vereinbarten Verwaltungsgemein-

schaft, der die Gemeinde angehört oder einer Stiftung des öffentlichen Rechts, die von der Gemeinde verwaltet wird, bestellt werden,
- sie zum leitenden Beamten oder leitenden Arbeitnehmer einer sonstigen Körperschaft des öffentlichen Rechts – sofern die Gemeinde in einem beschließenden Kollegialorgan der Körperschaft mehr als die Hälfte der Stimmen hat – oder eines Unternehmens in der Rechtsform des privaten Rechts oder einer selbstständigen Kommunalanstalt oder einer gemeinsamen selbstständigen Kommunalanstalt bestellt werden, wenn die Gemeinde mit mehr als 50 v. H. an dem Unternehmen bzw. der Anstalt beteiligt ist,
- sie zum Beamten oder Arbeitnehmer einer der Rechtsaufsichtsbehörden, der unmittelbar mit der Rechtsaufsicht befasst ist, sowie zum leitenden Beamten und leitenden Arbeitnehmer der Gemeindeprüfungsanstalt bestellt werden.

18 dd) **Nachrücken.** Wenn ein Gemeinderat aus einem der oben genannten Gründe nicht in den Gemeinderat eintreten kann oder deshalb im Laufe der Amtszeit ausscheidet, rückt für ihn eine **Ersatzperson**, d. h. einer der Bewerber nach, die bei derselben Wahl nicht zum Zug kamen. Es rückt derjenige nach, welcher als nächste Ersatzperson festgestellt wurde. Bei Verhältniswahlen ist dies grundsätzlich der Bewerber mit der nächsthöchsten Stimmenzahl aus der gleichen Partei oder Wählervereinigung des Ausgeschiedenen. Zu den Ersatzpersonen gehören auch Gewählte, die wegen eines Hinderungsgrundes nicht eintreten konnten. Ist ihr Hinderungsgrund im Nachrückensfall weggefallen, können sie ggf. eintreten. Im Fall der unechten Teilortswahl ist auch der Inhaber eines Ausgleichssitzes für einen unmittelbar im Wohnbezirk Gewählten Ersatzperson. Fand Mehrheitswahl statt, so tritt die Ersatzperson mit der nächsthöchsten Stimmenzahl ein.
Wenn ausscheidende oder nicht eintretende Gemeinderäte nicht ersetzt werden können, bleibt ihr Sitz grundsätzlich bis zur nächsten Wahl unbesetzt. Nur wenn mehr als ein Drittel der Sitze „verwaist" sind, findet eine Ergänzungswahl für den Rest der Amtszeit statt.

19 c) **Bürgermeister. – aa) Allgemeines.** Der Bürgermeister als zweites Organ in jeder Gemeinde wird wie die Gemeinderäte durch **Volkswahl** nach den Prinzipien der Mehrheitswahl und zwar auf jeweils **acht Jahre** gewählt (§ 42 Abs. 3 GemO). Im **ersten Wahlgang** gewählt ist derjenige Bewerber, der mehr als die Hälfte der abgegebenen gültigen Stimmen auf sich vereinigt. Erreicht keiner der Bewerber die absolute Stimmenmehrheit findet am 2., spätestens am 4. Sonntag danach eine erneute Wahl statt, bei der gewählt ist, wer die meisten abgegebenen gültigen Stimmen erreicht. Zu der neuen Wahl können auch neue Bewerber antreten, es ist also nicht zwangsläufig eine reine Stichwahl zwischen den beiden Bewerbern mit der höchsten aber nicht ausreichenden Stimmenzahl aus dem ersten Wahlgang (§ 45 GemO). Wählbar zum Bürgermeister sind Deutsche sowie in Deutschland wohnende Unionsbürger. Das **Mindestalter** für die Wahl zum Bürgermeister ist das 25. Lebensjahr, das **Höchstalter** das 68. Lebensjahr (§ 46 Abs. 1 GemO).

bb) Rechtsstellung. Die Rechtsstellung des Bürgermeisters beinhaltet einen dreifachen **Zuständigkeits- und Aufgabenkreis:** 20
- Er ist **Vorsitzender des Gemeinderats** (§ 42 Abs. 1 GemO), leitet somit die Sitzungen des obersten Gemeindeorgans und gehört damit dem Hauptorgan der Gemeinde als Mitglied mit Stimmrecht an. Als solcher bereitet er die Sitzungen des Gemeinderats vor, beeinflusst damit auch die Tagesordnung sehr wesentlich und vollzieht auch die Beschlüsse des Gemeinderats (§§ 42, 43 Abs. 1 GemO). Der Gemeinderat ist jedoch durch eine Informationspflicht des Bürgermeisters ständig und frühzeitig über wichtige Vorgänge, Absichten und Planungen der Gemeindeverwaltung in Kenntnis zu setzen (§ 43 Abs. 5 GemO).
- Er ist **Leiter der Gemeindeverwaltung** (§§ 42, 44 Abs. 1 GemO). Damit ist er für das operative Geschäft in der Gemeinde, die sachgerechte Aufgabenerledigung und den ordnungsgemäßen Gang der Verwaltung zuständig. Ihm obliegt die innere Organisation der Gemeindeverwaltung, er entscheidet damit auch über die organisatorische Zuordnung der Bediensteten im Rahmen des durch den Gemeinderat zur Verfügung gestellten Personals. Für die Abgrenzung der Geschäftsbereiche der Beigeordneten muss er jedoch das Einvernehmen mit dem Gemeinderat herstellen (§ 44 Abs. 1 GemO). In eigener Zuständigkeit erledigt er auch die sog. **Geschäfte der laufenden Verwaltung** (das sind Angelegenheiten, die für die Gemeinde weder nach der wirtschaftlichen noch nach der grundsätzlichen Seite von wesentlicher Bedeutung sind und mit einer gewissen Häufigkeit wiederkehren) und die ihm durch Hauptsatzung vom Gemeinderat zur dauernden Erledigung übertragenen Aufgaben; Gleiches gilt für die Erledigung der Weisungsaufgaben (s. Rn. 5).
- Er ist überdies **gesetzlicher Vertreter der Gemeinde** (§ 42 Abs. 1 GemO). Dies gilt sowohl für die rechtsgeschäftliche Vertretung wie ggf. auch für die gerichtliche Vertretung.
- Ist der Gemeinderat wegen Abwesenheit oder Befangenheit seiner Mitglieder beschlussunfähig, kommt dem Bürgermeister ein **Ersatzbeschlussrecht anstelle des Gemeinderats** zu (§ 37 Abs. 4 GemO).
- Ein **Eilentscheidungsrecht anstelle des Gemeinderats** hat der Bürgermeister in dringenden Angelegenheiten, die nicht bis zu einer auch form- und fristlos einzuberufenden Gemeinderatssitzung aufgeschoben werden können. Er hat den Gemeinderat unverzüglich über die Gründe und die Art der Erledigung zu informieren (§ 43 Abs. 4 GemO). Wesentliche Voraussetzung einer zulässigen Eilentscheidung ist die **Dringlichkeit** einer Angelegenheit und ein **drohender wesentlicher Nachteil** für die Gemeinde oder einen Einwohner, selbst wenn auf Form- oder Fristvorschriften der Einberufung verzichtet würde. Das Eilentscheidungsrecht besteht also nur innerhalb enger Grenzen. Vereinbarte Sitzungsferien rechtfertigen eine Eilentscheidung nicht, es sei denn, der Bürgermeister hat sichere Kenntnis, dass eine ausreichende Zahl von Gemeinderäten nicht erreichbar ist.

Beispiele:
Dringliche Entscheidungen bei Natur- oder Brandkatastrophen, Kaufangebote für von der Gemeinde dringend benötigte Objekte mit außerordentlich knapper Fristsetzung.

21 cc) **Personalrechtliche Stellung.** Der Bürgermeister ist in Gemeinden bis 500 Einwohner **Ehrenbeamter auf Zeit**. In Gemeinden mit mehr als 500 bis zu 2000 Einwohnern ist er grundsätzlich Ehrenbeamter. Durch Hauptsatzung kann bestimmt werden, dass er hauptamtlich tätig ist. Bürgermeister in Gemeinden über 2000 Einwohner sind auf jeden Fall **hauptamtliche Beamte auf Zeit**. Ihre Dienstbezüge richten sich nach dem Landeskommunalbesoldungsgesetz (LKomBesG) vom 9.11.2010 (GBl. S. 793), zuletzt geändert durch Gesetz vom 21.10.2014 (GBl. S. 493). Ehrenamtliche Bürgermeister erhalten eine Aufwandsentschädigung nach dem Gesetz über die Aufwandsentschädigung für ehrenamtliche Bürgermeister vom 19.6.1987 (GBl. S. 281), zuletzt geändert durch Verordnung vom 9.3.2018 (GBl. S. 107).
In Großen Kreisstädten und Stadtkreisen (s. Rn. 7) führt der Bürgermeister die Bezeichnung **Oberbürgermeister.**

22 dd) **Stellvertreter des Bürgermeisters.** Die Stellvertretung des Bürgermeisters regelt die Gemeindeordnung wie folgt (§§ 48 ff. GemO):
– In **Gemeinden ohne Beigeordnete** (hauptamtliche Stellvertreter des Bürgermeisters) – das sind ohne Ausnahme alle Gemeinden bis 10000 Einwohner und Gemeinden über 10000 Einwohner, die vom Recht, **Beigeordnete** zu **bestellen**, keinen Gebrauch gemacht haben – sind vom Gemeinderat nach jeder Gemeinderatswahl ein oder mehrere Stellvertreter des Bürgermeisters aus der Mitte des Gemeinderats zu bestellen. Sie werden in der Reihenfolge der Stellvertretung je in einem besonderen Wahlgang gewählt. Die ehrenamtlichen Stellvertreter sind (nur) Verhinderungsstellvertreter; ihre Stellvertreterfunktion können sie nur dann ausüben, wenn und solange der Bürgermeister z. B. wegen Befangenheit (s. Rn. 47 ff.), Krankheit, längerer dienstlicher Ortsabwesenheit oder Urlaub an der Ausübung seiner Funktionen verhindert ist.
– Die Bestellung eines **Amtsverwesers** ist in Gemeinden ohne Beigeordnete zur Vertretung des Bürgermeisters möglich, wenn die Stelle des Bürgermeisters voraussichtlich längere Zeit unbesetzt oder der Bürgermeister voraussichtlich längere Zeit an der Ausübung seines Amtes verhindert ist (§ 47 Abs. 2 GemO).

II. Rechtsstellung und Pflichten eines Gemeinderats

1. Das Amt des Gemeinderats und seine Rechtsstellung

23 a) **Allgemeines.** Gemeinderäte üben ihr Mandat **ehrenamtlich** aus. Sie stehen also weder in einem hauptamtlichen noch in einem Ehrenbeamtenverhältnis. Ein öffentlich-rechtliches Dienst- und Treueverhältnis, wie es das Beamtenverhältnis ist, widerspräche ihrer Funktion als frei gewählte Kommunalpolitiker. Da der Gemeinderat als Kollegialorgan kein Parlament ist, haben sie auch nicht

II. Rechtsstellung und Pflichten eines Gemeinderats

die Rechtsstellung eines Abgeordneten. Insofern besitzen Gemeinderäte **keine politische Immunität**, also keinen grundsätzlichen Schutz vor Strafverfolgung und auch **keine Indemnität**, nach der Abgeordnete wegen einer Abstimmung oder einer Äußerung im Parlament, gerichtlich oder dienstlich nicht verfolgt oder sonst außerhalb des Parlaments zur Verantwortung gezogen werden können (Art. 46 GG, Art. 37, 38 LVerf). Ausnahmen sind verleumderische Beleidigungen. Im Gegensatz zum Abgeordnetenmandat ist ein Bürger auch grundsätzlich rechtlich verpflichtet, das Amt eines Gemeinderats anzunehmen und auszuüben, es sei denn, er könnte einen der Gründe für die Ablehnung der Amtsübernahme bzw. Niederlegung des Amtes nach § 16 GemO geltend machen. Bei Verhältniswahl gilt die Pflicht zur Mandatsübernahme nur, wenn sich der Bürger zur Kandidatur für einen bestimmten Wahlvorschlag entschieden hat. Denn der Bürger kann nicht verpflichtet werden, auf der Liste einer bestimmten Partei oder Wählervereinigung zu kandidieren.

Zur Entschädigung wegen der ehrenamtlichen Tätigkeit des Gemeinderats s. Rn. 64 ff., wegen einer möglichen Haftung für rechtsfehlerhafte Amtsausübung s. Rn. 59 ff.

b) Amtseinführung, Verpflichtung der Gemeinderäte. Die für den Gemeinderat geltenden Rechte und Pflichten ergeben sich unmittelbar aus der Amtsübernahme. Dazu gehört der Anspruch auf das Amt und auf die **Amtsbezeichnung**, in Städten „**Stadtrat**", in den übrigen Gemeinden „**Gemeinderat**". Gleichwohl sieht § 32 GemO eine **förmliche Verpflichtung** der Gemeinderäte durch den Bürgermeister auf die gewissenhafte Erfüllung ihrer Amtspflichten in der ersten Sitzung des Gemeinderats vor. **24**

> **Hinweis:** Einen verbindlichen Wortlaut für das **Gelöbnis** sieht die Gemeindeordnung nicht vor. Die VwV zu § 32 GemO empfahl jedoch folgenden Wortlaut für die **Verpflichtungsformel**: „Ich gelobe Treue der Verfassung, Gehorsam den Gesetzen und gewissenhafte Erfüllung meiner Pflichten. Insbesondere gelobe ich, die Rechte der Gemeinde gewissenhaft zu wahren und ihr Wohl und das ihrer Einwohner nach Kräften zu fördern". Üblicherweise wird das Gelöbnis durch Handschlag bekräftigt, nachdem der Gemeinderat über seine Rechte und Pflichten unterrichtet wurde.

Die Verpflichtung der Gemeinderäte durch den Bürgermeister gilt nur für die Dauer der jeweiligen Amtszeit. Wiedergewählte Gemeinderäte sind somit für die folgende Amtszeit erneut zu verpflichten.

c) Entscheidungsfreiheit – Gebot und Schutz für den Gemeinderat. Mit der Wahl wird der Gemeinderat auch in Gemeinden mit unechter Teilortswahl Vertreter der gesamten Bürgerschaft. Er ist nicht Beauftragter einzelner Gruppen, für die er in den Gemeinderat gewählt wurde. Das bedeutet, dass er sich bei allen Entscheidungen vom **Gesamtwohl der Gemeinde** leiten lassen muss. Sein Verantwortungsbewusstsein muss darauf gerichtet sein. Kommunalverfassungsrechtlich ist es so kodifiziert: „Die Gemeinderäte entscheiden im Rahmen der Gesetze nach ihrer freien, nur durch das öffentliche Wohl bestimmten Überzeugung. An Verpflichtungen und Aufträge, durch die diese Freiheit beschränkt **25**

wird, sind sie nicht gebunden" (§ 32 Abs. 3 GemO). Aus dieser Gesetzesvorschrift lässt sich zunächst das **Gebot zur freien Entscheidung** ableiten. Sie hat aber gleichzeitig eine Schutzfunktion. Sie gibt dem Gemeinderat **Handlungsfreiheit**, nämlich frei von ihm etwa aufgedrungenen Verpflichtungen entscheiden zu können. Insofern hat er wie Abgeordnete des Bundes- oder eines Landtages ein **sog. freies Mandat**. An Wahlabsprachen vor der Wahl, aber auch zu einem bestimmten Verhalten über eine zu entscheidende Angelegenheit ist er keineswegs gebunden. Die Entscheidungsfreiheit schützt den Gemeinderat auch davor, sich einem wie auch immer begründeten Fraktionszwang, d. h. einer Stimmabgabe im Sinne einer zuvor abgestimmten Fraktionsmehrheit beugen zu müssen. Ebenso haben eingegangene Rücktrittsverpflichtungen, wenn sein Handeln im Gemeinderat nicht den Vorstellungen einer Wählergruppe entsprechen sollte, keine rechtsverpflichtende Wirkung. Ein Gemeinderat scheidet auch nicht automatisch aus dem Gemeinderat aus, wenn er aus einer Fraktion (Mitgliedervereinigung) ausscheidet, auf deren Wahlvorschlag er in den Gemeinderat gewählt wurde. Eine Fraktion kann zwar argumentieren, dass er sein Mandat über ihren Wahlvorschlag erhalten hat und es deshalb einer gewissen Logik entspreche, dass er dieses zurückgibt, wenn er dieser Fraktion nicht mehr angehört. Ein Rechtsanspruch auf Mandatsverzicht lässt sich damit aber nicht begründen. Der Gemeinderat kann jedoch seinen Austritt aus einer Fraktion als wichtigen Grund für einen freiwilligen Rücktritt geltend machen und damit sein Ausscheiden aus dem Gemeinderat begründet verlangen (s. Rn. 15).

2. Mitwirkungsrechte

26 a) **Rechte einzelner Gemeinderäte.** Die volle Ausübung seines Mandats setzt voraus, dass dem Gemeinderat eine Reihe von bestimmten **Mitwirkungsrechten** zusteht. Dazu gehören:

27 Außer in Notfällen schriftliche **Einladung zu den Sitzungen**. Alle Gemeinderäte müssen die Einladung erhalten. Somit sind auch Mitglieder einzuladen, selbst, wenn bekannt sein sollte, dass sie wegen Krankheit oder Ortsabwesenheit nicht an der Sitzung teilnehmen können. Es empfiehlt sich (so auch Kunze/Bronner/Katz, Gemeindeordnung für Baden-Württemberg, Rn. 3 zu § 34 GemO) auch offensichtlich befangene Gemeinderäte bei nur einem Tagesordnungspunkt für die fragliche Sitzung einzuladen, da bei einem Widerspruch gegen ihre Befangenheit, der Gemeinderat über ihr Mitwirken nach § 18 Abs. 4 GemO zu entscheiden hat. Zweckmäßig ist es ebenso beurlaubte Gemeinderäte einzuladen, um ihnen die Möglichkeit zu geben, trotz ihrer Entbindung von der grundsätzlichen Teilnahmepflicht an den Sitzungen teilzunehmen. Von der Teilnahme an mehreren Sitzungen nach § 36 Abs. 3 GemO ausgeschlossene Gemeinderäte haben dagegen ihren grundsätzlichen Einladungsanspruch zeitgebunden verwirkt, d. h. sie müssen nicht eingeladen werden.

28 Der **Anspruch auf Sitzungsteilnahme**. Der Anspruch kann nur dann entfallen, wenn ein Mitglied wegen wiederholter grober Ungebühr oder ständig sich wiederholenden Verstößen gegen die Ordnung vom Gemeinderat bis zu sechs Sitzungen ausgeschlossen ist (§ 36 Abs. 3 GemO) oder wenn er wegen Befangenheit an der Sitzung nicht teilnehmen kann (Rn. 47 ff.).

II. Rechtsstellung und Pflichten eines Gemeinderats 29–35

29 Das **Rederecht** (das Recht sich zu Wort zu melden). Der Anspruch kann auch nicht etwa unter Hinweis darauf ausgeschlossen werden, dass ein sog. Fraktionssprecher sich bereits geäußert habe. Das Rederecht entfällt selbstverständlich, wenn der betreffende Gemeinderat in einer bestimmten Angelegenheit befangen ist. Er kann, aber nicht aufgrund eigenen Anspruchs, sondern weil der Gemeinderat dies wünscht, in diesem Fall zu bestimmten für die Entscheidung möglicherweise erheblichen Aspekten, angehört werden. Wegen des Verlassens der Sitzung bzw. des Sitzungsraums bei Befangenheit s. Rn. 55.

30 Das **Antragsrecht**. Dieses bezieht sich (nur) auf das Recht, zu Punkten, die auf der Tagesordnung stehen, Sach- oder Verfahrensanträge zu stellen. Das Recht, eine Angelegenheit mit verbindlicher Wirkung auf die Tagesordnung zu setzen, ist dagegen ein Gruppenrecht (s. Rn. 34 ff.).

31 Das **Stimm- und Wahlrecht**, also das Recht an Abstimmungen oder Wahlen im Gemeinderat teilnehmen zu können. Dieses Recht kann nicht etwa dadurch beschränkt werden, dass ein Gemeinderat sein Recht anders, als bei einer Probeabstimmung in der betreffenden Fraktion, ausüben will.

32 Das **Recht zu persönlichen Erklärungen** und das **Recht, diese sowie ihre Stimmabgabe in der Niederschrift festhalten zu lassen**. Persönliche Erklärungen zur Abstimmung können nur eine kurze Begründung zum Abstimmungsverhalten enthalten. Sie dürfen nicht die mit der Abstimmung geschlossene Aussprache wieder aufnehmen. In der Geschäftsordnung (Rn. 77, 80) können dazu nähere Regelungen getroffen werden.

33 Das **Fragerecht**. Jeder Gemeinderat kann an den Bürgermeister schriftliche, elektronische oder in einer Sitzung des Gemeinderats mündliche Anfragen über einzelne Angelegenheiten der Gemeinde und ihrer Verwaltung richten. Der Bürgermeister hat die Fragen binnen angemessener Frist zu beantworten (§ 24 Abs. 4 GemO). Das Informationsrecht soll den Gemeinderat in die Lage versetzen, seine Mitwirkung besser vorbereiten und umsetzen zu können. Die Geschäftsordnung kann zum Fragerecht nähere Regelungen treffen. Diese können dazu dienen, einen zeitlich angemessenen Sitzungsablauf zu gewährleisten. Die Geschäftsordnung darf jedoch das Fragerecht, insbesondere in Sitzungen nicht grundsätzlich unterbinden. Mit dem Recht, Anfragen zu stellen, ist jedoch kein Recht auf Akteneinsicht verbunden. Dieses Recht haben nur Gruppen des Gemeinderats.

Zum **Anspruch auf Ersatz von Auslagen und Verdienstausfall** (§ 18 GemO) s. Rn. 64 ff.

34 b) **Rechte von Gruppen (Minderheiten) und Fraktionen des Gemeinderats.** Folgende über die Rechte eines einzelnen Gemeinderats hinausgehende Rechte räumt die Gemeindeordnung Minderheiten (Gruppen) und zum Teil auch Fraktionen des Gemeinderats ein:

35 – Das **Recht auf unverzügliche Einberufung einer Sitzung**, wobei der oder die Verhandlungsgegenstände zu benennen sind. Dieses Recht steht einem Viertel der Gemeinderäte zu.

Beispiel:
Ausgehend von einer Gesamtzahl von 20 Gemeinderäten wären dies fünf Gemeinderäte. Ist das rechnerische Viertel eine Bruchzahl (z. B. 4,5) so müssen das Minderheitenrecht mindestens fünf Mitglieder wahrnehmen.

35a – Das **Recht, die Aufnahme eines Verhandlungsgegenstandes** spätestens in die Tagesordnung der übernächsten Sitzung des Gemeinderats **zu verlangen**. Dieses Recht steht einer Fraktion oder einem Sechstel des Gemeinderats zu. Das Minderheitenrecht ist beschränkt auf Angelegenheiten, die in die Zuständigkeit des Gemeinderats fallen. Geschäfte der laufenden Verwaltung und Weisungsaufgaben (s. Rn. 5), die in die ausschließliche Zuständigkeit des Bürgermeisters gehören, sind somit vom Einberufungsanspruch bzw. vom Recht, die Aufnahme eines Punktes in die Tagesordnung zu verlangen, nicht erfasst. Das Minderheitenrecht ist nicht gegeben, wenn der Gemeinderat den gleichen Verhandlungsgegenstand innerhalb der letzten sechs Monate bereits behandelt hat. Dadurch soll einer missbräuchlichen Inanspruchnahme dieses Minderheitenrechts vorgebeugt werden. Wird die Einberufung einer Sitzung verlangt, müssen die Antragsteller den Verhandlungsgegenstand nennen, mit dem sie eine Sitzung begehren. Mit dem Recht ist kein Anspruch auf sachliche Behandlung des beantragten Tagesordnungspunktes verbunden. Der Gemeinderat kann vor Eintritt in die Tagesordnung auf Antrag Nichtbefassung beschließen. Ob eine solche Absetzung der Sache dienlich ist, muss gegebenenfalls politisch diskutiert bzw. entschieden werden.

36 – Das **Recht auf Auskunftserteilung und Akteneinsicht (§ 24 Abs. 2 GemO)**. Über das Informationsrecht des gesamten Gemeinderats sowie über seine Kontrollbefugnis hinausgehend räumt § 24 Abs. 2 GemO bereits einem Sechstel der Gemeinderäte und einer Fraktion das Recht ein, in allen Angelegenheiten der Gemeinde (also auch für solche, die zum ausschließlichen Aufgabengebiet des Bürgermeisters gehören, d. h. Weisungsaufgaben und Geschäfte der laufenden Verwaltung) und ihrer Verwaltung zu verlangen, dass der Bürgermeister den Gemeinderat unterrichtet, und dass diesem oder einem von ihm bestellten Ausschuss Akteneinsicht gewährt wird. Damit die Auskunft begehrenden Gemeinderäte auch unmittelbar Kenntnis von den gegebenen Informationen des Bürgermeisters erhalten bzw. im gebildeten Ausschuss sich ein direktes Bild von der Aktenlage machen können, müssen sie im Ausschuss vertreten sein. Der Antrag auf Akteneinsicht muss sich immer auf bestimmte Vorgänge beziehen. Ein undifferenziertes Recht auf Information und Akteneinsicht besteht nicht. Ausgangsüberlegung für das Recht war, begründetes mögliches Fehlverhalten aufzudecken.

37 – Das **Recht auf Verweisung einer Angelegenheit an einen Ausschuss zur Vorberatung**, sofern in der Hauptsatzung generell bestimmt. (§ 39 Abs. 4 GemO). Dieses Recht besteht dann sowohl für den Vorsitzenden (BM), für eine Fraktion wie auch für ein Sechstel der Gemeinderäte. In derselben Vorschrift bestimmt eine Sollbestimmung, dass Angelegenheiten, die der Entscheidung des Gemeinderats vorbehalten sind, in den zuständigen Ausschüssen vorberaten werden sollen. Diese Vorschrift soll einem beabsichtig-

II. Rechtsstellung und Pflichten eines Gemeinderats **38, 39**

– Falls in der Hauptsatzung bestimmt, das **Recht auf Abgabe einer Angelegenheit vom Ausschuss an den Gemeinderat** (§ 39 Abs. 3 GemO) für ein Viertel der Mitglieder eines beschließenden Ausschusses. Angelegenheiten, die dem Gemeinderat generell zur Entscheidung übertragen sind, sollten in aller Regel auch von diesem beschlussmäßig zu Ende gebracht werden. Ein anderes Verhalten würde der Überlegung, dem Gemeinderat Grundsätzliches vorzubehalten, entgegenwirken und die Effizienz der Gemeinderatsarbeit schwächen. Es kann aber hin und wieder Fälle geben, die es geraten sein lassen, eine einem Ausschuss zugewiesene Entscheidung wegen ihrer Bedeutung doch an den Gemeinderat zu verweisen. Diese Verweisungsmöglichkeit soll bereits durch eine Minderheit der Ausschussmitglieder wahrgenommen werden können. Die Entscheidung soll wegen der üblicherweise kleineren Gesamtzahl der Ausschussmitglieder nicht Kampfabstimmungen überlassen werden. Der Gemeinderat hat aber die Möglichkeit der Zurückverweisung, wenn er die besondere Bedeutung der Angelegenheit nicht für gegeben ansieht. Der zuständige Ausschuss muss dann entscheiden. **38**

3. **Amtsführung**

Die Wahl bringt die Gemeinderäte in ein besonderes Vertrauensverhältnis zu ihrer Gemeinde. **39**

Hinweis: Daraus entsteht für die Gemeinderäte die **Grundpflicht**, das ihnen übertragene Amt uneigennützig und verantwortungsbewusst zu führen (§ 17 Abs. 1 GemO).

Der Gemeinderat soll seine Tätigkeit im Bewusstsein der bei seiner Amtseinführung übernommenen Verpflichtung ausüben. Er ist zu aufbauender Mitarbeit im Gemeinderat verpflichtet und kann sich der Amtsführung nicht entziehen. Sein ganzes Handeln soll im Einklang mit dem Gemeinwohl stehen. Das bedeutet, dass auch der Gemeinderat an den elementaren **Grundsatz der Gesetzmäßigkeit der Verwaltung gebunden** ist. Auch für ihn muss rechtmäßiges Handeln oberstes Gebot sein. Wenn er von unlauteren Machenschaften, die schädigende Einflüsse auf Gemeinde haben können, erfährt, muss er den Bürgermeister oder den Gemeinderat verständigen. Er muss ferner seine Sachkenntnis und Fachkunde in den Dienst der Gemeinde stellen.

Die Mitarbeit leistet der Gemeinderat durch die aktive Teilnahme an den Beratungen des Gemeinderats und seiner Ausschüsse. Dort kann er durch Anregungen und durch Mitentscheidung die Kommunalpolitik der Gemeinde aktiv mitgestalten.

Wichtig! Ein unmittelbares Einflussrecht auf die Gemeindeverwaltung steht dem Gemeinderat als Einzelmitglied des Gemeinderatskollegiums **nicht** zu.

Die Verwaltung ist nur an Beschlüsse des Gemeinderats als Organ gebunden. Ein Gemeinderat, der in bestimmten Angelegenheiten anderer Auffassung ist als die Mehrheit seiner Kolleginnen und Kollegen, muss einen mit Stimmenmehrheit gefassten Beschluss selbstverständlich respektieren. Andernfalls würde er gegen demokratische Spielregeln verstoßen. Er darf also unter keinen Umständen versuchen, die Ausführung rechtmäßiger Beschlüsse durch den Bürgermeister zu verzögern oder gar zu unterbinden. Obstruktion ist kein geeignetes Mittel, um seine gegenteilige Meinung durchzusetzen.

4. Vertretungsverbot

Wichtig! Das Vertretungsverbot bedeutet, dass ehrenamtlich tätige Bürger gleich welcher Art und damit auch ein Gemeinderat **Ansprüche und Interessen einer anderen Person gegen die Gemeinde nicht geltend machen darf**, soweit er nicht als gesetzlicher Vertreter handelt (§ 17 Abs. 3 GemO).

Das Vertretungsverbot erstreckt sich auf **privatrechtliche** und **öffentlich-rechtliche Ansprüche aller Art**; es gilt jedoch **nicht** im Bußgeldverfahren. Ansonsten gilt es sowohl im weisungsfreien wie im weisungsgebundenen Wirkungskreis der Gemeinde (s. zu diesen Begriffen Rn. 5). Die Ansprüche oder Interessen des Dritten müssen sich nicht ausschließlich gegen die Gemeinde als Rechtssubjekt richten. Es ist ausreichend, dass sie vor der Gemeinde als Behörde geltend gemacht werden. Das Vertretungsverbot ist darin begründet, dass der Gemeinderat wegen seiner Verpflichtung zum Gemeinwohl nicht in einen **Interessenwiderstreit** aus der gleichzeitigen Verfolgung von möglicherweise nicht gerechtfertigten Einzelinteressen geraten soll. Hinzu kommt, dass der Gemeinderat seine politische Macht nicht mit seiner privaten Berufsausübung vermischen soll. Die „Vertretung von Interessen" ist gegeben, wenn Einzelinteressen durchgesetzt werden sollen, ohne dass im vorliegenden Fall rechtlich begründete Ansprüche gegeben sind.

Beispiele:
- Ein Gemeinderat und zugleich Architekt darf einen Bürger nicht gegenüber der Gemeinde zur Erteilung einer Baugenehmigung vertreten.
- Ein Gemeinderat und Rechtsanwalt darf einen Bürger nicht vertreten, um einen behaupteten Anspruch gegen die Gemeinde auf Übereignung eines Grundstücks durchzusetzen. Das Vertretungsverbot gilt nicht für Sozii, Angestellte des Gemeinderats und Anwalts oder in Bürogemeinschaft mit ihm verbundene Personen.
- Ein Gemeinderat und Steuerberater darf einen Bürger nicht gegen die Gemeinde in Steuersachen vertreten.
- Ein Gemeinderat darf jedoch als gesetzlicher Vertreter sein minderjähriges Kind gegen die Gemeinde zur Geltendmachung von Ansprüchen und Interessen ohne Einschränkung vertreten.
- Das Vertretungsverbot gilt ebenfalls nicht für Vereinsvorsitzende und gleichzeitig Gemeinderäte, die als gesetzliche Vertreter eines Vereins Ansprüche desselben gegen die Gemeinde geltend machen.

II. Rechtsstellung und Pflichten eines Gemeinderats 41–43

5. Teilnahmepflicht an Gemeinderatssitzungen

41 Mit der Wahl in den Gemeinderat sind nicht nur „Grundrechte" verbunden, sondern auch **Grundpflichten**. Dazu gehört die Pflicht, an den **Sitzungen des Gemeinderats teilzunehmen** (§ 34 Abs. 3 GemO). Das Erscheinen zur Sitzung und die Mitarbeit während ihrer ganzen Dauer stehen somit nicht in seinem freien Ermessen. In einer grundsätzlich repräsentativen Demokratie kann auf eine solche Verpflichtung nicht verzichtet werden. Deshalb kann ein Gemeinderat nur **aus zwingenden Gründen** – wie etwa Krankheit, dringende geschäftliche Abwesenheit oder aus anderen wichtigen persönlichen Gründen (z. B. Teilnahme an einer größeren Familienfeier) – einer Sitzung fernbleiben oder sie vorzeitig verlassen. Es dient der vertrauensvollen Zusammenarbeit, wenn sich das Gemeinderatsmitglied für sein Fernbleiben oder vorzeitiges Verlassen der Sitzung beim Bürgermeister als Vorsitzendem des Gemeinderats entschuldigt; meist gibt die Geschäftsordnung des Gemeinderats diese Pflicht auf.

Ein Gemeinderat, der ohne zureichenden Grund, z. B. wegen Meinungsverschiedenheiten mit anderen Gemeinderäten oder mit dem Bürgermeister, wiederholt an Sitzungen nicht teilnimmt und/oder die Mitarbeit verweigert, handelt **gesetzwidrig**. Die Gemeindeordnung gibt dem Gemeinderat **Zwangsmittel** an die Hand, die dazu dienen sollen, die Verweigerungshaltung einzelner Gemeinderäte zu beseitigen. Gemeinderatsmitglieder, die sich der beschriebenen Pflichtenverstöße schuldig machen, können vom Gemeinderat mit einem Ordnungsgeld zwischen 50 und bis zu 1000 € belegt werden (§ 16 Abs. 3 GemO).

6. Verschwiegenheitspflicht

42 **a) Gründe.** Der **Bürger**, der dem Gemeinderat vertrauliche Auskünfte über seine persönlichen und wirtschaftlichen Verhältnisse gibt, muss sich darauf verlassen können, dass seine Angaben nicht an die Öffentlichkeit gelangen oder sonst unbefugt verwertet werden. Er wird sonst künftig nicht mehr bereit dazu sein oder nur noch unvollständige Angaben machen. Die **Gemeindeverwaltung** muss die Gewähr haben, dass im öffentlichen Interesse (zunächst) vertraulich zu behandelnde Angelegenheiten nicht vorzeitig bekannt werden und dadurch das Gesamtwohl geschädigt wird. Aber auch der **einzelne Gemeinderat** braucht, falls notwendig, einen Schutz vor Offenlegung seiner Meinungsäußerungen und seiner Stimmabgabe. Außerdem muss es ihm im Interesse einer sachlichen und unvoreingenommenen Amtsführung versagt sein, die Amtsgeheimnisse unbefugt zu verwerten.

43 **b) Umfang.** Verschwiegenheit hat der Gemeinderat (§ 17 Abs. 2 GemO) zu wahren über alle Angelegenheiten, die ihm in seinem Amt als Gemeinderat bekannt werden und deren **Geheimhaltung**
– **gesetzlich vorgeschrieben** ist.

Dazu gehört die wichtige gesetzliche Geheimhaltungspflicht nach § 35 GemO für alle nichtöffentlichen Sitzungen. In Steuersachen, z. B. wenn der Gemeinderat über Steuernachlässe oder Stundungen zu entscheiden hat, verfügt § 30 AO eine strikte Geheimhaltungspflicht. § 35 SGB I enthält bei Sozialleistungen das Sozialgeheimnis, d. h. die unbefugte Weitergabe persönlicher Daten der Leistungsempfänger, des Weiteren § 3 Abs. 2 LDSG

das Datengeheimnis. Gemeinderäte als Aufsichtsratsmitglieder sind an die Verschwiegenheitspflicht nach § 116 i. V. m. § 93 AktG gebunden.
- **besonders angeordnet** ist.

Eine solche Geheimhaltungsanordnung können der Gemeinderat und der Bürgermeister innerhalb ihres Aufgabenbereiches, ausnahmsweise die Aufsichtsbehörden, soweit ihnen ein gesetzliches Weisungsrecht zusteht, treffen. Die Geheimhaltungspflicht kann auch durch Aufdrucke auf Schriftstücken, wie „geheim" oder „vertraulich" zum Ausdruck gebracht werden.
- **ihrer Natur nach erforderlich** ist.

Es gibt Angelegenheiten, die bei pflichtgemäßer vernünftiger Betrachtung auch ohne besondere Anordnung zum Schutz einzelner Personen oder des Gemeinwohls nicht offenbart werden dürfen. Dazu gehören z. B. Personalentscheidungen, Grundstückssachen, Darlehensangelegenheiten und andere vertragliche Angelegenheiten mit einzelnen Personen.

> **Beachten:** Der **Umfang** der Verschwiegenheitspflicht bezieht alle Einzelheiten mit Ausnahme bereits allgemein bekannter Tatsachen einer geheim zu haltenden Angelegenheit ein.

Bei **nichtöffentlichen Sitzungen** ist sowohl über den während der Beratung bekannt gewordenen Sachverhalt als auch über die dazu gemachten Äußerungen und über das Beratungsergebnis Verschwiegenheit zu wahren. Der Gemeinderat darf niemandem über die geheim zu haltende Angelegenheit Kenntnis geben, der dazu nicht ausdrücklich befugt ist. Seine **Schweigepflicht** besteht vor allem auch gegenüber seinen Familienangehörigen und gegenüber Mitgliedern der Partei oder Wählervereinigung, welcher er angehört, mit Ausnahme derjenigen, die ebenfalls dem Gemeinderatsgremium angehören, gegenüber der Presse und auch gegenüber dem Betroffenen, soweit er nicht davon erfahren soll. Auch vor Gerichten darf der Gemeinderat in geheim zu haltenden Angelegenheiten nur mit Genehmigung des Gemeinderats bzw. des Bürgermeisters, soweit die Angelegenheit in dessen Zuständigkeit fällt, aussagen.

Zur Schweigepflicht gehört auch das **Verbot der Weitergabe geheimer und vertraulicher Dokumente.** Der Gemeinderat muss darauf achten, dass Unterlagen über geheim zu haltende Angelegenheiten weder aus Unachtsamkeit noch durch bewusste Weitergabe bzw. Liegenlassen in die Hände Unbefugter kommen. Außerdem darf er das Wissen von Amtsgeheimnissen nicht unbefugt, eigennützig oder für andere verwerten. Er darf z. B. seine Kenntnis von Planungen einer möglichen Baulanderschließung nicht zur eigenen Bodenspekulation verwerten.

44 **c) Dauer der Verschwiegenheitspflicht.** Die Schweigepflicht dauert so lange, bis der Geheimnisschutz entbehrlich wird. Wurde sie besonders angeordnet oder betrifft sie nichtöffentliche Sitzungen, muss sie bis zur ausdrücklichen Aufhebung durch den Bürgermeister gewährt werden. Auch wenn der Geheimnisträger nicht mehr von der Notwendigkeit überzeugt ist, darf er das Geheimnis nicht preisgeben. Nichtamtliche Pressemeldungen heben die Schweigepflicht nicht auf. Sie könnten auch nur darauf angelegt sein, Näheres über die geheim zu haltende Angelegenheit zu erfahren. Eine grundsätzlich noch bestehende Geheimhaltungspflicht entfällt auch nicht für ein aus dem Gemeinderat ausscheidendes Mitglied. Sie besteht auch für dieses frühere Mitglied zeitlich unbeschränkt weiter, bis sie allgemein aufgehoben wird.

d) Ausnahmen von der Schweigepflicht. Strafbare Handlungen dürfen mit dem Hinweis auf eine bestehende Schweigepflicht nicht gedeckt werden. Hier ist der Gemeinderat ausnahmsweise nicht zur Wahrung des Amtsgeheimnisses gehalten.

e) Folgen des Geheimnisbruchs. Das Interesse an der Geheimhaltung ist besonders schutzwürdig. Deshalb kann der Gemeinderat wegen Verstößen gegen die Geheimhaltungspflicht mit Ordnungsgeldern vorgehen. Je nach der Schwere des Falles und evtl. bei wiederholtem Verstoß kann das Ordnungsgeld bis zu 1000 Euro betragen. Der Mindestbetrag sind 50 Euro. Geheimnis- und Vertrauensbruch sind überdies, wenn wichtige öffentliche Interessen (Dienstgeheimnisse) gefährdet sind, nach dem Strafgesetzbuch (§§ 353b und 353c StGB), die Verletzung von Steuergeheimnissen nach der Abgabenordnung (§ 412 AO), die unbefugte Übermittlung geschützter personenbezogener Daten nach dem Landesdatenschutzgesetz (§ 29 LDSG) strafbar. Außerdem kann derjenige, welchem durch die Verletzung der Geheimhaltungspflicht ein Schaden zugefügt wurde, Schadenersatz nach dem Bürgerlichen Gesetzbuch (§§ 823, 826 BGB) verlangen.

7. Befangenheit und ihre Folgen

a) Begriff – Ausschluss von der Mitberatung und Mitentscheidung. Ein Gemeinderat darf in Angelegenheiten, bei denen die Gefahr besteht, dass er aus persönlichen oder geschäftlichen Gründen nicht unbefangen, d. h. nicht unvoreingenommen und uneigennützig entscheiden kann, **weder beraten noch entscheidend** mitwirken. Dieses Mitwirkungsverbot dient der Objektivität in der Gemeindeverwaltung. Es soll aber auch den Gemeinderat, der dem Gemeinwohl verpflichtet ist, gegen Vorwürfe der Parteilichkeit schützen. Zweck der Befangenheitsbestimmungen ist es, nicht erst die tatsächliche Interessenkollision, sondern schon den bösen Schein zu vermeiden.

b) Grundsätzliche Sachverhalte der Befangenheit. Die Gemeindeordnung sieht einen Gemeinderat dann als befangen an und schließt ihn von der Beratung und Beschlussfassung aus, wenn die Entscheidung einer Angelegenheit **ihm selbst** oder **bestimmten Personen**, zu denen er unter anderem in enger **verwandtschaftlicher oder wirtschaftlicher Beziehung** steht, einen **unmittelbaren Vor- oder Nachteil** bringen kann (§ 18 Abs. 1 GemO). Die Vor- oder Nachteile, d. h. Veränderungen der gesamten Interessenlage der Betroffenen – auch solche nichtrechtlicher oder nichtwirtschaftlicher Art – in positiver oder negativer Richtung, müssen sich direkt also unmittelbar aus der Entscheidung ergeben können. Treten sie nur als Nebenwirkung einer zu treffenden Entscheidung auf, durch die ein anderer unmittelbar begünstigt oder belastet wird, so kann der Gemeinderat mitberaten und mitentscheiden, ist also nicht befangen. Die Verschiebung der Interessenlage braucht nicht schon eingetreten zu sein, sie muss aber tatsächlich eintreten können oder objektiv möglich sein. Deshalb kommt es nicht darauf an, ob der Betreffende die sich ihm bietende Gelegenheit zu seinem Vorteil oder zum Nachteil eines anderen ausnutzen will. Der Ausschluss wegen Befangenheit hängt auch nicht vom Umfang der rechtlichen, wirtschaftlichen oder sonstigen Bedeutung der möglichen Vor- oder Nachteile für den Betroffenen oder die Gemeinde ab. Vom Sinn und Zweck der Befangenheitsvorschriften ausgehend ist somit nicht der tatsächliche Eintritt einer Interessenkollision maßgebend. Vielmehr soll bereits die Möglichkeit einer **unzulässigen Einflussnahme** vermieden werden.

> **Wichtig!** Befangenheit tritt nicht erst zum Zeitpunkt der Abstimmung einer bestimmten Angelegenheit in einer Sitzung ein. Vielmehr ist der Gemeinderat bereits von der **Beratung ausgeschlossen**, wobei unter Beratung sowohl der beratende Teil einer (Gemeinderats- oder Ausschuss-)Sitzung wie auch die **Teilnahme an offiziellen vorbereitenden Gesprächen** außerhalb einer Sitzung zu verstehen ist.

Bei den oben beschriebenen Sachverhalten ist der Befangenheitstatbestand immer von einem möglichen Vor- oder Nachteil abhängig. Beim Befangenheitstatbestand des § 18 Abs. 2 Nr. 4 GemO dagegen reicht das Befassen des Gemeinderats mit der zu entscheidenden Angelegenheit in anderer als öffentlicher Eigenschaft für das Mitwirkungsverbot aus.

49 **c) Persönliche Tatbestandsmerkmale, die Befangenheit auslösen.** Die persönlichen, Befangenheit auslösenden Tatbestandsmerkmale, lassen sich in zwei verschiedene Gruppen aufteilen, nämlich die **eigene Beteiligung** oder die eines **Personenkreises,** zu dem der Gemeinderat in **enger personenstandsrechtlicher Beziehung** steht oder durch **gesetzliche Vertretungsverhältnisse** verbunden ist und Befangenheitsfälle, die durch arbeitsrechtliche oder gesellschaftsrechtliche Beziehung sowie wegen Mitgliedschaft in öffentlich-rechtlichen Vertretungsorganen ausgelöst wird.

Befangenheit wegen persönlicher Beteiligung tritt nach § 18 Abs. 1 Nr. 1 bis 4 GemO ein, wenn die Entscheidung des betreffenden Verhandlungsgegenstandes folgendem Personenkreis einen **unmittelbaren** Vorteil oder Nachteil bringen kann:

aa) Dem **Gemeinderat selbst.**

> **Beispiel:**
> Der Gemeinderat hat den Erwerb eines Gemeindegrundstücks beantragt, über dessen Veräußerung der Gemeinderat als Organ zu entscheiden hat;

bb) Dem **Ehegatten** eines Gemeinderats oder mit ihm nach § 1 des Lebenspartnerschaftsgesetzes verbundenen **Partner.**

Die Befangenheit wird ausgelöst solange die Ehe oder eingetragene Lebenspartnerschaft besteht. Andere nicht eingetragene eheähnliche Lebensgemeinschaften lösen keine Befangenheit aus. Eine analoge Anwendung des Ehe- oder Lebenspartnerschaftsrechts auf solche Lebensgemeinschaften ist nicht möglich.

> **Beispiel:**
> Der Ehegatte eines Gemeinderats hat sich um einen Gemeindeauftrag bemüht, über dessen Vergabe der Gemeinderat zu entscheiden hat. Begünstig-

ter oder Benachteiligter und somit von der Entscheidung rechtlich Betroffener ist also nicht der Gemeinderat selbst, sondern sein Ehegatte.

cc) Mit dem Gemeinderat in gerader Linie oder in der Seitenlinie bis zum dritten Grad Verwandte und mit dem Gemeinderat durch Annahme an Kindes Statt Verbundene.

Verwandtschaft bezeichnet die Beziehung zwischen Personen, die durch Abstammung miteinander verbunden sind. Der Grad der Verwandtschaft wird nach der Zahl der sie vermittelnden Geburten bestimmt.

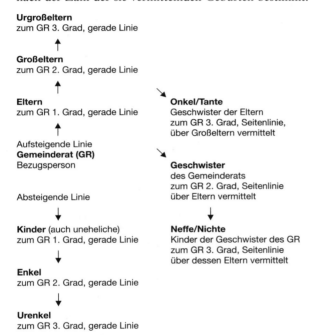

Schaubild: Befangenheitsrelevante Verwandtschaftsgrade nach § 18 Abs. 1 Nr. 2 GemO

In **gerader Linie verwandt** sind diejenigen Personen, deren eine von der anderen abstammt (§ 1589 S. 1 BGB). Für die Befangenheit eines Gemeinderats relevante Verwandte der geraden Linie sind:
- seine **Eltern und Kinder** (1. Grad, gerade Linie),
- seine **Großeltern und Enkel** (2. Grad, gerade Linie),
- seine **Urgroßeltern und Urenkel** (3. Grad, gerade Linie).

In **Seitenlinie verwandt** sind diejenigen Personen, welche von derselben dritten Person abstammen (§ 1589 S. 2 BGB). Es sind somit diejenigen Personen, die nicht in gerader Linie verwandt sind, also nicht unmittelbar voneinander abstammen, aber von derselben dritten Person abstammen. Für die Befangenheit eines Gemeinderats relevante Verwandte in Seitenlinie sind:

- seine **Geschwister, ebenso Halbgeschwister** (2. Grad, Seitenlinie). Eine Verwandtschaft ersten Grades in der Seitenlinie besteht deshalb nicht, weil die mögliche nächste Verwandtschaft bereits zwei Geburten vermitteln;
- die **Geschwister seiner Eltern,** also Tanten und Onkel – nicht dagegen angeheiratete Tanten und Onkel (s. u. Schwägerschaft) sowie **Kinder seiner Geschwister** (jeweils 3. Grad, Seitenlinie), das sind Nichten und Neffen.

Bereits im **vierten Verwandtschaftsgrad** miteinander verbunden und damit rechtlich keine Befangenheit mehr auslösend, sind Cousinen und Cousins (Basen, Vettern) also Kinder von Geschwistern der Eltern des Gemeinderats.

An **Kindes Statt Angenommene (Adoptierte)** treten, sofern sie bei der Adoption minderjährig sind, in die gleichen Verwandtschaftsverhältnisse ein wie leibliche Kinder; bei Annahme von Volljährigen wird das Verwandtschafts- und Schwägerschaftsverhältnis auf den Annehmenden beschränkt, bezieht sich also nicht auf dessen Verwandte.

dd) Mit dem Gemeinderat (in gerader oder Seitenlinie) **bis zum zweiten Grad Verschwägerte oder als verschwägert Geltende.**

Verschwägert sind nach § 1590 Abs. 1 BGB die Verwandten eines Ehegatten mit dem anderen Ehegatten.

> **Hinweis:** Es sind nicht verschwägert die Verwandten des einen Ehegatten mit denen des anderen. Im Volksmund bezeichnet man diese rechtlich nicht begründete Schwägerschaft als Schwippschwägerschaft.

Auf einen Gemeinderat bezogen ist er (nur) mit den Verwandten seines Ehegatten oder Lebenspartners nach § 1 LPartG verschwägert. Voraussetzung für das Entstehen einer **Schwägerschaft** ist eine gültige Ehe oder Lebenspartnerschaft nach § 1 LPartG. Nach § 1590 Abs. 2 BGB besteht eine Schwägerschaft fort, auch wenn die Ehe, durch die sie begründet wurde, aufgelöst ist. Die Befangenheitsvorschriften des § 18 Abs. 1 Nr. 3 GemO sind dagegen nur so lange anzuwenden, solange die die Schwägerschaft begründende Ehe besteht. Eine Schwägerschaft nach Auflösung der Ehe kann nicht mehr entstehen; mithin ist der erste Ehemann nicht mit den Kindern seiner früheren Frau aus zweiter Ehe verschwägert. Die Linie und der Grad der Schwägerschaft (s. dazu oben unter Verwandtschaft als Befangenheitsgrund) bestimmen sich nach der Linie und dem Grade der sie vermittelnden Verwandtschaft. Befangenheitsrelevant wegen **Schwägerschaft** bei einem Gemeinderat sind:
- seine Schwiegereltern, Schwiegertöchter, Schwiegersöhne, Stiefkinder (1. Grad, gerade Linie);
- die Großeltern und Enkel des Ehegatten des Gemeinderats, seine Stiefenkel (2. Grad, gerade Linie);
- die Ehegatten der Geschwister des Gemeinderats, die Geschwister seines Ehegatten (2. Grad, Seitenlinie; erster Grad in der Seitenlinie nicht besetzt).

II. Rechtsstellung und Pflichten eines Gemeinderats 49

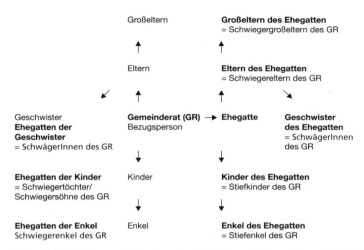

Schaubild: Befangenheitsrelevante Schwägerschaftsgrade nach § 18 Abs. 1 Nr. 3 GemO

ee) Einer von dem Gemeinderat **kraft Gesetzes** oder **kraft Vollmacht** vertretenen (natürlichen oder juristischen) Person.
Voraussetzung ist auch bei diesem Befangenheitstatbestand, dass der vertretenen Person durch die Entscheidung einer Angelegenheit ein unmittelbarer Vor- oder Nachteil entstehen kann. Nur dann ist der das Vertretungsverhältnis Wahrnehmende, etwa ein Gemeinderat, wegen seiner besonderen Verpflichtung zur vertretenen Person vom Mitwirkungsverbot wegen Befangenheit betroffen.
Ein gesetzliches Vertretungsverhältnis zu **natürlichen** Personen besteht:
– **zwischen Eltern und minderjährigen Kindern,** somit zwischen einem Gemeinderat als Elternteil und seinen minderjährigen Kindern;
– **zwischen dem durch das Vormundschaftsgericht bestellten Betreuer und seinem Betreuten** (§ 1902 BGB), somit zwischen einem Gemeinderat als Betreuer und dem von ihm Betreuten;
– **zwischen dem durch das Vormundschaftsgericht bestellten Vormund und seinem Mündel** (§ 1793 BGB), somit zwischen einem Gemeinderat als Vormund und seinem Mündel.
Ein gesetzliches Vertretungsverhältnis bei **juristischen** Personen besteht:
– zwischen einem **eingetragenen (rechtsfähigen) Verein und seinem vertretungsberechtigten Vorstand** i. S. v. § 26 BGB. Der Vorstand kann – so wie in der Vereinssatzung bestimmt – aus einer Person (i. d. R. der Vorsitzende) oder aus mehreren Personen bestehen;
– zwischen einer **Aktiengesellschaft (AG) und ihren vertretungsberechtigten Vorstandsmitgliedern** (§ 78 AktG);
– zwischen einer **Genossenschaft und ihrem Vorstand** (§ 24 GenG);
– zwischen einer **GmbH und ihrem/ihren Geschäftsführern** (§ 35 GmbHG);
– zwischen einer **Kommanditgesellschaft (KG) und ihrem Komplementär** (§§ 161, 170 HGB);

25

- zwischen einer **Kommanditgesellschaft auf Aktien (KGaA)** und ihrem persönlich haftenden Gesellschafter (§ 278 AktG i. V. m. § 170 HGB);
- zwischen einer **offenen Handelsgesellschaft (OHG)** und ihren Gesellschaftern (§ 125 HGB);
- zwischen einem **Zweckverband oder Gemeindeverwaltungsverband** und dem **Verbandsvorsitzenden** (§ 16 GKZ);
- zwischen einer **Stiftung und dem Vorstand**;
- zwischen einer **(Kreis-, Bezirks-)Sparkasse** und dem Vorsitzenden des Verwaltungsrats;
- zwischen einer **gemeinsamen selbstständigen Kommunalanstalt** und dem vorsitzenden Mitglied des Verwaltungsrats.

Für die Befangenheit ist es ohne Belang, ob die Vertretungsbefugnis nach den jeweiligen Statuten einer Person oder mehreren Personen gemeinsam zusteht. Mitglieder eines Organs eines rechtsfähigen Vereins, die satzungsrechtlich den Verein nicht im Sinne der Bestimmungen des § 26 BGB über den Vereinsvorstand vertreten können, sind nicht von der Beratung und Entscheidung wegen Befangenheit ausgeschlossen. Dies betrifft z. B. Mitglieder eines sog. erweiterten Vorstands oder Hauptvorstands – die Bezeichnung ist ohne Belang –, und dabei mit Funktionen wie Kassierer, Schatzmeister, Schriftführer, Zeugwart, Beisitzer betraut sind. Rechtlich nicht befangen sind auch Personen, die juristischen Personen nur als „einfache" Mitglieder angehören, also z. B. Gemeinderäte als aktive oder passive Mitglieder eines Vereins aber ohne Funktion im Verein, als Mitglieder einer Genossenschaft, als Aktionäre einer Aktiengesellschaft.

Beispiele:
Ein Gemeinderat ist als vertretungsberechtigter Vorsitzender eines Vereins befangen und darf weder beratend noch entscheidend mitwirken, wenn über einen Zuschuss zum Bau einer Sporthalle an den betreffenden Verein beraten und/oder entschieden wird.
Als Mitglied des Vorstands einer Genossenschaftsbank ist ein Gemeinderat befangen und vom Mitwirkungsverbot betroffen, wenn über die Aufnahme eines Kredits nicht nur grundsätzlich, sondern über die Frage, bei welchem Kreditinstitut, beraten und/oder entschieden wird.

Vertretungsverhältnisse kraft Vollmacht bestehen, wenn letztgenannte durch ausdrückliche Erklärung gegenüber dem zu Bevollmächtigenden oder dem Dritten, demgegenüber die Vertretung stattfinden soll, erteilt wurde. Vornehmlich die rechtsgeschäftliche Vollmacht i. S. v. §§ 67 ff. BGB ist damit gemeint. Weitere Vertretungsverhältnisse kraft Vollmacht ergeben sich aus der Erteilung der Prokura nach § 48 HGB, der Erteilung einer Prozessvollmacht nach den §§ 78, 80 ZPO, nach § 67 VwGO und nach § 137 StPO sowie durch eine Bevollmächtigung nach § 14 LVwVfG. Befangenheit für einen Gemeinderat als Bevollmächtigten lösen die beschriebenen Bevollmächtigungen dann aus, wenn sie im nicht unerheblichen sachlichen Zusammenhang mit einem im Gemeinderat und/oder seinen Ausschüssen, denen der Gemeinderat angehört, zu beratenden und entscheidenden Sachverhalt stehen.

Beispiele:
Der Gemeinderat entscheidet über den Auftrag an die Firma, bei der einem Mitglied des Gemeinderats Prokura erteilt ist.

Entscheidet der Gemeinderat über die Erteilung einer Prozessvollmacht an einen Gemeinderat, der die Gemeinde in einem Zivilprozess oder einem verwaltungsgerichtlichen Verfahren vertreten soll, so ist dieser in der Angelegenheit zwar befangen. Die Befangenheit ergibt sich jedoch nicht aus dem hier zu behandelnden § 18 Abs. 1 Nr. 4 GemO, sondern vielmehr aus § 18 Abs. 1 Nr. 1 GemO wegen eigenen Vor- oder Nachteils (s. Rn. 48).

Beispiele für eine Prozessvollmacht an einen Gemeinderat, mit der dieser die Interessen eines Mandanten gegen die Gemeinde wahrnehmen soll, kann es nicht geben, weil hierbei das Vertretungsverbot nach § 17 GemO greift (s. o.).

d) Befangenheit wegen Interessen Dritter an der Entscheidung. Befangenheit und damit ein Mitwirkungsverbot für einen Gemeinderat tritt auch ein, wenn Dritte an dem Verhandlungsgegenstand ein **individuelles Sonderinteresse** haben und der Gemeindevertreter zu diesen in wirtschaftlicher Abhängigkeit steht, ein gesellschaftsrechtliches Beteiligungsverhältnis zu diesen unterhält oder er Organmitglied einer beteiligten juristischen Person öffentlichen Rechts ist. Auch bei diesen Befangenheitsfällen ist Voraussetzung, dass den beteiligten Dritten die Entscheidung des Gemeinderats einen unmittelbaren Vor- oder Nachteil bringen könnte.

aa) Befangenheit wegen wirtschaftlicher Abhängigkeit (§ 18 Abs. 2 Nr. 1 GemO). Dieser Befangenheitstatbestand trifft Gemeinderäte, die gegen Entgelt d. h. als Arbeitnehmer bei jemand beschäftigt sind, dem die Entscheidung der Angelegenheit einen unmittelbaren Vor- oder Nachteil bringen könnte. Die Befangenheit tritt jedoch nicht bei jedwedem **Beschäftigungsverhältnis** ein. Vielmehr wird sie nur dann ausgelöst, wenn nach den tatsächlichen Umständen der Beschäftigung anzunehmen ist, dass der Gemeinderat sich in einem **Interessenwiderstreit** befindet. Insofern ist das wirtschaftliche Abhängigkeitsverhältnis allein noch nicht Auslöser der Befangenheit. Vielmehr müssen eine gewisse Sachnähe des Gemeinderats aus geschäftlicher bzw. dienstlicher Befassung zum Gegenstand der Entscheidung hinzukommen und auch die wirtschaftliche bzw. geschäftspolitische Bedeutung für den Dritten in die Beurteilung der Befangenheit einbezogen werden. Der Grad der wirtschaftlichen Abhängigkeit ist grundsätzlich nicht entscheidend. Betroffen sein können sowohl leitende Bedienstete als auch ohne weitergehende behördliche oder betriebliche Entscheidungsbefugnis Beschäftigte, worunter auch Beamte zu verstehen sind. Unmittelbare Vor- oder Nachteile kann die Entscheidung auch dem Land oder dem Bund bringen; jedoch nur dann, wenn fiskalische Interessen des Landes oder Bundes (z. B. als Grundstückseigentümer oder -erwerber) berührt sind, nicht jedoch, wenn eine Entscheidung den hoheitlichen Aufgabenbereich dieser Körperschaften betrifft. Unentgeltliche (ehrenamtliche) Beschäftigungen sowie Dienstleistungen aufgrund eines Werkvertrags führen nicht zur Befangenheit.

Beispiele:
Der Gemeinderat ist als Prokurist bei einer ortsansässigen Baufirma beschäftigt, die sich zusammen mit anderen Bewerbern um einen Auftrag bei der Gemeinde beworben hat. Eine Befangenheit des Gemeinderats ist gegeben. Dies würde auch gelten, wenn der Gemeinderat „nur" als Vorarbeiter

beschäftigt wäre. Die „Sachnähe" zum Gegenstand der Entscheidung ist auch dann noch gegeben.
Der Gemeinderat ist Beamter des Innenministeriums. Es soll über den Kauf eines Waldgrundstücks vom Land entschieden werden. Hier kann davon ausgegangen werden, dass ein Interessenwiderstreit nicht vorliegt und somit auch keine Befangenheit.

51 **bb) Befangenheit wegen gesellschaftsrechtlicher Beteiligung oder Organmitgliedschaft (§ 18 Abs. 2 Nr. 2 GemO).** Befangenheit dieser Art ist gegeben, wenn ein Gemeinderat Gesellschafter einer Handelsgesellschaft oder Mitglied des Vorstandes, des Aufsichtsrates oder eines gleichartigen Organs eines rechtlich selbstständigen Unternehmens ist, denen die Entscheidung der Angelegenheit einen unmittelbaren Vorteil oder Nachteil bringen kann. Kein Mitwirkungsverbot besteht, wenn der Gemeinderat einem der genannten Organe als Vertreter oder auf Vorschlag der Gemeinde angehört.
Gesellschafter einer Handelsgesellschaft in diesem Sinne sind die Kommanditaktionäre der Kommanditgesellschaft auf Aktien (KGaA) und die Gesellschafter einer Gesellschaft mit beschränkter Haftung (GmbH). Die Gesellschafter der Handelsgesellschaften, die keine juristischen Personen sind (OHG, KG, Stille Gesellschaft, BGB-Gesellschaft, Versicherungsverein a.G.) sind bereits als unmittelbar Betroffene nach § 18 Abs. 1 Nr. 1 GemO von der Mitwirkung ausgeschlossen. Organe im oben beschriebenen Sinne sind bei Genossenschaften, Aktiengesellschaften, Kommanditgesellschaften auf Aktien, u.U. bei der Gesellschaft mit beschränkter Haftung die Aufsichtsräte, bei anderen Gesellschaften gibt es z.B. Verwaltungsräte als Kontrollorgane. Befangenheit auslösende Unternehmen können sowohl privatrechtliche wie öffentlich-rechtliche Unternehmen sein.
Der Ausschluss wegen Befangenheit bei diesem Sachverhalt ist auch gegeben, wenn nicht der Gemeinderat selbst persönlich haftender Gesellschafter einer Handelsgesellschaft oder Mitglied eines Organs eines rechtlich selbstständigen Unternehmens ist, sondern dessen Ehegatte, seine Kinder oder seine Eltern, also Verwandte ersten Grades.

52 **cc) Befangenheit wegen Organmitgliedschaft bei juristischen Personen des öffentlichen Rechts (§ 18 Abs. 2 Nr. 3 GemO).** Dieser Befangenheitstatbestand betrifft Gemeinderäte, die Mitglied eines Organs einer juristischen Person des öffentlichen Rechts sind, der die Entscheidung einen unmittelbaren Vorteil oder Nachteil bringen kann. Keine Befangenheit besteht, wenn die fragliche juristische Person eine Gebietskörperschaft (Gemeinde, Landkreis) ist. Ebenfalls mitwirken darf ein Gemeinderat, wenn er als Vertreter der Gemeinde oder auf Vorschlag der Gemeinde in die Organe einer solchen Körperschaft entsandt ist; z.B. in die Verbandsversammlung eines Zweckverbands, einer gemeinsamen selbstständigen Anstalt oder eines Gemeindeverwaltungsverbandes, dessen Mitglied die Gemeinde ist. Andere Anstalten und rechtsfähige Stiftungen können auch Befangenheit auslösen.
Zu den Befangenheit begründenden juristischen Personen des öffentlichen Rechts zählen u.a. Kirchen mit ihren Untergliederungen, somit auch Kirchengemeinden, Träger der gesetzlichen Sozialversicherung (Krankenkassen, Berufs-

II. Rechtsstellung und Pflichten eines Gemeinderats

genossenschaften, Träger der Rentenversicherung, berufsständische Einrichtungen [Ärzte-, Zahnärzte-, Tierärzte-, Apotheker-, Handwerks-, Architekten-, Steuerberater-, Industrie- und Handelskammern]).

Beispiele:
Ein Gemeinderat und gleichzeitig Kirchengemeinderat darf weder an der Beratung noch an der Entscheidung des Gemeinderats als Kollegialorgan mitwirken, wenn Verhandlungsgegenstand das Beteiligungsverhältnis der Gemeinde an den Kosten des kirchlichen Kindergartens ist.

Ein Gemeinderat und gleichzeitig Mitglied der Vertreterversammlung der allgemeinen Ortskrankenkasse (AOK) darf an der Festlegung der Pflegesätze für ein kommunales Krankenhaus nicht mitwirken.

Dagegen besteht keine Befangenheit für einen Gemeinderat und gleichzeitig Mitglied des Kreistages bei der Entscheidung über den Verkauf eines Gemeindegrundstücks an den Landkreis.

dd) Befangenheit wegen Vorausgutachten und sonstiger Tätigkeit (§ 18 Abs. 2 Nr. 4 GemO). Dieser Befangenheitstatbestand schließt Gemeinderäte von der Mitwirkung aus, die bezogen auf den Verhandlungsgegenstand in anderer als öffentlicher Eigenschaft ein Gutachten abgegeben haben oder sonst tätig geworden sind.

> **Wichtig!** Besonders hervorzuheben ist, dass bei diesem Befangenheitstatbestand der mögliche Eintritt eines Vor- oder Nachteils beim Auftraggeber des Gutachtens oder Adressaten der sonstigen Tätigkeit nicht Voraussetzung für die Befangenheit ist.

Es **genügt** die bloße Tatsache, dass das Gemeinderatsmitglied in der Angelegenheit vorweg in privater Eigenschaft befasst war. Dabei kommt es nicht darauf an, dass das Gutachten vor Gericht oder außergerichtlich erstattet, gegen Entgelt oder unentgeltlich abgegeben wurde. Dies gilt auch für die sonstige Tätigkeit. Von diesem Mitwirkungsverbot betroffen sind vor allem Architekten, Bauberater, Rechtsanwälte, Steuersachverständige und Grundstücksvermittler, soweit sie privatgutachterlich oder sonst in der Angelegenheit tätig waren.

Beispiel:
Ein Gemeinderat hat als Architekt ein Baugesuch für einen Gemeindebürger gefertigt. Der Gemeinderat hat dazu über Ausnahmen und Befreiungen von den Festsetzungen des Bebauungsplans zu entscheiden. Bei dieser Entscheidung besteht für das Gemeinderatsmitglied ein Mitwirkungsverbot.

e) Feststellung der Befangenheit (§ 18 Abs. 4 GemO). Gemeinderäte müssen dem Vorsitzenden vor Beginn der Beratung über die betreffende Angelegenheit **mitteilen,** wenn sie befangen sind. Bestehen Zweifel über den Ausschließungsgrund, so entscheidet der Gemeinderat, bei Ausschussmitgliedern der jeweilige Ausschuss, und zwar in Abwesenheit des Betroffenen. Wer befangen ist, darf in keinem Fall an einer Beratung teilnehmen oder mitbeschließen. Der mit befangenen Gemeinderäten zustande gekommene Beschluss wäre **rechtswidrig** und könnte von der Rechtsaufsichtsbehörde beanstandet werden. Auch müsste der Bürgermeister einem solchen Beschluss widersprechen. Es liegt deshalb **nicht im Ermessen des Gemeinderats**, ob er ein befangenes Mitglied von der Beratung und Beschlussfassung ausschließen will. Er muss es tun, sobald die Befangenheit feststeht, um sich nicht dem Vorwurf der Amtspflichtverletzung auszusetzen. Er wird die Befangenheitsvorschriften auch streng beachten müssen. Ein Gemeinderat, der sich zu Unrecht wegen Befangenheit ausgeschlossen glaubt, kann die Entscheidung des Gemeinderats im Verwaltungsrechts- und -gerichtswege anfechten oder sie von der Rechtsaufsichtsbehörde im Wege der Dienstaufsicht überprüfen lassen.

55 f) **Verlassen der Sitzung bei Befangenheit (§ 18 Abs. 5 GemO).** Befangene Gemeinderäte dürfen die betreffende Angelegenheit weder mitberaten noch bei ihrer Entscheidung mitwirken. Befangene Gemeinderäte können bei **öffentlichen Sitzungen** wie andere Personen als **Zuhörer** teilnehmen, müssen aber deutlich die Sitzung verlassen, d. h. vom Sitzungstisch abrücken bzw. sich in den für Zuhörer bestimmten Teil des Sitzungssaales begeben. Bei nichtöffentlichen Beratungen haben sie jedoch auch den Sitzungssaal zu verlassen. Notfalls kann sie der Vorsitzende, dem das Hausrecht zusteht, entfernen und sie wegen Hausfriedensbruchs belangen. Der Gemeinderat kann den betroffenen Gemeinderat aber zu persönlichen Auskünften hören. Er entscheidet dabei jedoch über die bei der Anhörung zu stellenden Fragen und den Umfang der Anhörung.

56 g) **Ausnahmen vom Mitwirkungsverbot.** Die Gemeindeordnung legt **zwei** wichtige **Ausnahmen** vom Mitwirkungsverbot wegen Befangenheit fest, nämlich für Entscheidungen, die sog. **Gruppeninteressen** berühren und für **Wahlen zu einer ehrenamtlichen Tätigkeit** (§ 18 Abs. 3 GemO).

57 aa) **Gruppeninteressen.** Gruppeninteressen sind **Entscheidungen**, die eine **Berufs- oder Bevölkerungsgruppe** betreffen, der der Gemeinderat angehört oder der Personen angehören, zu denen er in bestimmten Beziehungen steht. Die Gemeindeordnung erkennt in diesen Fällen kein **individuelles Sonderinteresse** des einzelnen Gemeinderats, das ein Mitwirkungsverbot rechtfertigen würde. Die Gruppe, deren gemeinsame Interessen vom Verhandlungsgegenstand betroffen sind, darf jedoch zahlenmäßig nicht so klein sein, dass man vernünftigerweise nicht mehr von einem Gruppeninteresse sprechen könnte, sondern das gemeinsame Interesse als Sonderinteresse einiger Weniger einstufen müsste. Ein Gemeinderat, der eine Gaststätte betreibt, könnte sich z. B. nicht auf die Ausnahme vom Mitwirkungsverbot berufen, wenn es um die Abschaffung der Getränkesteuer geht und es in der Gemeinde nur zwei Gastwirtschaften gibt. Die Ausnahme vom Mitwirkungsverbot ist außerdem nur gegeben, wenn es bei der Bevölkerungs- oder Berufsgruppe um **gemeinsame und gleichgerichtete Interessen** geht. Diese sind bei der Aufstellung eines Bebauungsplanes nicht gegeben, weil die Grundeigentümer im Zweifel unterschiedliche Vorstellungen von der Art und vom Maß der baulichen Nutzung ihrer Grundstücke haben bzw. wenn der Bebauungsplan unterschiedliche Nutzungen für die Grundstücke im Plangebiet vorsieht, die dann Auswirkungen auf den Wert der Grundstücke haben.

II. Rechtsstellung und Pflichten eines Gemeinderats 58–60

Beispiele für Gruppeninteressen:
Gruppeninteressen verbinden u. a. die Einwohner eines Teilorts bei gemeinsam berührenden Fragen, wie die ausreichende Straßenverbindung zum Hauptort oder die Anbindung an den öffentlichen Personennahverkehr zur Hauptgemeinde, der Bau öffentlicher Einrichtungen im Teilort, sodann die Benutzer öffentlicher Einrichtungen, die Abnehmer von Wasser, elektrischer Energie und Gas, des Weiteren die Eltern schulpflichtiger Kinder, Steuerzahler und Mitglieder politischer Parteien (außer dem Vorstand).

bb) Wahlen in ehrenamtliche Tätigkeiten. Auch bei Wahlen, die der Gemeinderat zur Übertragung einer ehrenamtlichen Tätigkeit vornimmt, sind Gemeinderäte nicht wegen Befangenheit von der Mitberatung und Mitentscheidung ausgeschlossen. Die Ausnahme gilt jedoch **nur** für Entscheidungen in **Form der Wahl**, durch die Gemeinderäten oder sonstigen Personen, zu denen ein Gemeinderat in einer sonst Befangenheit auslösenden Beziehung steht, ehrenamtliche Funktionen übertragen werden sollen. Des Weiteren sind Wahlen bezüglich hauptamtlicher Funktionen, z. B. die Berufung zum Beigeordneten bzw. sonstigen hauptamtlichen Gemeindebediensteten, nicht von der Ausnahme erfasst. 58

Als **Beispiele** für Wahlen zu ehrenamtlichen Tätigkeiten oder Funktionen seien genannt, die Wahl ehrenamtlicher Stellvertreter des Bürgermeisters, die Wahl von Mitgliedern eines Ausschusses des Gemeinderats, die Wahl von Vertretern in die Verbandsversammlung eines Zweckverbands oder eines Gemeindeverwaltungsverbandes.

8. Verantwortung und Haftung der Gemeinderäte

Die Gemeinderäte tragen Verantwortung für die von ihnen getroffenen Entscheidungen. Sie beschränkt sich nicht nur auf ihre Tätigkeit in Sitzungen. Zu unterscheiden ist die Haftung der Gemeinde gegenüber Dritten aus rechtswidrigen Entscheidungen ihrer Gemeinderäte als Kollegialorgane und der privatrechtlichen Haftung bzw. strafrechtlichen Verantwortung einzelner Gemeinderäte für rechtswidrige Handlungen. 59

a) Privatrechtliche Haftung. Im privatrechtlichen Bereich kann sich sowohl eine Haftung einzelner Gemeinderäte, und zwar sowohl der Gemeinde wie auch Dritten gegenüber, und der Gemeinde gegenüber Dritten ergeben. 60
Zum **Ersatz des Schadens**, der Dritten entstanden ist, muss ein einzelner Gemeinderat **nach den §§ 823, 826 BGB** einstehen, wenn er anderen Personen widerrechtlich einen Schaden an Leben, Körper, Gesundheit, Freiheit, Eigentum oder an einem sonstigen Recht zugefügt hat oder ein Schutzgesetz für Dritte verletzt hat. Diese Haftung kann z. B. durch eine Verletzung der Verschwiegenheitspflicht nach § 17 Abs. 2 GemO (s. Rn. 42 ff.) veranlasst werden, wenn dadurch einem Dritten Schaden zugefügt wurde. Dies ist beispielsweise denkbar durch die unbefugte Weitergabe von Geschäftsgeheimnissen, die der Gemeinderat im Zusammenhang mit Gewerbeansiedlungen erhalten hat. Ebenso kann die Verletzung der Verschwiegenheitspflicht auch Schadenersatzverpflichtungen gegenüber der Gemeinde auslösen, wenn diese Geschädigte ist.

Als **Beispielsfall** kann gelten: Ein Gemeinderat informiert einen Grundstücksbewerber über taktische Überlegungen der Gemeinde als Grundeigentümerin zum Grundstücksverkauf. Dieser Geheimnisbruch führt dann zu einem schlechteren Vertragsabschluss für die Gemeinde.

Werden Gemeinderäte aus ihrer Tätigkeit in einem Organ eines wirtschaftlichen Unternehmens (Aufsichtsrat oder entsprechendes Organ) haftbar gemacht, hat ihnen die Gemeinde den Schaden zu ersetzen, es sei denn, sie hätten ihn vorsätzlich oder grob fahrlässig herbeigeführt. Auch dann ist die Gemeinde selbst ersatzpflichtig, wenn die Gemeinderäte als ihre Vertreter auf Weisung gehandelt haben (§ 104 Abs. 4 GemO). Im Bereich des privatrechtlichen Handelns haftet eine Gemeinde aus der sog. **Organhaftung** (§§ 89 i. V. m. 31 BGB), wenn eine zum Schadenersatz verpflichtende Handlung des Gemeinderats als Organ festgestellt wird.

61 b) **Amtshaftung.** Wird ein Gemeinderat in Ausübung seines Amtes im hoheitlichen Bereich in Haftung genommen, tritt an seine Stelle generell die Gemeinde nach den Grundsätzen der sog. Amtshaftung (§ 839 BGB i. V. m. Art. 34 GG). Das Grundgesetz leitet die eigentliche Schadensersatzverpflichtung des Gemeinderats auf die Gemeinde über, dieser haftet also nicht unmittelbar, sondern für ihn hat die Gemeinde einzutreten. Gemeinderäte sind somit im haftungsrechtlichen Sinne Beamte, die für die Verletzung ihrer Amtspflichten haften. Sie sind es aber nicht im beamtenrechtlichen Sinne. Im Innenverhältnis zur Gemeinde scheiden damit beamtenrechtliche Haftungsregeln aus.

Beispiel:
Ein Gemeinderat verweigert zu Unrecht seine planungsrechtliche Zustimmung zu einem Bauvorhaben. Dadurch kann die entsprechende Baugenehmigung erst zeitlich verzögert nach einem verwaltungsrechtlichen Verfahren erteilt werden. Für daraus dem Bauantragsteller entstehende Schäden z. B. verspätete Eröffnung eines Gewerbebetriebes haftet der Gemeinderat bzw. die Gemeinde.

62 c) **Strafrechtliche Verantwortung.** Auch für strafbare Handlungen kann ein Gemeinderat belangt werden. Er gilt i. S. d. Strafrechts als Amtsträger; auf ihn finden somit auch die Straftatbestände im Amt (u. a. Vorteilsannahme, Bestechlichkeit, Rechtsbeugung, Verletzung eines Dienstgeheimnisses und einer besonderen Geheimhaltungspflicht, Verletzung des Steuergeheimnisses, §§ 331 ff. StGB) Anwendung.

63 d) **Disziplinarische Maßnahmen, Ahndung von Pflichtverstößen nach der Gemeindeordnung.** Dienststrafrechtliche Maßnahmen, wie sie gegen Beamte möglich sind, können gegen Gemeinderäte nicht ergriffen werden, denn sie sind keine Beamten im beamtenrechtlichen Sinne.
Dagegen kann der Gemeinderat **bei Pflichtenverstößen** nach §§ 16, 17 GemO gegen ein Mitglied der Gemeindevertretung ein **Ordnungsgeld** zwischen 50 und 1000 Euro festsetzen. Ein Ordnungsgeld kann verhängt werden, wenn ein Gemeinderat (§ 17 Abs. 4 GemO)
– sein Amt ohne zureichenden Grund (z. B. Krankheit) nicht ausübt, also den Sitzungen fernbleibt und/oder demonstrativ sich nicht an Abstimmungen oder Wahlen im Gemeinderat beteiligt;

II. Rechtsstellung und Pflichten eines Gemeinderats

- gröblich seine Pflichten zu uneigennütziger und verantwortungsbewusster Amtsführung verletzt; es muss sich um grobe Pflichtenverstöße handeln; dazu gehören schuldhaftes Handeln, nicht nur kleinere Fehlhandlungen und eine besonders pflichtwidrige von Eigennutz geprägte Haltung;
- die ihm auferlegte Pflicht zur Verschwiegenheit missachtet oder
- entgegen der Entscheidung des Gemeinderats das Vertretungsverbot nach § 17 Abs. 3 GemO (s. Rn. 40) nicht beachtet.

9. **Entschädigung für ehrenamtliche Tätigkeit (Auslagenersatz und Ersatz des Verdienstausfalls)**

a) **Anspruchsgrundlage.** Die Ausübung des Amts eines Gemeinderats ist eine von drei Arten ehrenamtlicher Tätigkeit. Es ist somit kein besoldetes Amt, sondern wird unentgeltlich ausgeübt. Dies bedeutet jedoch nicht, dass ehrenamtlich Tätige die mit ihrem Dienst an der Gemeinschaft entstehenden Aufwendungen ebenfalls selbst zu tragen hätten. Denn jedermann soll ohne Rücksicht auf seine finanziellen Verhältnisse demokratische Rechte und Pflichten, und dazu gehört auch die Ausübung des Amts eines Gemeinderats übernehmen können. Dem Bürger sollen deshalb durch die ehrenamtliche Tätigkeit keine finanziellen Nachteile entstehen. § 19 GemO räumt deshalb Gemeinderäten wie auch anderen ehrenamtlich Tätigen den **Anspruch auf Ersatz ihrer Auslagen** und ihres **Verdienstausfalls** ein, soweit solche Einbußen durch die Teilnahme an Sitzungen des Gemeinderats und seiner Ausschüsse, an gemeinderätlichen Beiräten, an Fraktionssitzungen, die der unmittelbaren Vorbereitung von Rats- und Ausschusssitzungen dienen, bei Besichtigungen und Reisen in Ausübung ihres Mandats entstehen. Für ihre Tätigkeit in anderen öffentlichen Gremien werden sie nach den für diese geltenden Vorschriften entschädigt. Bei Festveranstaltungen erhalten sie eine Entschädigung nur, wenn sie als offizielle Vertreter der Gemeinde zusammen mit dem Bürgermeister oder an dessen Stelle teilnehmen. Bei Ausschusssitzungen werden nur die ordentlichen Mitglieder entschädigt, Stellvertreter dann, wenn sie ein ordentliches Mitglied vertreten.
Zu den **Auslagen** zählen z. B. Fahrtkostenaufwendungen zur Sitzung und auswärtigen Tätigkeiten, zu denen der Gemeinderat verpflichtet ist – in diesem Fall auch entstehende Aufwendungen für Verpflegung und Unterkunft –, notwendiger Bürobedarf, Aufwendungen für Telefon- und Postgebühren sowie Fachzeitschriften zur Amtsausübung.
Zum **Verdienstausfall** gehören der entgangene Arbeitsverdienst aus abhängiger Beschäftigung, eine Einkommensminderung bei Selbstständigen, ein Einkommensausfall aus nebenberuflicher Tätigkeit und auch die Zeitaufwendungen bei Gemeinderäten, die keinen Verdienst haben, aber den Haushalt führen.
Der gesetzliche Anspruch des einzelnen Gemeinderats kann nicht durch eine Mehrheitsentscheidung des Gemeinderatsgremiums für alle Ratsmitglieder aufgehoben werden.

b) **Einzelabrechnung oder Pauschalabgeltung.** Die Gemeinde kann für die Abgeltung der entstandenen Auslagen und des Verdienstausfalls drei verschiedene Modalitäten wählen.
- Entschließt sich eine Gemeinde nicht für pauschale Abgeltungsregelungen werden die **Auslagen und der Verdienstausfall in Höhe der nachgewiesenen**

oder glaubhaft gemachten Beträge gezahlt. Durch Satzung können aber auch bei dieser Abgeltungsform Höchstbeträge sowohl für den Auslagenersatz wie auch für den Verdienstausfall festgelegt werden.

– Für die Entschädigung können aber auch – wodurch sich die umständliche Führung von Einzelnachweisen erübrigt und unnötige Verwaltungsmehrarbeit entfällt – **durch Satzung Durchschnittssätze** festgelegt werden. Durchschnittssätze können in einheitlichen Beträgen festgelegt werden, die sowohl den Verdienstausfall wie auch den Auslagenersatz umfassen. Es ist jedoch auch möglich, für Verdienstausfall und Auslagenersatz getrennte Sätze oder Durchschnittssätze nur für eine der beiden Anspruchsgrundlagen zu beschließen.

– Anstelle der Einzelabrechnung und der Pauschalabgeltung nach Durchschnittssätzen kann Gemeinderäten auch eine **Aufwandsentschädigung** gezahlt werden. Diese muss ebenfalls in einer Satzung festgelegt werden. Mit der Aufwandsentschädigung wird – Fälle außerordentlicher Inanspruchnahme ausgenommen – die gesamte Tätigkeit des Gemeinderats sowie die dabei entstehenden zeitlichen und finanziellen Aufwendungen abgegolten. Auslagen- und Verdienstausfallersatz kann also grundsätzlich nicht mehr gewährt werden. Eine Aufwandsentschädigung kann entweder als regelmäßig zu zahlender Festbetrag, als Sitzungsgeld für die Teilnahme an Sitzungen des Gemeinderats und seiner Ausschüsse, aber auch für die Teilnahme an Fraktionssitzungen, die der Vorbereitung von Sitzungen kommunaler Vertretungsorgane dienen, oder als Kombination aus diesen beiden Formen gewährt werden. Die anzuwendende Zahlungsform hat der Gemeinderat in der Entschädigungssatzung festzulegen. Die Höhe der Aufwandsentschädigung kann so berechnet werden, dass man vom untersten Durchschnittssatz für die Pauschalentschädigung sonstiger ehrenamtlich Tätiger ausgeht und entsprechend der durchschnittlichen Inanspruchnahme der Gemeinderäte für Gemeinderatssitzungen, Ausschusssitzungen und andere entschädigungspflichtige Tätigkeiten hochrechnet.

66 c) **Reisekosten.** Mit den durch Satzung festgesetzten Durchschnittssätzen bzw. Aufwandsentschädigungen sind grundsätzlich auch sämtliche bei auswärtiger Tätigkeit dem Gemeinderat entstehende Kosten abgegolten. Dies ist bei der Festlegung der Höhe der Aufwandsentschädigung zu berücksichtigen. Da Reisekosten in ihrer Höhe und Häufigkeit kaum abzuschätzen sind, können sie neben Durchschnittssätzen bzw. Aufwandsentschädigungen entsprechend den für Beamte geltenden Bestimmungen des Reisekostenrechts besonders erstattet werden. Entsprechende Bestimmungen müssen in der örtlichen Satzung über die Entschädigung ehrenamtlicher Tätigkeit getroffen werden.

67 d) **Einkommensteuerpflicht.** Die an Mitglieder des Gemeinderats gezahlten Entschädigungen sind einkommensteuerpflichtig, soweit sie den Ersatz tatsächlicher Aufwendungen übersteigen. Ohne Nachprüfung werden von den Finanzämtern z.Zt. **pauschale Entschädigungen und Sitzungsgelder** als **steuerfrei** anerkannt, soweit sie insgesamt **folgende Beträge nicht übersteigen:**

II. Rechtsstellung und Pflichten eines Gemeinderats **68**

in einer Gemeinde oder Stadt mit	monatlich	jährlich
höchstens 20000 Einwohnern	104 €[3]	1248 €
20001 bis 50000 Einwohnern	166 €	1992 €
50001 bis 150000 Einwohnern	204 €	2448 €
150001 bis 450000 Einwohnern	256 €	3092 €
mehr als 450000 Einwohnern	306 €	3672 €

Neben den oben genannten steuerfreien Beträgen wird die Erstattung der tatsächlichen **Fahrtkosten** von der Wohnung zum Sitzungsort und zurück als steuerfreie Aufwandsentschädigung anerkannt, bei Benutzung eines eigenen Kraftfahrzeugs ist die Wegstreckenentschädigung nach den reisekostenrechtlichen Bestimmungen maßgebend. Für Fraktionsvorsitzende, deren Fraktion mindestens zwei Mitglieder umfasst (dies gilt auch wenn die Geschäftsordnung des örtlichen Gemeinderats eine höhere Zahl für die Bildung einer Fraktion vorsieht), kann das Doppelte der genannten Beträge angesetzt werden. Dabei ist jedoch zu beachten, dass in Gemeinden bis zu 20000 Einwohnern für die Verdopplung von 104 € und nicht von 200 € auszugehen ist. Der Verdopplungsbetrag für Fraktionsvorsitzende in diesen Gemeinden beträgt deshalb (nur) 2082 € monatlich. Sofern Monatsbeträge nicht ausgeschöpft werden, können diese in anderen Monaten desselben Jahres nachgeholt werden. Der jährliche steuerfreie Betrag kann vollständig nur angesetzt werden, wenn die Mitgliedschaft im Gemeinderat während eines ganzen Jahres bestand.

Mit den steuerfrei belassenen Entschädigungen sind alle Aufwendungen, die mit der ehrenamtlichen Tätigkeit zusammenhängen, abgegolten. Es bleibt einem Gemeinderat jedoch unbenommen, seine tatsächlichen Aufwendungen gegenüber dem Finanzamt nachzuweisen oder glaubhaft zu machen.

Aufsichtsratsvergütungen sind immer voll steuerpflichtig, auch wenn sie an die Gemeindekasse abzuführen sind. Im letztgenannten Fall kann jedoch der Steuerbetrag abgesetzt werden.

e) **Unfallfürsorge.** Gemeinderäten soll nicht zugemutet werden, das mit der Ausübung ihres Amtes verbundene Unfallrisiko selbst zu tragen. § 32 Abs. 4 GemO bestimmt deshalb, dass Gemeinderäte, die einen Dienstunfall erleiden, dieselben Rechte haben wie ein Ehrenbeamter. In den **Unfallschutz** einbezogen sind **Dienstunfälle** unmittelbar bei Ausübung der ehrenamtlichen Tätigkeit, also bei Sitzungen, Besichtigungen und Dienstreisen. Versichert sind auch Unfälle auf dem direkten **Wege zur ehrenamtlichen Tätigkeit**.
Versichert sind die Gemeinderäte in Baden-Württemberg **beitragsfrei** über die Unfallkasse Baden-Württemberg, als gesetzlichem Unfallversicherungsträger der Kommunen.

68

Die gesetzliche Unfallversicherung übernimmt aus Anlass von Dienstunfällen
– Heilbehandlungen; dazu gehören ärztliche und zahnärztliche Behandlung, Versorgung mit Arznei-, Verbands-, Heil- und Hilfsmitteln (z. B. Brillen, Hörgeräte, Prothesen und deren Reparatur), häusliche Krankenpflege, Be-

---

3 Die bundesweit geltenden Lohnsteuerrichtlinien enthalten einen monatlichen Mindestbetrag von 200 €. Dieser gilt deshalb auch hier als Mindestbetrag.

handlung in Krankenhäusern und Rehabilitationseinrichtungen, notwendige Fahr- und Transportkosten;
- Leistungen zur Teilhabe am Arbeitsleben und am Leben in der Gemeinschaft (z. B. berufliche Aus- und Weiterbildung, Wohnungshilfe), Haushaltshilfe und Kinderbetreuungskosten;
- Verletztengeld, Übergangsgeld, Renten an Versicherte bei bleibenden Gesundheitsschäden, Hinterbliebenenrente.

Die gesetzliche Unfallversicherung zahlt **kein** Schmerzensgeld. Sie gewährt auch keinen Ersatz von Sachschäden (z. B. an Kleidung oder Fahrzeugen) und keinen Verdienstausfallersatz. An seine Stelle tritt das Verletztengeld.

Gemeinden können nach eigenem Ermessen zusätzliche private Unfallversicherungen für Gemeinderäte abschließen.

III. Sitzungen des Gemeinderats

69 Als kollegiales, aus mehreren gleichberechtigten Mitgliedern bestehendes Organ der Gemeinde, kann der Gemeinderat nur **gemeinsam** handeln, beraten und beschließen. Einzelne Gemeinderäte können keine verbindlichen Entscheidungen treffen.

1. Grundsatz der Öffentlichkeit der Sitzungen

70 Der Gemeinderat wie auch beschließende (jedoch nicht die beratenden) Ausschüsse beraten **grundsätzlich** – entsprechend der demokratischen Übung auch in den Parlamenten in Bund und Ländern – in **öffentlichen Sitzungen** (§§ 35, 39 Abs. 5 GemO). Der Bürger soll damit Gelegenheit haben, unmittelbar am Geschehen der Gemeindeverwaltung teilzunehmen. Sein Interesse an der Selbstverwaltung wird dadurch gestärkt und seine Mitverantwortung belebt. Er kann so auch die Tätigkeit der von ihm gewählten Vertreter beobachten.

71 a) **Öffentliche Ankündigung der Sitzungen.** Zur Öffentlichkeit der Sitzungen gehört auch, dass sie dem Bürger zuvor zur Kenntnis gebracht werden. **Zeit, Ort** und **Tagesordnung** öffentlicher Sitzungen sind deshalb rechtzeitig **ortsüblich bekannt zu geben** (§ 34 Abs. 2 S. 7 GemO). Dabei müssen nicht die satzungsrechtlichen Bestimmungen für die öffentliche Bekanntmachung eingehalten werden. Vielmehr genügt eine vereinfachte Form. Sofern der Gemeinderat, etwa in der Geschäftsordnung die Art der Bekanntgabe nicht ausdrücklich festgelegt hat, bestimmt sie der Bürgermeister. Möglich ist z. B. eine Ankündigung im Amtsblatt, in Tageszeitungen oder durch Anschlag. Bekannt zu geben sind nicht nur Ort und Zeitpunkt der Sitzungen, sondern auch die vorgeschlagene Tagesordnung.

72 b) **Umfang der Öffentlichkeit.** An öffentlichen Sitzungen des Gemeinderats kann **jedermann**, also auch Auswärtige, Einwohner ohne Bürgereigenschaft (z. B. Minderjährige), als Zuhörer teilnehmen, soweit der Zuhörerraum dies zulässt. Der Sitzungsraum, der nicht unbedingt der Sitzungssaal des Rathauses zu sein braucht, muss jedoch ohne Weiteres erreichbar sein (er darf, von Sonderfällen abgesehen, nicht außerhalb der Gemeinde liegen); auch muss der Raum ausreichend Platz für Zuhörer haben. Ist zu erwarten, dass nicht alle Interessenten Platz finden, können Platzkarten ausgegeben werden.

III. Sitzungen des Gemeinderats

Tonbandaufnahmen, auch der Presse, sind (ausgenommen für Zwecke der Niederschrift) nur mit ausdrücklicher Billigung des jeweiligen Redners zulässig.

2. Nichtöffentliche Sitzungen

Nicht alle Verhandlungsgegenstände eignen sich dazu, öffentlich beraten und beschlossen zu werden. Nichtöffentlich ist zu verhandeln, wenn das **öffentliche Wohl** oder **berechtigte Interessen Einzelner** dies gebieten (§ 35 GemO). Bei der Behandlung solcher Angelegenheiten ist es nicht nur zulässig nichtöffentlich zu verhandeln, sondern die Öffentlichkeit **muss** ausgeschlossen werden. Fälle, in denen nichtöffentlich verhandelt werden muss, decken sich weitgehend mit denjenigen, für die die Verschwiegenheitspflicht gesetzlich vorgeschrieben, besonders angeordnet oder aus der Natur der Sache heraus besteht (vgl. Rn. 42 ff.).

73

Beispiele:
Eine Gemeinde plant die bauliche Erschließung eines neuen Gebietes. Um eine Bodenspekulation zu vermeiden, rechtfertigt die Vorberatung eine nichtöffentliche Sitzung.

Der Gemeinderat berät und beschließt über den Antrag eines Unternehmers zur Steuerstundung und/oder zu einem Steuernachlass. Hier zwingen geschützte persönliche Interessen eines Einzelnen zur Nichtöffentlichkeit (eine Bekanntgabe wirtschaftlicher Verhältnisse könnte das Fortkommen des Betriebs in Frage stellen).

Der Gemeinderat hat über Anträge eines Bauantragstellers auf Ausnahmen und Befreiungen von den Festsetzungen eines Bebauungsplans zu entscheiden. In diesem Fall liegt kein rechtlich geschütztes Interesse zur nichtöffentlichen Verhandlung vor.

Der Gemeinderat entscheidet über die Vergabe von Bauplätzen nach zuvor allgemein festgesetzten Verkaufspreisen. Dann muss öffentlich verhandelt werden, sofern nicht über die wirtschaftlichen und/oder sozialen Verhältnisse der Kaufbewerber zu beraten ist.

Der Kauf eines Grundstücks durch die Gemeinde ist dagegen nichtöffentlich zu behandeln, da der Kaufpreis sowie weitere Kaufbedingungen zu geschützten Interessen des Verkäufers gehören.

An nichtöffentlichen Sitzungen, die nicht ortsüblich bekannt zu geben sind, dürfen außer dem **Bürgermeister** als Vorsitzendem sowie **Beigeordneten** nur **Gemeinderäte** und die zu dieser Beratung **hinzugezogenen Gemeindebediensteten**, **sachkundigen Einwohner** und **Bürger** oder **Sachverständigen** teilnehmen. Über den Verlauf und das Ergebnis nichtöffentlicher Sitzungen besteht **Verschwiegenheitspflicht**, bis sie der Bürgermeister aufhebt (vgl. Rn. 42 ff.). In nicht öffentlicher Sitzung gefasste Beschlüsse sind nach Wiederherstellung der Öffentlichkeit oder, wenn dies ungeeignet ist, in der nächsten öffentlichen Sitzung bekannt zu geben. Keine Bekanntgabe erfolgt, wenn dieser dieselben Gründe (öffentliches Wohl oder berechtigte Interessen Einzelner) entgegenstehen, die bereits zur nichtöffentlichen Beratung und Beschlussfassung führten.

Beispiel:
Der Gemeinderat beschließt über den Ankauf eines Grundstückes von einem privaten Grundstückseigentümer. Berechtigte Interessen Einzelner lassen es nur zu, nachträglich die Tatsache des Ankaufs bekannt zu geben.

3. Vorbereitung der Sitzung
a) Zuständigkeit

74 **Wichtig!** Der Gemeinderat kann **nur** in ordnungsgemäß einberufener Sitzung gültig beraten und beschließen.

Sitzungen des Gemeinderats werden vom **Bürgermeister** als Vorsitzendem oder in seinem Auftrag von Gemeindebediensteten vorbereitet (§§ 34, 53 GemO). Er stellt die Tagesordnung auf und sorgt dafür, dass für die Beratung notwendige (Beratungs-)Unterlagen beschafft werden. Er holt, soweit erforderlich, Auskünfte und Stellungsnahmen ein und stellt außerdem Beratungsvorschläge (Vorlagen) auf. Die organisatorische und inhaltlich gute Vorbereitung ist für einen effektiven Ablauf der Sitzung wichtige Voraussetzung.

75 **b) Einberufung der Sitzung, Teilnahmepflicht.** Der **Bürgermeister** beruft den Gemeinderat zu Sitzungen ein (§ 34 GemO). Im Unterschied zu Parlamenten hat der Gemeinderat kein Selbstversammlungsrecht. Er kann somit nur, wie es die Gemeindeordnung ausdrücklich festlegt, in einer **ordnungsgemäß einberufenen Sitzung** beraten und **rechtsgültige Beschlüsse** fassen. In einer zufälligen Versammlung, selbst aller Gemeinderäte und des Bürgermeisters, kann nie rechtsgültig beraten und beschlossen werden. Ist der Bürgermeister tatsächlich (z. B. wegen Krankheit, Urlaub, dienstlicher Ortsabwesenheit) oder rechtlich (z. B. wegen vorläufiger Dienstenthebung, Befangenheit) verhindert – jedoch nur dann! – beruft einer seiner Stellvertreter die Sitzung ein.

Die Teilnahme an Sitzungen steht nicht im Belieben der Gemeinderäte. Sie haben vielmehr eine generelle Teilnahmepflicht (§ 34 Abs. 3 GemO). Nur wichtige, rechtfertigende Gründe (z. B. Krankheit, Urlaub, verpflichtende Teilnahme an einem gleichzeitig stattfindenden Termin, unabweisbare berufliche Belange), nicht dagegen z. B. Interessenwiderstreit mit der Mehrheit des Gremiums, erlauben ein Fehlen.

76 **c) Wann sind Sitzungen einzuberufen?** Der Gemeinderat ist zu einer Sitzung einzuberufen, wenn es die **Geschäftslage** (bei vorliegenden beratungs- bzw. entscheidungsreifen Verhandlungsgegenständen) erfordert. Mindestens **einmal im Monat soll**, nicht aber muss ohne Ausnahme eine Sitzung stattfinden (§ 34 GemO).

Die Zahl der Sitzungen richtet sich nach der Menge und der Eilbedürftigkeit der zu beratenden Angelegenheiten, die je nach der Größe und der Struktur der Gemeinde unterschiedlich sein kann. Der Gemeinderat kann in der Geschäftsordnung (s. Rn. 80) regelmäßige Sitzungstage festlegen, wenn der Geschäftsanfall entsprechend groß ist; dabei ist jede Sitzung ordnungsgemäß einzuberufen. **Unverzüglich** ist der Gemeinderat einzuberufen, wenn es **ein Viertel aller Mitglieder** unter Angabe des Verhandlungsgegenstandes verlangt und dieser zum Aufgabengebiet der Gemeinde gehört. Der Bürgermeister darf auch in diesem Fall das Stattfinden der Sitzung nicht schuldhaft hinauszögern, auch wenn die Sitzung seiner Meinung nach nicht oder noch nicht notwendig ist. Würde er sich weigern, die Sitzung einzuberufen, könnte die Rechtsaufsichtsbehörde angerufen werden.

III. Sitzungen des Gemeinderats

d) Einberufungsfrist. Der Bürgermeister muss den Gemeinderat mit **angemessener Frist** zu Sitzungen einberufen (§ 34 Abs. 1 GemO). Eine exakte Bestimmung der Angemessenheit enthält das Gesetz nicht. Es ist jedoch davon auszugehen, dass auch in kleinen Gemeinden eine Mindestfrist von **drei Tagen** einzuhalten ist. Bei umfangreichen und für die Gemeinde bedeutenden Verhandlungsgegenständen (z. B. Haushaltsplan, Satzungen, Bauleitpläne) und in größeren Gemeinden und Städten, insbesondere, wenn Fraktionen bestehen, sollte die Einladungsfrist wenigstens **eine Woche** betragen, damit die Gemeinderäte die Möglichkeit haben, sich in den Verhandlungsstoff einzuarbeiten und damit dieser in den Mitgliedervereinigungen (Fraktionen) vorberaten werden kann. Die Wochenfrist für die Einberufung muss mindestens als Regelfrist angesehen werden, weil für die Bekanntgabe der Tagesordnung und die die Übersendung der Beratungsunterlagen ebenfalls die Regelfrist von einer Woche gilt (Näheres dazu s. Rn. 79).

In äußerst dringenden Angelegenheiten, die sonst der Bürgermeister kraft seines Eilentscheidungsrechts (s. Rn. 20) allein entscheiden müsste, kann der Gemeinderat ausnahmsweise kurzfristig oder fristlos einberufen werden. Im Übrigen führen nicht fristgerecht einberufene Sitzungen zu rechtswidrigen Beschlüssen. **77**

e) Einberufungsform. Sitzungen sind **schriftlich** (durch Postversand oder durch Boten) oder neuerdings auch **elektronisch** einzuberufen. Eine elektronische Einberufung ist jedoch nur möglich, wenn alle Gemeinderäte einen ggf. durch die Gemeinde bereitgestellten Internetanschluss besitzen. Formlose Einladungen sind – ebenso wie Ausnahmen von der Angemessenheit der Ladungsfrist – nur in Notfällen zulässig. Es genügt dann die mündliche oder fernmündliche Einladung unter Angabe der Verhandlungsgegenstände. Ansonsten müssen aus der Einberufung **Art und Beginn der Sitzung** hervorgehen. **78**

Die Ladung muss jedem Gemeinderat zugestellt werden, auch, wenn vorauszusehen ist, dass ein Mitglied z. B. wegen Krankheit, Urlaub nicht an der Sitzung teilnehmen kann. Grundsätzlich sind auch befangene Gemeinderäte einzuladen, vor allem dann, wenn deren Mitwirkungsverbot vom Gemeinderat noch nicht festgestellt wurde. Nur die von der Sitzung ausgeschlossenen Gemeinderäte (Rn. 81) brauchen nicht eingeladen werden. Zusammen mit der Einberufung erhalten die Gemeinderäte auch die vom Bürgermeister aufgestellte **Tagesordnung** sowohl für die öffentliche wie auch für die nichtöffentliche Sitzung.

f) Tagesordnung, Beratungsvorlagen. Die Tagesordnung muss alle für die Sitzung vorgesehenen **Verhandlungsgegenstände (TOP)**, ggf. getrennt nach solchen, über die öffentlich und solchen, über die nichtöffentlich verhandelt werden soll, enthalten. Sie darf nur Beratungsgegenstände, die zum Aufgabengebiet des Gemeinderats gehören (§ 34 Abs. 1 GemO) enthalten. **79**

Soweit erforderlich, kann der Bürgermeister die Tagesordnung erweitern. Er muss aber auch die neuen TOP'e rechtzeitig vor der Sitzung mitteilen. Er kann auch vor der Sitzung Änderungen in der vorgeschlagenen Beratungsfolge vornehmen und TOP'e streichen, soweit nicht gerade wegen dieser Angelegenheiten eine Sitzung beantragt worden war. Auf Antrag einer Fraktion oder eines Sechstels der Gemeinderäte muss der Bürgermeister als Vorsitzender des Gemeinderats einen Verhandlungsgegenstand spätestens auf die Tagesordnung der übernächsten Sitzung des Gemeinderats setzen (§ 34 GemO). Während der Sitzung kann nur der Gemeinderat die Tagesordnung durch einen Geschäftsordnungsbeschluss ändern. Neue Verhandlungsgegenstände können in öffentlichen Sitzungen nur beraten werden, wenn es sich um Eilfälle handelt, da sie nicht zuvor öffentlich bekannt gegeben worden sind. In nichtöffentlichen Sitzungen können neue Verhandlungsgegenstände nur beraten werden, wenn alle anwesenden Gemeinderäte zustimmen.

Die Gemeinderäte müssen aus der Tagesordnung die einzelnen Beratungspunkte zweifelsfrei und präzise entnehmen können. Die einzelnen Verhandlungsgegenstände dürfen deshalb nicht zu allgemein beschrieben werden.

Beispiel:
Die Beschreibung eines TOP mit „Änderung eines Bebauungsplanes" wäre unvollständig; sie müsste etwa lauten „Änderung des Bebauungsplanes für das Baugebiet x – teilweise Reduzierung von Art und Maß der baulichen Nutzung".

Sammelbezeichnungen wie „Sonstiges" oder „Verschiedenes" sind nicht generell ausgeschlossen. Sie können aber nur einfache, wenig bedeutsame Angelegenheiten ohne weitere Angabe zusammenfassen. Eine Beschlussfassung über die in Sammelbezeichnungen enthaltenen Punkte ist nicht möglich. Es geht also im Wesentlichen um kurze Informationen über bestimmte Gegenstände, nicht um einen TOP auf Vorrat.

Die Tagesordnung hat der Bürgermeister – i. d. R. sieben Tage vor dem Sitzungstag – rechtzeitig (s. Rn. 77) zusammen mit den für die Verhandlung erforderlichen **Unterlagen (Beratungsvorlagen)** den Gemeinderäten mitzuteilen. Nur wenn das öffentliche Wohl oder berechtigte Interessen Einzelner dagegen stehen (s. Rn. 73), sind keine Beratungsvorlagen der Tagesordnung beizufügen.

4. Geschäftsordnung

80 Die Gemeindeordnung enthält nur eine Reihe grundsätzliche und für die Rechtssicherheit wichtige Bestimmungen über die Abhaltung und den Verlauf von Sitzungen sowie über die Beschlussfassung. Im Interesse eines möglichst reibungslosen Verlaufs der Arbeit des Gemeinderats sollten jedoch bestimmte „Spielregeln" eingehalten werden. Der Gemeinderat soll sich deshalb eine Geschäftsordnung geben, in der er seine **inneren Angelegenheiten**, insbesondere den Gang seiner Verhandlungen im Rahmen der gesetzlichen Vorschriften näher **regelt** (§ 36 GemO). Die Geschäftsordnung kann u. a. Folgendes regeln: Die Mindestfrist für die Einberufung von Sitzungen, regelmäßige Sitzungstage, die Sitzordnung im Gemeinderat, die Redeordnung, die Handhaben des Vorsitzenden zur Beseitigung von Ordnungswidrigkeiten, die Vertagung von Beratungsgegenständen, das Abstimmungsverfahren, die Losziehung bei Wahlen, die Form der Bekanntgabe der Niederschriften über Sitzungen, Anfragen außerhalb der Tagesordnung, ergänzende Bestimmungen über die Bildung von Fraktionen, die Mindestzahl ihrer Mitglieder sowie Rechte und Pflichten der Fraktionsmitglieder im Gemeinderat. Der Gemeinderat sollte in der Geschäftsordnung aufgestellte Regeln einhalten; Abweichungen sind jedoch durch ausdrücklichen Beschluss oder durch tatsächliches Handeln möglich. Denn: Die

III. Sitzungen des Gemeinderats

Geschäftsordnung ist kein Ortsgesetz. Eine „Verletzung" der Geschäftsordnung hat somit keine Rechtswidrigkeit von Beschlüssen zur Folge. Der Gemeinderat kann deshalb die Geschäftsordnung ohne Weiteres ändern und ergänzen, soweit in ihr nicht gesetzlich einzuhaltende Verfahrensvorschriften wiedergegeben werden, die eine Änderung nicht zulassen.

5. Vorsitz und Verhandlungsleitung

Den Vorsitz im Gemeinderat führt kraft Gesetzes der **Bürgermeister** (§ 42 Abs. 1 GemO). Ist er rechtlich (wegen Befangenheit oder vorläufiger Dienstenthebung) oder tatsächlich (wegen Krankheit, Urlaub oder Ortsabwesenheit aus wichtigem Grund usw.) daran gehindert, übernimmt sein allgemeiner **Stellvertreter** den Vorsitz. Ohne Vorsitzenden kann der Gemeinderat nicht rechtmäßig beraten und beschließen.

Als Vorsitzender **eröffnet, leitet** und **schließt** der Bürgermeister die Verhandlungen des Gemeinderats. Er handhabt die Ordnung und übt das **Hausrecht** aus, d. h. er gewährleistet einen ungestörten Verlauf der Sitzung.

Zuhörer, die die Sitzung stören, kann er zur Ordnung rufen oder sie – notfalls durch die Polizei – aus dem Sitzungsraum verweisen lassen. Bei allgemeiner Unruhe, die den Gang der Verhandlungen erheblich stört, kann er alle Zuhörer aus dem Saal entfernen lassen. Außerdem regelt er den Zutritt zum Verhandlungsraum, ggf. durch Saalordner. Auch Gemeinderäte, zur Sitzung zugezogene sachkundige Einwohner, Bürger und Sachverständige dürfen den Ablauf der Sitzung nicht stören. Auch sie kann der Vorsitzende z. B. bei unsachlichen Zwischenrufen, Unterbrechung anderer Redner, denen das Wort erteilt ist, zur Ordnung rufen. Verletzen sie die Ordnung durch nicht zum Thema gehörende unsachliche, beleidigende oder gar verleumderische Ausführungen, kann ihnen der Vorsitzende – ggf. nach vorheriger Verwarnung – das Wort entziehen. Bei grober Ungebühr oder wiederholten Ordnungsverletzungen kann ein Gemeinderat oder ein anderer Mitwirkender vom Vorsitzenden sogar aus dem Beratungsraum verwiesen werden. Er verliert damit seine Entschädigung für den Sitzungstag.

Lässt sich ein Gemeinderatsmitglied oder sachkundiger Einwohner wiederholt und besonders grobe Ordnungswidrigkeiten zu Schulden kommen, kann ihn der Gemeinderat durch Beschluss für mehrere, längstens für sechs Sitzungen von der Teilnahme ausschließen.

6. Eröffnung der Sitzung, Feststellung der Beschlussfähigkeit

Der Vorsitzende eröffnet die Sitzung mit der Feststellung, dass sie ordnungsgemäß einberufen wurde und dass der Gemeinderat beschlussfähig ist.

a) **Beschlussfähigkeit.** Um beschlussfähig zu sein, d. h. um **rechtsgültige Beschlüsse** fassen zu können, muss **mindestens die Hälfte aller Mitglieder** des Gemeinderats während der Beratung und Beschlussfassung eines jeden Tagesordnungspunktes dauernd anwesend und stimmberechtigt sein (§ 37 GemO). Die Beschlussfähigkeit wird nach der tatsächlichen Mitgliederzahl (unbesetzte Sitze, die nicht durch Nachrücken besetzt werden konnten, bleiben außer Betracht) zuzüglich des Bürgermeisters als Vorsitzendem errechnet.

Beispiel:
In einer Gemeinde mit 3000 Einwohnern sind von den gesetzlich vorgesehenen 12 Sitzen nur 10 besetzt, da für die anderen keine Ersatzperson mehr vorhanden war. Für die Beschlussfähigkeit müssen mindestens fünf Gemeinderäte und der Bürgermeister als Vorsitzender anwesend sein.

Wichtig! Es genügt nicht, die Beschlussfähigkeit wie bei Parlamenten nur anzunehmen, oder dass der Gemeinderat nur zu Beginn der Sitzung beschlussfähig ist. Sobald nicht mehr die geforderte Mindestzahl an Räten anwesend ist, **muss** die Sitzung abgebrochen werden.

84 b) **Beschlussfähigkeit in Ausnahmesituationen.** In Sondersituationen wird die Beschlussfähigkeit des Gemeinderats mit einer geringeren Anzahl von Mitgliedern angenommen bzw. hergestellt.

Sind mehr als die Hälfte der Gemeinderatsmitglieder befangen, kann noch in derselben Sitzung rechtmäßig beschlossen werden, wenn **mindestens ein Viertel aller Mitglieder** (darunter der Vorsitzende) anwesend und stimmberechtigt ist (§ 37 Abs. 2 GemO). Ist der Gemeinderat beschlussunfähig, weil trotz ordnungsgemäßer Einberufung weniger als die Hälfte bzw. im Falle der Befangenheit von mehr als der Hälfte weniger als ein Viertel seiner Mitglieder in der Sitzung anwesend und stimmberechtigt sind (weil diese nicht erschienen sind oder die Sitzung vorzeitig verlassen haben), muss diese abgebrochen und eine zweite Sitzung einberufen werden (§ 37 Abs. 3 GemO). Bei dieser zweiten Sitzung ist der Gemeinderat bereits beschlussfähig, wenn **mindestens drei Mitglieder** einschließlich des Vorsitzenden anwesend und stimmberechtigt sind. Kann die Beschlussfähigkeit auch in der zweiten Sitzung nicht hergestellt werden, weil aus Befangenheitsgründen nicht wenigstens drei Mitglieder einschließlich des Vorsitzenden stimmberechtigt sind, entfällt diese.

85 c) **Ersatzbeschlussrecht des Bürgermeisters.** Wird die Beschlussfähigkeit des Gemeinderats weder in der ersten noch ggf. in einer zweiten Sitzung des Gemeinderats erreicht, entscheidet der Bürgermeister **anstelle** des Gemeinderats (§ 37 Abs. 4 GemO). Ist auch der Bürgermeister befangen und kann oder wird auch aus den verbleibenden Gemeinderäten (unter denen sich kein Bürgermeisterstellvertreter befindet), keiner zum Stellvertreter des Bürgermeisters – ggf. nur für diese Entscheidung – bestellt, werden Kernentscheidungen zur Erfüllung von Pflichtaufgaben von einem Beauftragten der Rechtsaufsichtsbehörde getroffen.

7. Gang der Verhandlungen

86 Nach dem Eintritt in die Tagesordnung werden Verhandlungsgegenstände i. d. R. **zuerst beraten**, ehe Beschlüsse gefasst werden. Außerdem gibt es Tagesordnungspunkte, über die nur eine Aussprache stattfindet.

87 a) **Sachvortrag.** Zunächst wird der zum Verständnis eines Tagesordnungspunktes notwendige Sachverhalt vom Vorsitzenden vorgetragen. Er kann mit diesem Sachvortrag auch Gemeindebedienstete oder Sachverständige beauftragen. Auch ein Gemeinderat kann die notwendigen Erläuterungen geben. Bei umfangreichen und besonders schwierigen Tagesordnungspunkten wird der Vortrag oft schriftlich abgefasst und den Gemeinderäten vor oder während der Sitzung als Beratungsunterlage übergeben.

b) Aussprache. Nach Abschluss des Sachvortrags eröffnet der Vorsitzende als Verhandlungsleiter die Aussprache und gibt den Gemeinderäten Gelegenheit zur **Stellungnahme**. Wer sprechen will, muss sich zu Wort melden. Er darf erst das Wort ergreifen, wenn es ihm vom Vorsitzenden erteilt wurde. Die Reihenfolge der Meldungen ist grundsätzlich für die Worterteilung maßgebend. „Anträge zur Geschäftsordnung" werden außer der Reihenfolge berücksichtigt, weil sie den weiteren Fortgang der Sitzung beeinflussen können. Zu einem bestimmten Tagesordnungspunkt kann sich jeder Gemeinderat mehrmals zu Wort melden, und zwar so lange bis die Aussprache beendet ist. **88**

c) Redezeit. Die Redezeit ist **grundsätzlich unbegrenzt.** Jedoch kann der Gemeinderat, um einen effektiven Ablauf der Sitzung zu gewährleisten, durch besonderen Beschluss in einer Sitzung oder allgemein eine zeitliche Begrenzung einführen. Die Ausführungen der Redner müssen sich auf die Sache beziehen und sollen möglichst gestrafft wiedergegeben werden. **89**

d) Schluss der Aussprache. Wenn keine Wortmeldungen mehr vorliegen – zu nachträglichen Ausführungen zur Sache kann das Wort nicht mehr erteilt werden –, schließt der Vorsitzende die Aussprache. Wer zur Geschäftsordnung sprechen will, kann dies während der ganzen Sitzung, zur geschäftsordnungsmäßigen Behandlung einer bestimmten Angelegenheit jedoch nur, solange die Aussprache noch nicht beendet ist. Der Vorsitzende kann jederzeit und nach jedem Redner das Wort ergreifen. **90**

Zur Sitzung erschienenen Beigeordneten **muss** der Vorsitzende, zur Beratung zugezogenen anderen Bediensteten und sachkundigen Einwohnern **kann** der Vorsitzende das Wort erteilen und sie zur Stellungnahme auffordern.

Zuhörer können grundsätzlich nicht an der Aussprache teilnehmen, es sei denn, sie werden ausdrücklich zu sachkundigen Auskünften aufgefordert. Ihre Teilnahme beschränkt sich grundsätzlich auf das Zuhören.

8.   Stellung von Anträgen zu Tagesordnungspunkten

a) Begriff. Vorschläge, die darauf gerichtet sind, eine Angelegenheit in einer bestimmten Weise im Gemeinderat zu behandeln, nennt man Anträge. Über sie berät und beschließt der Gemeinderat. **91**

b) Recht zur Antragstellung. Anträge können vom **Vorsitzenden**, evtl. mit dem Sachvortrag verbunden, und auch von **jedem Gemeinderat** gestellt werden. Dies kann **schriftlich** oder **mündlich,** vor oder auch während der Beratung erfolgen. Auch Eingaben Dritter an den Gemeinderat oder an die Gemeindeverwaltung können zu einem Antrag erhoben werden. Nähere Bestimmungen über die Antragstellung sind meistens in der Geschäftsordnung getroffen. Anträge müssen sich insbesondere auf den Aufgabenkreis der Gemeinde beziehen und in die Zuständigkeit des Gemeinderats gehören. Außerdem müssen sie deutlich abgefasst sein und begründet werden; selbstverständlich müssen sie auch ausführbar sein. **92**

c) Sachanträge und Geschäftsordnungsanträge. Man unterscheidet zwei Hauptformen von Anträgen. Die einen zielen auf die Behandlung in der Sache einer An- **93**

gelegenheit ab (z. B. Antrag auf Veräußerung eines Gemeindegrundstücks an ein Industrieunternehmen). Man nennt diese **Sachanträge**. Eine andere Gruppe von Anträgen ist auf die verfahrensmäßige, geschäftsordnungsmäßige Behandlung eines Sachantrags (z. B. Antrag auf Zurückstellung einer Grundstücksveräußerung bis die wirtschaftliche Situation des Unternehmens feststeht) gerichtet. Dies sind **Geschäftsordnungsanträge**. Sachanträge kann man noch in Haupt- sowie Ergänzungs- und Änderungsanträge unterteilen (z. B. Hauptantrag: Veräußerung eines Gemeindegrundstücks; Ergänzungsantrag: Sicherung des Kaufpreises durch eine grundbuchliche Absicherung; Änderungsantrag: keine Veräußerung, sondern nur Abgabe im Wege des Erbbaurechts).
Zu den Geschäftsordnungsanträgen gehören u. a.:
Übergang zur Tagesordnung (der Gemeinderat berät eine Angelegenheit nicht weiter und fasst keinen Beschluss, er geht zum nächsten Punkt der Tagesordnung über); Vertagung der Beratung; Änderung der Reihenfolge der Tagesordnung; vorzeitige Beendigung der Beratung mit nachfolgender sofortiger Beschlussfassung (sog. Schlussantrag) oder durch Ausschluss weiterer Wortmeldungen (sog. Antrag auf Schluss der Rednerliste); Antrag auf Unterbrechung bzw. Beendigung der Sitzung; Antrag auf Zuziehung sachkundiger Einwohner, Sachverständiger und/oder Gemeindebediensteter; Antrag auf Ausschluss von Mitgliedern wegen Befangenheit.
In der Geschäftsordnung werden meist eingehende Regeln über die Stellung von Geschäftsordnungsanträgen aufgestellt.

9. Beschlussfassung in Sitzungen

94 a) **Recht zur Teilnahme.** Der Gemeinderat trifft seine Entscheidungen durch gemeinsame **Beschlüsse**. Sie schließen sich, sofern nicht auf eine Aussprache verzichtet wird, an die Beratung an. Ihre Stimmen können – ausgenommen bei Beschlüssen durch Offenlegung oder im schriftlichen bzw. elektronischen Verfahren (s. Rn. 111 ff.) – nur die bei der Beschlussfassung in der Sitzung **anwesenden stimmberechtigten Gemeinderäte** abgeben. Fehlende Gemeinderäte können durch anwesende Gemeinderäte **nicht** vertreten werden.

95 b) **Formen des Beschlusses.** Die Gemeindeordnung kennt **zwei Formen** des Beschlusses in Sitzungen: **Abstimmungen** und **Wahlen**. Sie unterscheiden sich im Gegenstand der Beschlussfassung und im Verfahren. Durch Abstimmung wird über die Annahme oder Ablehnung eines bestimmten Antrags zu einer Sachfrage (z. B. Soll die personelle Infrastruktur in den städtischen Kindergärten verbessert werden, d. h. soll zusätzliches Personal eingestellt werden?) entschieden. Entscheidungen zur Übertragung von Funktionen an bestimmte Personen (z. B. Einstellung eines Gemeindebediensteten für eine bestimmte Personalstelle, Bestellung von ehrenamtlichen oder hauptamtlichen Stellvertretern des Bürgermeisters, Entsendung von Gemeindevertretern in Verbände bzw. Organe, Besetzung von Sitzen gemeinderätlicher Ausschüsse, falls Einigung misslingt) werden durch Wahl entschieden.

96 c) **Abstimmungen. – aa) Offene Abstimmung, namentliche Abstimmung.** Abgestimmt wird in aller Regel offen, so dass die Stimmabgabe jedem Sitzungsteilnehmer, ob Mitwirkender oder Zuhörer, **erkennbar** wird (§ 37 Abs. 6 GemO).

III. Sitzungen des Gemeinderats

Meist wird bei dieser Abstimmungsform die Stimme durch Handerheben abgegeben. Wenn ein Gemeinderat nicht ausdrücklich verlangt, dass seine Stimmgabe und die dafür bestimmend gewesenen Gründe in die Niederschrift aufgenommen werden – dazu ist er berechtigt –, wird gewöhnlich nur das Abstimmungsergebnis ohne Namensnennung festgehalten.

Der Gemeinderat kann jedoch beschließen (auch sind Regelungen in der Geschäftsordnung möglich), dass bei offener Abstimmung **namentlich** abgestimmt wird. Dabei werden die Stimmberechtigten einzeln (z. B. in der Buchstabenfolge, Sitzordnung) zur Stimmabgabe aufgerufen oder sie geben ihre Stimme auf einem Stimmschein ab. Die Stimmabgabe wird in die Niederschrift aufgenommen.

bb) Geheime Abstimmung. Ausnahmsweise kann der Gemeinderat auch eine geheime Abstimmung beschließen (§ 37 Abs. 6 GemO). Dann wird mit Stimmzetteln abgestimmt, die verdeckt oder in einem Umschlag abgegeben werden. Der Vorsitzende und ein Gemeinderat sowie der Schriftführer ermitteln das Abstimmungsergebnis.

cc) Gang und Reihenfolge der Abstimmung. Anträge sind so **einfach und deutlich formuliert** zur Abstimmung zu bringen, dass sie einheitlich, sofern sie eine Frage enthalten, mit „Ja" oder „Nein" beantwortet oder sonst als Ganzes angenommen oder abgelehnt werden können. Jeder Antrag wird für sich zur Abstimmung gebracht. Über gleichartige Anträge kann gemeinsam abgestimmt werden. Besteht ein Antrag aus mehreren Teilen, die nicht einheitlich beurteilt werden können, wird über diese Teile einzeln abgestimmt.

Wenn zum gleichen Verhandlungsgegenstand mehrere sich widersprechende Anträge vorliegen, kann sich die Frage ergeben, welcher Antrag zuerst zur Abstimmung gebracht werden soll (z. B. Soll ein Grundstück veräußert oder nur im Erbbaurecht abgegeben werden?). Denn eine alternative Abstimmung ist nicht möglich, da sie nicht mit „ja" oder „nein" beantwortet werden kann. Die **Reihenfolge der Abstimmung** ist deshalb von Bedeutung, weil bei der Annahme eines Antrags der andere bereits mitentschieden ist. Sofern die Geschäftsordnung keine näheren Regelungen trifft, wird man allgemeine Regeln, wie sie bei Abstimmungen üblich sind, anwenden müssen.

Zunächst wird über die Geschäftsordnungsanträge abgestimmt, dann erst über Sachanträge. Erstere entscheiden über die weitere Behandlung der Sache selbst, so dass u. U. eine Sachentscheidung entfällt (z. B. bei „Übergang zur Tagesordnung").

Bei **Geschäftsordnungsanträgen** wird über diejenigen, welche der sachlichen Weiterberatung überwiegend entgegenstehen, zuerst abgestimmt. Folgende Reihenfolge ist gebräuchlich:

1. Antrag auf Übergang zur Tagesordnung,
2. Antrag auf Vertagung,
3. Antrag auf Zurückverweisung an Ausschüsse zur (weiteren) Vorberatung,
4. Antrag auf Änderung der Reihenfolge der Tagesordnung,
5. Schlussantrag,
6. Antrag auf Schluss der Rednerliste.

Über **Sachanträge** wird in folgender Reihenfolge abgestimmt:

> 1. Änderungs- und/oder Ergänzungsanträge vor dem Hauptantrag und zwar über diejenigen zuerst, welche vom Hauptantrag am weitesten entfernt sind;
> 2. bei mehreren Anträgen mit finanziellen Folgen zuerst über die weitreichendsten Anträge (z. B. der Hauptantrag will einen Verein mit einem Baukostenzuschuss in Höhe von 100000 € fördern, ein Änderungsantrag begehrt einen Zuschuss über 120000 €; über den zuletzt genannten Antrag wird zuerst abgestimmt);
> 3. im Übrigen in der zeitlich gestellten Reihenfolge.

99 dd) **Abstimmungsergebnis.** Ein Antrag ist bei allen (offenen und geheimen) Abstimmungen, für die die **einfache Stimmenmehrheit** genügt, angenommen, wenn die Mehrheit der anwesenden Stimmberechtigten für ihn gestimmt hat, also mehr Ja-Stimmen als Neinstimmen vorhanden sind. Auch der **Bürgermeister** als Vorsitzender hat **Stimmrecht**, nicht jedoch Beigeordnete und der Amtsverweser. Stimmenthaltungen werden bei der Mehrheitsermittlung nicht mitgezählt; sie werden also weder als Nein- noch als Ja-Stimmen gewertet. Bei gleich vielen Ja- wie Neinstimmen, also bei Stimmengleichheit, gilt der Antrag als abgelehnt. Auch der Vorsitzende kann in diesem Fall nicht seine Stimme erneut in die Waagschale werfen. Er hat **keinen** sog. **Stichentscheid**.

Für besonders wichtige Angelegenheiten verlangt die Gemeindeordnung ausdrücklich zur Annahme eines Antrags nicht nur die einfache Mehrheit, sondern eine höhere Stimmenzahl (sog. **Qualifizierte Mehrheit**).

> **Übersicht:** Formen der Mehrheit
> – **Einfache oder relative Mehrheit**
>   – Mehrheit der Abstimmenden (Regelmehrheit bei Abstimmungen, § 37 Abs. 6 GemO) bzw. höchste Stimmenzahl (gilt für den 2. Wahlgang bei Wahlen § 37 Abs. 7 GemO)
>   – Beispiele: Gemeinderat = 21 Mitglieder, anwesend 16 = Beschlussfähigkeit gegeben
>   1. Ja-Stimmen 10 Neinstimmen 4 Enthaltungen 2 Antrag angenommen
>   2. Ja-Stimmen 6   Neinstimmen 10 Enthaltungen 0 Antrag abgelehnt
>   3. Ja-Stimmen 6   Neinstimmen 6 Enthaltungen 4 Antrag abgelehnt
>   4. Ja-Stimmen 4   Neinstimmen 0 Enthaltungen 12 Antrag angenommen
>   5. Ja-Stimmen 4   Neinstimmen 2 Enthaltungen 10 Antrag angenommen
>   6. Bewerber A = 7, Bewerber B = 5 Stimmen, Bewerber C = 4 Stimmen. Im 2. Wahlgang gewählt Bewerber A
> – **Absolute (qualifizierte) Mehrheit**
>   – Mehrheit der Stimmen der **anwesenden** Stimm-/Wahlberechtigten (gilt für den 1. Wahlgang bei Wahlen, § 37 Abs. 7 GemO)
>   – Beispiele: Gemeinderat = 21 Mitglieder, anwesend 16 = Beschlussfähigkeit gegeben, Mehrheit der anwesenden Wahlberechtigten = 9
>   – 1. Bewerber A = 10 Stimmen, Bewerber B = 4 Stimmen, Bewerber C = 0 Stimmen. Bewerber A gewählt
>   – 2. Bewerber A = 8 Stimmen, Bewerber B = 6 Stimmen, Bewerber C = 2 Stimmen. Kein Bewerber gewählt

- oder
  - Mehrheit der Stimmen **aller Mitglieder** (gilt für den Beschluss einer Hauptsatzung, einer freiwilligen Gemeindegebietsänderung, die Bestellung eines Amtsverwesers, §§ 4 Abs. 2, 8 Abs. 2, 48 Abs. 2, 3 GemO)
  - Beispiele: Gemeinderat = 21 Mitglieder, anwesend 16 = Beschlussfähigkeit gegeben. Mehrheit der Stimmen der Mitglieder = 11
  - 1. Ja-Stimmen = 12, Neinstimmen = 4, Enthaltungen = 0. Hauptsatzung beschlossen, freiwillige Gebietsänderung beschlossen
  - 2. Bewerber A = 14 Stimmen, Bewerber B = 2 Stimmen, Bewerber C = 0 Stimmen. Bewerber A zum Amtsverweser bestellt
  - 3. Ja-Stimmen = 10, Neinstimmen = 4, Enthaltungen = 2. Hauptsatzung, Gebietsänderung nicht beschlossen
  - 4. Bewerber A = 9 Stimmen, Bewerber B = 5 Stimmen, Bewerber C = 2 Stimmen. Kein Bewerber gewählt
- **Besonders qualifizierte Mehrheit**
  - Zwei-Drittel-Mehrheit der Stimmen aller Mitglieder (Eröffnung eines Bürgerentscheids (BE) durch den Gemeinderat, § 21 Abs. 1 GemO)
  - Beispiel: Gemeinderat = 21 Mitglieder, anwesend 18 = Beschlussfähigkeit gegeben. Zwei-Drittel-Mehrheit aller Mitglieder = 14

  1. Ja-Stimmen 16   Neinstimmen 5   Enthaltungen 0   Eröffnung eines BE beschlossen
  2. Ja-Stimmen 12   Neinstimmen 7   Enthaltungen 2   Antrag nicht beschlossen

d) Wahlen. Während **Sachfragen durch Abstimmung** entschieden werden, werden **Personen,** denen der Gemeinderat ein Amt oder eine bestimmte Aufgabe überträgt, **durch Wahl** bestellt, und zwar auch, wenn nur ein Bewerber da ist.

Beispiele:
Ernennung, Einstellung und die Höhergruppierung eines Gemeindebediensteten; Bestellung der Stellvertreter des Bürgermeisters, eines Beigeordneten, des Ortsvorstehers, der Vertreter der Gemeinde in Organen öffentlicher Organisationen, Verbänden und privater Unternehmen, ebenso die personelle Bildung von Ausschüssen (wenn keine Einigung über ihre Zusammensetzung zustande kommt), u. U. auch die Bestellung ehrenamtlicher Bürger.

aa) Grundsatz der geheimen Wahl. Gewählt wird im Gegensatz zur Abstimmung grundsätzlich sowohl in öffentlicher wie nichtöffentlicher Sitzung geheim mit Stimmzetteln. Nur wenn kein Wahlberechtigter widerspricht, kann ausnahmsweise offen per Akklamation gewählt werden.

bb) Wahlvorgang, Stichwahl. Wahlen erfolgen grundsätzlich in Form der **Mehrheitswahl** (§ 37 Abs. 7 GemO). Gesetzlich bestimmte **Ausnahmen,** bei denen eine **Verhältniswahl** abgehalten wird, gibt es
- bei der Bildung von Ausschüssen, wenn keine Einigung erzielt wurde oder keine Mehrheitswahl durchzuführen ist (§ 40 Abs. 2 GemO),
- bei der Aufnahme von Vertretern der eingegliederten Gemeinden in den Gemeinderat der aufnehmenden Gemeinde (§ 9 GemO), von Zweckverbänden (§ 13 GKZ),
- bei der Wahl der Vertreter einer Gemeinde in die Verbandsversammlung eines Zweckverbandes sowie für die Verbandsversammlung eines Gemein-

deverwaltungsverbandes und den gemeinsamen Ausschuss einer vereinbarten Verwaltungsgemeinschaft (§ 60 Abs. 3, 4 GemO),
- bei der Wahl der Mitglieder des Aufsichtsrats oder eines entsprechenden Organs (z. B. Vorstand) eines Gemeindeunternehmens (§ 104 Abs. 2 GemO).

Jedes stimmberechtigte Gemeinderatsmitglied kann einem Bewerber nur **eine Stimme** geben. Sind mehrere Personen zu wählen, werden sie grundsätzlich in aufeinanderfolgenden Wahlgängen gewählt. Sollen in einem Wahlgang ausnahmsweise mehrere zu benennende Personen gewählt werden, stehen jedem Stimmberechtigten so viele Stimmen zu als Bewerber zu wählen sind. Außerdem müssen die Bewerber für jeden Sitz gesondert festgestellt werden. **Gewählt ist der Bewerber, welcher mehr als die Hälfte der Stimmen aller anwesenden stimmberechtigten Mitglieder des Gemeinderats** auf sich vereinigen konnte, also die **absolute Mehrheit der anwesenden stimmberechtigten Gemeinderäte** erhielt. Im Gegensatz zur Abstimmung werden hier Stimmenthaltungen berücksichtigt. Die höchste Stimmenzahl (sog. relative Mehrheit) reicht nicht aus. Der Bürgermeister kann auch hier mitstimmen, dagegen ebenso wie bei einer Abstimmung nicht Beigeordnete oder Amtsverweser, die den Vorsitz führen.

Erreicht keiner der Bewerber im ersten Wahlgang die absolute Mehrheit der anwesenden Wahlberechtigten, muss zwischen den beiden Bewerbern, die die meisten Stimmen erhielten, sofort im Anschluss eine **Stichwahl** durchgeführt werden. Eventuell muss ein Losentscheid darüber entscheiden, wer in die Stichwahl kommt, wenn mehr als zwei Bewerber die gleiche höchste Stimmenzahl erreicht haben. Wer im zweiten Wahlgang die höchste Stimmenzahl erreicht, ist gewählt, auch wenn er nur die **relative Mehrheit** erzielt hat.

Endet die Stichwahl unentschieden, d. h. bekommen beide Stichwahlbewerber gleich viel Stimmen, muss das **Los** entscheiden. Der Gemeinderat benennt dazu zwei seiner Mitglieder, von denen eines in Abwesenheit des anderen die Lose herstellt und das andere das Los zieht.

Die **Stimmenauszählung** besorgen der Vorsitzende und ein Gemeinderatsmitglied sowie der Schriftführer.

103 e) **Besonderheiten bei Personalentscheidungen.** Wichtige personelle Entscheidungen (Ernennungen, Einstellungen, Höhergruppierungen, Entlassungen) muss der Gemeinderat **im Einvernehmen** mit dem Bürgermeister treffen. Die Gemeindeordnung hat dem Bürgermeister dieses besondere Mitwirkungsrecht eingeräumt, weil er als Leiter der Gemeindeverwaltung für einen reibungslosen Geschäftsablauf verantwortlich ist. Dazu muss er auch auf die Auswahl der Gemeindebediensteten Einfluss nehmen können. Wenn es zu keinem Einvernehmen zwischen Gemeinderat und Bürgermeister kommt, kann der Rat durch Beschluss mit zwei Dritteln der Anwesenden den Bürgermeister überstimmen.

10. Beendigung und Unterbrechung der Sitzung

104 Der **Vorsitzende** als Verhandlungsleiter **schließt** die Sitzung. Im Allgemeinen geschieht dies nach Erledigung der Tagesordnung oder zeitlich vorher mit Zustimmung des Gemeinderats, wenn z. B. aus Zeitgründen nicht mehr weiterberaten werden soll.

Die Sitzung ist auch zu schließen, wenn Beschlussunfähigkeit (s. Rn. 83, 84) eintritt. Der Vorsitzende kann die Sitzung außerdem schließen, wenn ein geordneter Ablauf nicht mehr gewährleistet ist. Die Sitzung ist ohne Weiteres beendet, wenn der Vorsitzende sie verlässt.

Eine Sitzung kann für kurze Zeit – etwa zur Aussprache in den Fraktionen oder aus Zeitgründen bis zum nächsten Tag – **unterbrochen** werden, ohne dass sie damit geschlossen wäre. Sobald der Gemeinderat wieder zusammentritt, wird sie ohne neue Einberufung fortgesetzt.

11. Teilnahme sonstiger Personen an der Sitzung

a) **Sachkundige Einwohner und Sachverständige.** Der Gemeinderat – oder der Bürgermeister, wenn ihm das Recht oder die Pflicht übertragen wurde – kann zur Beratung einzelner Angelegenheiten (nicht dauernd) zu öffentlichen und nichtöffentlichen Sitzungen Einwohner, also nicht nur Bürger, die auf einem bestimmten Sachgebiet **besondere Sachkunde** besitzen, oder andere Sachverständige zuziehen. Von der Möglichkeit, Einwohner zur Beratung zuzuziehen, wird besonders bei schwierigen Entscheidungen, die auch eine besondere Sachkenntnis voraussetzen, Gebrauch gemacht (§ 33 Abs. 3 GemO). **105**

Sachverständige haben zum Verhandlungsgegenstand **Stellung zu nehmen**, wenn dies der Gemeinderat wünscht. Sachkundige Einwohner, die der Gemeinderat zu den Beratungen beruft, können die Teilnahme aus wichtigen Gründen ablehnen. Weigern sie sich unbegründet, kann der Gemeinderat ihnen ein Ordnungsgeld auferlegen (s. Rn. 41).

b) **Beigeordnete.** Beigeordnete können an allen Sitzungen des Gemeinderats teilnehmen (§ 33 Abs. 1 GemO). Sie sind zur Teilnahme verpflichtet, wenn der Gemeinderat oder der Bürgermeister dazu auffordert. **Mitstimmen** können sie **nicht**, sie haben aber während der Beratung Rederecht nach denselben Grundsätzen wie Gemeinderäte. Auf Verlangen des Gemeinderates haben sie zu Beratungsgegenständen Stellung zu nehmen, wobei sich diese auf sachverständige Auskünfte zu beschränken hat. **106**

c) **Andere Gemeindebedienstete.** Gemeindebedienstete müssen auf Anordnung des Bürgermeisters oder, wenn es der Gemeinderat wünscht, an Sitzungen teilnehmen und sachverständige Auskünfte geben. Der Vorsitzende kann sie auch mit dem Sachvortrag beauftragen. Ein **Stimmrecht** steht ihnen **nicht** zu. Sie können auch nur Ausführungen machen, wenn ihnen, ohne dass sie darauf einen Anspruch hätten, das Wort erteilt wird. **107**

d) **Rechtsaufsichtbehörde.** Im Rahmen ihres Aufsichtsrechtes kann die Rechtsaufsichtsbehörde (s. Rn. 6) darauf dringen, zu bestimmten Angelegenheiten eingeladen zu werden. Der Vertreter der Aufsichtsbehörde muss sich zu dem Beratungspunkt, dessentwegen er teilnimmt, äußern können. **108**

e) **Anhörung Betroffener.** Der Gemeinderat bzw. ein Ausschuss kann Personen und Personengruppen, die von der Beratung und Entscheidung einer bestimmten Angelegenheit **betroffen** sind, Gelegenheit geben, ihre Auffassung im Gemeinderat bzw. Ausschuss vorzutragen (§ 33 Abs. 4 GemO). Während der Anhörung wird die Beratung, nicht die Sitzung, unterbrochen. **109**

110 **f) Fragestunde.** Der Gemeinderat kann in öffentlichen Sitzungen Einwohnern und ihnen gleichgestellten Personen und Personenvereinigungen (Grundstücksbesitzer und Gewerbetreibende, die nicht in der Gemeinde wohnen), die Möglichkeit einräumen, Fragen zu Gemeindeangelegenheiten zu stellen oder Anregungen und Vorschläge zu unterbreiten (Fragestunde, § 33 Abs. 4 GemO). Der Bürgermeister als Vorsitzender nimmt zu den gestellten Fragen Stellung. Es findet also keine Beratung mit den Gemeinderäten statt.

12. Beschlussfassung im schriftlichen, elektronischen Verfahren oder durch Offenlegung

111 a) **Voraussetzungen.** Die Gemeindeordnung lässt zwei Ausnahmen von der üblichen Beschlussfassung in Sitzungen zu. **Gegenstände einfacher Art** können im Wege der **Offenlegung**, im **schriftlichen** oder **elektronischen Verfahren** beschlossen werden. Einfache Angelegenheiten sind solche, die wegen ihres leicht verständlichen Sachverhalts ohne mündliche Beratung beschlossen werden können und deren – vor allem finanzielle – Folgen nur unbedeutend sind (§ 37 Abs. 1 GemO). Ob ein Sachverhalt einfacher Art vorliegt, entscheidet der Bürgermeister.

112 b) **Beschlüsse im schriftlichen oder elektronischen Verfahren.** Bei Gegenständen, über die im **schriftlichen** Verfahren beschlossen werden soll, gibt der Vorsitzende einen schriftlichen Antrag bei allen Gemeinderäten in Umlauf, die nicht befangen oder nicht von der nächsten Sitzung wegen vorausgegangener Ordnungswidrigkeiten ausgeschlossen sind. Der Beschluss kommt zustande, wenn alle Mitglieder mit ihrer persönlichen Unterschrift auf dem ihnen zugegangenen Schriftstück dem Antrag zugestimmt haben. Wurde der Antrag nicht einstimmig angenommen, weil wenigstens ein Gemeinderat seine Unterschrift nicht geleistet hat oder den Antrag ausdrücklich mit einer ablehnenden Bemerkung versah, liegt ein Beschluss **nicht** vor. Eine Entscheidung mit Mehrheit ist nicht möglich. Die Sachlage ist dann so, als ob überhaupt nicht abgestimmt worden wäre. Der Antrag kann jedoch in einer Sitzung erneut eingebracht werden.
Ein Antrag, der im **elektronischen Verfahren** beschlossen werden soll, wird durch E-Mail an die Gemeinderäte versandt. Sie können dann ebenfalls durch E-Mail zustimmen oder dem Antrag widersprechen. Für das Zustandekommen des Antrags gilt im Übrigen das oben Gesagte.

113 c) **Offenlegung.** Offenlegungsbeschlüsse können innerhalb oder außerhalb einer Sitzung gefasst werden. Bei öffentlichen Sitzungen werden die zur Beschlussfassung vorgesehenen Gegenstände in die Tagesordnung aufgenommen. Der auch hier notwendige Antrag, über den entschieden werden soll, wird schriftlich zur Einsichtnahme für die Gemeinderäte ausgelegt. Soll außerhalb einer Sitzung beschlossen werden, sind die Gemeinderäte darauf hinzuweisen, dass die Vorlage, d. h. der Antrag samt Begründung während eines bestimmten Zeitraums in einem angegebenen Raum des Rathauses ausliegt. Offenlegungsbeschlüsse während einer Sitzung kommen zustande, wenn während der Sitzung niemand Widerspruch erhebt, solche außerhalb von Sitzungen dann, wenn ihnen innerhalb der gesetzten Frist kein Gemeinderat widerspricht.

III. Sitzungen des Gemeinderats **114–116**

13. Änderung und Aufhebung von Beschlüssen

114 Der Gemeinderat kann bereits gefasste Beschlüsse wieder aufheben oder diese ändern. Beschlüsse, die bereits ausgeführt sind oder auch solche, aus denen Dritte bereits Rechte erlangt haben, sind jedoch bindend, sofern der Gemeinderat sich nicht einen Widerruf unter bestimmten Voraussetzungen vorbehalten hat.

Die Rechtsaufsichtsbehörde kann verlangen, dass der Gemeinderat **rechtswidrige Beschlüsse** aufhebt und die auf ihrer Grundlage getroffenen Maßnahmen rückgängig macht.

Bereits abgeschlossene Gegenstände soll der Gemeinderat erst wieder erneut beraten, wenn neue Tatsachen auftreten oder wenn neue Gesichtspunkte sich ergeben, die bei der ursprünglichen Beschlussfassung nicht berücksichtigt werden konnten.

> **Wichtig!** Ordnungsgemäß zustande gekommene Beschlüsse muss jeder Gemeinderat anerkennen. Die Minderheit von einem Viertel der Gemeinderäte, welche die Einberufung jederzeit beantragen kann, bzw. das Sechstel des Gemeinderats oder eine Fraktion (s. Rn. 35), die die Aufnahme eines Punktes auf die Tagesordnung spätestens der übernächsten Sitzung verlangen kann (s. Rn. 35 a), würden ihr Recht missbrauchen, wenn sie ohne sachliche Gründe immer wieder die Behandlung einer Angelegenheit fordern würden, über die bereits ausführlich beraten und beschlossen wurde.

Der fundamentale Grundsatz der Rechtssicherheit verlangt, dass eine Sache nach erschöpfender Behandlung abgeschlossen werden muss. Um diesem Prinzip Geltung zu verschaffen, schränkt die Gemeindeordnung das oben angeführte Minderheitenrecht insofern ein, als innerhalb eines halben Jahres die Befassung mit einer bereits behandelten Angelegenheit nicht erneut gefordert werden kann (§ 34 GemO).

14. Niederschrift über die Sitzungen des Gemeinderats

115 Die Gemeindeordnung verlangt (§ 38 GemO), dass über den **wesentlichen Inhalt** aller Verhandlungen des Gemeinderats eine Niederschrift gefertigt wird.

> **Beachten:** Ein reines Ergebnisprotokoll wäre zu wenig, ein ausführliches Wortprotokoll ist nicht verlangt, vielmehr ein **Verlaufsprotokoll**.

Die Niederschrift ist für die öffentlichen und nichtöffentlichen Sitzungen getrennt zu führen. Offenlegungsbeschlüsse und Beschlüsse im schriftlichen bzw. elektronischen Verfahren sowie Eilentscheidungen des Bürgermeisters sind ebenfalls in die Niederschrift aufzunehmen.

116 a) **Inhalt der Niederschrift.** Die Niederschrift muss insbesondere enthalten: den Namen des Vorsitzenden, die Zahl der anwesenden und die Namen der abwesenden Gemeinderäte, die Gründe des Fernbleibens, die Beratungsgegenstände, die Anträge sowie die Abstimmungs- und Wahlergebnisse. Weiter soll die Niederschrift im Wesentlichen den **Gang der Beratung** wiedergeben. Dazu gehören auch Vermerke über die Unterbrechung der Sitzung, das Abtreten befangener

Mitglieder, der Ausschluss von Mitgliedern wegen Ordnungswidrigkeit sowie Ort, Beginn und Dauer der Sitzung.
Der Vorsitzende und auch die Gemeinderäte können verlangen, dass ihre Erklärungen und ihr Abstimmungsverhalten in die Niederschrift aufgenommen werden.

117 b) **Schriftführer.** Die Niederschrift führt ein besonderer Schriftführer. Dieses Amt kann der **Bürgermeister** selbst besorgen, aber auch ein dazu berufener **Gemeindebediensteter,** ein **Gemeinderat** oder auch ein ehrenamtlich tätiger **Bürger.**

118 c) **Bekanntgabe der Niederschrift, Einsichtnahme.** Sofern die Niederschrift nicht bereits während der Sitzung gefertigt und anschließend verlesen wird, ist sie **spätestens einen Monat nach** der **Sitzung** dem Gemeinderat durch **Verlesen, Auslegung im Rathaus** etwa bei einer der nächsten Sitzungen oder auf eine **sonst geeignete Art** zur Kenntnis zu bringen. Dabei können Gemeinderäte, die bei der Sitzung anwesend waren, Einwendungen erheben, wenn sie ihrer Ansicht nach unrichtig oder unvollständig ist. Über die **Einwendungen,** die in die Niederschrift aufzunehmen sind, beschließt der Gemeinderat. Anschließend ist die Niederschrift vom Vorsitzenden und zwei Gemeinderäten, die bei der betreffenden Sitzung dauernd anwesend waren, sowie vom Schriftführer zu **unterzeichnen.** Sie bestätigen damit die richtige Wiedergabe des Sitzungsverlaufs und der dabei getroffenen Entscheidungen, nicht jedoch ihr Einverständnis mit allen Beschlüssen. Zur Unterzeichnung bestimmte Gemeinderäte sind zur Unterschriftsleistung verpflichtet. In die öffentlichen Sitzungsprotokolle kann **jeder Einwohner** Einsicht nehmen. Den Gemeinderäten, auch denjenigen, die nicht an einer bestimmten Sitzung teilgenommen haben, ist die Einsicht jederzeit gestattet, nicht jedoch befangenen Gemeinderäten. Die Übermittlung von Mehrfertigungen der Niederschriften öffentlicher Sitzungen kann der Gemeinderat in der Geschäftsordnung regeln. Solches kann auch auf elektronischem Wege gestattet werden. Über die Fertigung von Auszügen in anderen Fällen an Dritte oder Gemeinderäte entscheidet der Bürgermeister.

118a d) **Veröffentlichung von Informationen zu Sitzungen des Gemeinderats.** Die Bestimmungen der §§ 34, 38 GemO enthalten wesentliche Verfahrensvorschriften für Gemeinderatssitzungen, deren Verletzung die Rechtsgültigkeit von Beschlüssen nach sich ziehen können. Die neu eingefügte Vorschrift des § 41b GemO berücksichtigt dagegen das Informationsinteresse der Bürger und Einwohner an Sitzungen des Gemeinderats und seiner Ausschüsse. Ihre Nichtbeachtung hat jedoch keinen rechtlich zu beachtenden Einfluss auf die Einberufung und Leitung von Gemeinderats- und Ausschusssitzungen.
Das Informationsinteresse der Bevölkerung wird wie folgt berücksichtigt:
– sofern eine Gemeinde eine eigene Webseite unterhält, veröffentlicht sie dort auch Zeit, Ort und Tagesordnung der öffentlichen Sitzungen des Gemeinderats und seiner Ausschüsse nach Zugang an die Gemeinderäte. Datenschutz für personenbezogene Daten sowie Betriebs- und Geschäftsgeheimnisse sind gleichwohl zu gewährleisten;
– unter gleichen Voraussetzungen veröffentlicht die Gemeinde die der Tagesordnung beigefügten Beratungsunterlagen, es sei denn, dies wäre nur mit

erheblichem Aufwand oder mit erheblichen Veränderungen der Beratungsunterlage zu bewerkstelligen. Dann kann im Einzelfall von der Veröffentlichung abgesehen werden.
- Beratungsunterlagen für öffentliche Sitzungen sind – Ausnahmen siehe vorheriger Spiegelstrich – im Zuhörerraum auszulegen und dürfen vervielfältigt werden. Jeder Gemeinderat darf in Wahrnehmung seines Amtes den Inhalt von Beratungsunterlagen – ausgenommen personenbezogene Daten oder Betriebs- und Geschäftsgeheimnisse – gegenüber Dritten und der Öffentlichkeit bekanntgeben.
- In öffentlicher Sitzung des Gemeinderats und seiner Ausschüsse gefasste Beschlüsse sind im Wortlaut oder in Form eines zusammengefassten Berichts innerhalb einer Woche nach der entsprechenden Sitzung auf der Internetseite der Gemeinde zu veröffentlichen.

IV. Ausschüsse des Gemeinderats

1. Einleitung

In kleineren Gemeinden bewegt sich der Geschäftsanfall noch in solchen Grenzen, dass der Gemeinderat alle für ihn bestimmten Angelegenheiten im „Plenum" beraten und über sie beschließen kann. Aber in größeren Gemeinden und Städten ist es nicht denkbar, dass sämtliche in die Zuständigkeit des Gemeinderats fallenden Aufgaben von seiner Gesamtheit erledigt werden können. **Zur Arbeitserleichterung,** im Interesse einer schnelleren, aber auch gründlicheren Behandlung eröffnet die Gemeindeordnung die Möglichkeit, **Ausschüsse zu bilden,** die sowohl **beschließende** als auch **nur beratende Funktion** haben können.
Dem Gemeinderat ist es freigestellt, welche Ausschüsse er bilden will und welchen Aufgabenkreis oder welche Einzelangelegenheiten er ihnen übertragen will; Ausnahme: Gemeindewahlausschuss, § 11 KomWG. Er kann Ausschüsse auch jederzeit wieder auflösen oder ihre Zuständigkeit neu festlegen.

2. Beschließende Ausschüsse

a) Begriff, Bildung. Beschließende Ausschüsse mit **eigener Entscheidungszuständigkeit** kann der Gemeinderat sowohl zur dauernden Erledigung bestimmter Aufgabengebiete als auch zur Behandlung einzelner Angelegenheiten bilden. Will er einen **bestimmten Aufgabenkreis dauernd übertragen,** muss er dies in einer **Hauptsatzung** regeln. Für die Übertragung einzelner Aufgaben zur vorübergehenden Erledigung auf bestehende oder neu zu bildende Ausschüsse genügt ein einfacher Gemeinderatsbeschluss (§ 39 Abs. 1 GemO).

b) Nicht übertragbare Aufgaben. Die Gemeindeordnung bestimmt, dass **besonders wichtige Entscheidungen** nicht auf beschließende Ausschüsse übertragen werden dürfen. Dem Gemeinderat vorbehalten sind u. a. (§ 39 Abs. 2 GemO):
- die Bestellung der Stellvertreter des Bürgermeisters, der Beigeordneten sowie die Ernennung, Einstellung, Höhergruppierung und Entlassung leitender Bediensteter;
- der Erlass von Satzungen und Rechtsverordnungen;

- die Verfügung über Gemeindevermögen von erheblicher wirtschaftlicher Tragweite;
- der Erlass der Haushaltssatzung sowie die Feststellung des Ergebnisses der Jahresabschluss;
- der Festsetzung von Abgaben und Tarifen.

122 c) **Zuständigkeit, Befugnisse.** Beschließende Ausschüsse entscheiden im Rahmen ihrer Zuständigkeit selbstständig **an** Stelle des Gemeinderats. Sie können jedoch besonders bedeutsame Angelegenheiten dem Gemeinderat unterbreiten (§ 39 Abs. 3 GemO). Sofern es in der Hauptsatzung so bestimmt ist, kann bereits ein Viertel der jeweiligen Ausschussmitglieder die Überweisung verlangen. Lehnt der Gemeinderat die Behandlung ab, weil er die Voraussetzungen für die Verweisung nicht gegeben ansieht, muss der Ausschuss entscheiden.

Der Gemeinderat kann sich umgekehrt in der Hauptsatzung ein Weisungsrecht, das Recht zur eigenen Entscheidung und zur Änderung oder Aufhebung noch nicht vollzogener Ausschussbeschlüsse vorbehalten.

Angelegenheiten, über die der Gemeinderat zu entscheiden hat, sollen wenigstens zur Vorberatung dem zuständigen beschließenden Ausschuss überwiesen werden. In der Hauptsatzung kann außerdem bestimmt werden, dass Anträge, die nicht vorberaten worden sind, auf Antrag des Vorsitzenden, einer Fraktion oder eines Sechstels des Gemeinderats zunächst an die zuständigen Ausschüsse überwiesen werden (§ 39 Abs. 4 GemO).

123 d) **Geschäftsgang.** Für den Geschäftsgang der beschließenden Ausschüsse gelten grundsätzlich die für den Gemeinderat bestehenden Regelungen entsprechend. Sitzungen, die nur der Vorberatung dienen, sind jedoch i. d. R. nichtöffentlich. Sind Ausschüsse wegen Befangenheit von mehr als der Hälfte ihrer Mitglieder beschlussunfähig, entscheidet an ihrer Stelle ohne Ausschussvorberatung der Gemeinderat (§ 39 Abs. 5 GemO).

124 e) **Zusammensetzung.** Beschließende Ausschüsse bestehen aus dem **Vorsitzenden** und mindestens **vier Mitgliedern** (§ 40 GemO). Vorsitzender ist der Bürgermeister. Er kann jedoch seinen (ehrenamtlichen) Stellvertreter oder einen Beigeordneten oder wenn alle diese befangen sind, ein Ausschussmitglied, das Gemeinderat ist, mit seiner Vertretung beauftragen. Die Mitglieder und ihre Stellvertreter in gleicher Zahl bestellt der Gemeinderat **widerruflich aus seiner Mitte.** Nach jeder Wahl zum Gemeinderat sind die beschließenden Ausschüsse neu zu bilden. Kann sich der Gemeinderat über die Zusammensetzung eines Ausschusses nicht einigen, werden die Mitglieder aufgrund von Wahlvorschlägen nach den Grundsätzen der Verhältniswahl gewählt. Geht nur ein oder kein gültiger Wahlvorschlag ein, findet Mehrheitswahl statt.

In die beschließenden Ausschüsse kann der Gemeinderat auch **sachkundige Einwohner und Bürger widerruflich** als beratende Mitglieder berufen. Diese nehmen gleichberechtigt an der Beratung der einzelnen Aufgaben teil. Bei Abstimmungen und Wahlen haben sie jedoch **kein Stimmrecht.**

3. Beratende Ausschüsse

125 a) **Begriff, Bildung.** Beratende Ausschüsse kann der Gemeinderat **zur Vorberatung** seiner Verhandlungen und einzelner Angelegenheiten bilden. Sie unterscheiden sich von den beschließenden Ausschüssen dadurch, dass sie **keine** eigenen sachlichen Entscheidungsbefugnisse anstelle des Gemeinderats haben. Sie können jederzeit durch einfachen Gemeinderatsbeschluss eingesetzt werden.

b) **Zuständigkeit.** Beratende Ausschüsse haben die Verhandlungen des Gemeinderats und einzelne Angelegenheiten vorab zu beraten. Sie können **nur Vorschläge** für die Beschlussfassung des Gemeinderats unterbreiten. **126**

c) **Geschäftsgang.** Für den Geschäftsgang der beratenden Ausschüsse sind grundsätzlich die für den Gemeinderat getroffenen Bestimmungen entsprechend anzuwenden (§ 41 Abs. 3 GemO). Ein Beigeordneter hat als Vorsitzender eines beratenden Ausschusses Stimmrecht. **127**

d) **Zusammensetzung.** Die beratenden Ausschüsse werden ebenfalls aus der Mitte des Gemeinderats gebildet; eine Mindestzahl ist jedoch nicht vorgeschrieben. Auch das Wahlverfahren bleibt dem Gemeinderat überlassen. Den Vorsitz führt auch in beratenden Ausschüssen der Bürgermeister. Er kann ihn einem seiner (ehrenamtlichen) Stellvertreter, einem Beigeordneten oder einem Gemeinderat, der Ausschussmitglied ist, übertragen. **128**
Auch in die beratenden Ausschüsse kann der Gemeinderat sachkundige Einwohner, nicht nur Bürger, widerruflich als Mitglieder berufen.

V. Ortschaftsrat, volksgewählter Bezirksbeirat

Der Ortschaftsrat ist kein Ausschuss des Gemeinderats, sondern das Organ einer besonderen Verwaltungsform in der Gemeinde, der **Ortschaftsverfassung.** Die Ortschaftsverfassung wird in Gemeinden mit räumlich getrennten Ortsteilen eingeführt (§ 67 GemO). Durch Hauptsatzung werden **Ortschaften eingerichtet** und ein **Ortschaftsrat gebildet.** (§ 68 GemO). Die Mitglieder des Ortschaftsrates (Ortschaftsräte) werden nach den für die Wahl der Gemeinderäte geltenden Bestimmungen gewählt (§ 69 GemO). **129**
Der Ortschaftsrat ist zunächst ein **beratendes Gremium**, dem aber durch Hauptsatzung vom Gemeinderat beschließende Zuständigkeiten übertragen werden können, sofern sie die Ortschaft betreffen (§ 70 GemO). Weisungs- und Rückholrechte des Gemeinderats, wie sie für gemeinderätliche Ausschüsse gelten, sind ebenso wie ein Abgaberecht eines Ausschusses an den Gemeinderat bezogen auf den Ortschaftsrat nicht anwendbar.
Vorsitzender des Ortschaftsrats ist der Ortsvorsteher oder sein Stellvertreter, seine Übertragung der Vorsitzendeneigenschaft auf den Bürgermeister ist nicht zulässig. Der Bürgermeister ist allerdings berechtigt, an den Sitzungen des Ortschaftsrats teilzunehmen; auf Verlangen ist ihm vom Vorsitzenden jederzeit das Wort zu erteilen. In Gemeinden mit unechter Teilortswahl können die als Vertreter eines Wohnbezirks gewählten Gemeinderäte an den Verhandlungen des Ortschaftsrats der Ortschaften im Wohnbezirk teilnehmen. Sie haben dabei Rederecht, aber kein Antragsrecht.
Die Ausführungen zur Rechtsstellung und zu den Pflichten der Gemeinderäte gelten für Ortschaftsräte und dessen rechtliche Stellung im Ortschaftsrat ent-

sprechend. Für Sitzungen des Ortschaftsrates gelten die Darlegungen zu den Gemeinderatssitzungen entsprechend.

VI. Bezirksbeirat

130 Durch Hauptsatzung können in Gemeinden mit mehr als 100000 Einwohnern und in Gemeinden mit räumlich getrennten Ortsteilen **Gemeindebezirke (Stadtbezirke)** eingerichtet werden und Bezirksbeiräte gebildet werden (§ 64 GemO). Diese werden durch den Gemeinderat aus dem Kreis der im Gemeindebezirk wohnenden wählbaren Bürger nach jeder regelmäßigen Wahl der Gemeinderäte unter Berücksichtigung des Ergebnisses der Wahl der Gemeinderäte bestimmt. Vorsitzender des Bezirksbeirats ist der Bürgermeister oder ein von ihm Beauftragter.
Sofern durch Hauptsatzung bestimmt, kann in Städten mit mehr als 100000 Einwohnern der Bezirksbeirat auch durch Volkswahl bestellt werden. In diesem Fall gilt das für den Ortschaftsrat Gesagte entsprechend.

VII. Ältestenrat

131 Der Gemeinderat kann durch Hauptsatzung einen Ältestenrat mit der Aufgabe, den **Bürgermeister** in Fragen der Tagesordnung und des Gangs der Verhandlungen des Gemeinderats **zu beraten**, bilden (§ 33a GemO). Vorsitzender des Gremiums ist der Bürgermeister. Nähere Bestimmungen über die Zusammensetzung, den Geschäftsgang und die Aufgaben des Gremiums sind in der Geschäftsordnung des Gemeinderats treffen. Zur Regelung der Aufgaben des Ältestenrats ist ein Einvernehmen mit dem Bürgermeister herzustellen (§ 33a GemO).

VIII. Fraktionen

132 Abgeleitet aus dem Grundrecht der Vereinigungs- und Koalitionsfreiheit des Art. 9 GG ist es unbestritten, dass sich **Gemeinderäte** zu Fraktionen (Mitgliedervereinigungen) **zusammenschließen** können. Der 2015 neu in die Gemeindeordnung eingefügte § 32a bestimmt nun auch formell, dass sich Gemeinderäte zu Fraktionen, also Mitgliedervereinigungen zusammenschließen können. Näheres über die Bildung von Fraktionen, die Mindestzahl ihrer Mitglieder sowie Rechte und Pflichten von Fraktionen überlässt die Gemeindeordnung der Geschäftsordnung des Gemeinderats. Auch wenn die Fraktionen keine Ausschüsse des Gemeinderats sind, so hält die Gemeindeordnung jedoch fest, dass sie bei der Willensbildung und Entscheidungsfindung des Gemeinderats mitwirken. Sie dürfen dabei auch ihre Auffassungen öffentlich darstellen. Darüber hinaus räumt ihnen die Gemeindeordnung weitere Rechte (Darlegung ihrer Auffassungen im Amtsblatt der Gemeinde – § 20 Abs. 3 GemO, Unterrichtungsanspruch an den Bürgermeister – § 24 Abs. 3 GemO, Anspruch zur Aufnahme eines Verhandlungsgegenstandes in die Tagesordnung – § 34 Abs. 1 S. 4 GemO) ein.

IX. Beteiligung von Kindern und Jugendlichen, Jugendgemeinderäte

§ 41a GemO in seiner Neufassung ermächtigt die Gemeinden nicht mehr nur (wenngleich sie dies bereits aufgrund ihres Selbstverwaltungsrechts tun könnten), Kinder und Jugendliche bei Planungen und Vorhaben, die ihre Interessen berühren, in angemessener Weise zu beteiligen. Vielmehr verpflichtet er die Gemeinden dazu, – bezogen auf Kinder mit einer Sollvorschrift, bezogen auf Jugendliche mit einer Muss-Bestimmung – geeignete Beteiligungsverfahren dazu zu entwickeln. Für Jugendliche kann die Gemeinde einen Jugendgemeinderat oder eine andere bzw. eine anders benannte Jugendvertretung einrichten. Ein eingerichteter Jugendgemeinderat ist keine ausschließliche Jugendvertretung, etwa an Stelle des Gemeinderats. Der Gemeinderat bleibt vielmehr die Volksvertretung aller Einwohner und Bürger. Die Jugendvertretung ist auch kein Ausschuss des Gemeinderats, sondern ein **eigenständiges Gremium** mit ausschließlich **beratender Funktion**. In der Geschäftsordnung ist aber die Beteiligung von Mitgliedern der Jugendvertretung an den Sitzungen des Gemeinderats in Jugendangelegenheiten zu regeln; insbesondere sind ein Rederecht, ein Anhörungsrecht in den sie betreffenden Verhandlungsgegenständen und ein Antragsrecht vorzusehen. Der Jugendvertretung sind angemessene Haushaltsmittel zur Verfügung zu stellen, worüber der Gemeinderat entscheidet.

133

X. Bürgerschaftliche Mitwirkung

1. Bürgerentscheid

Der Bürgerentscheid als Institution unmittelbarer Demokratie ist die intensivste Beteiligung der Bürger am kommunalen Geschehen.

134

Der Gemeinderat kann mit einer **Mehrheit von zwei Dritteln** der Stimmen seiner Mitglieder eine Angelegenheit der Gemeinde, für die er zuständig ist, der **Entscheidung der Bürger** unterstellen. Ein Bürgerentscheid kann auch über ein erfolgreiches Bürgerbegehren (s. Rn. 135) in die Wege geleitet werden (§ 21 GemO).

Über folgende Gemeindeangelegenheiten kann **kein** Bürgerentscheid durchgeführt werden:
- Weisungsaufgaben (s. Rn. 5) und solche Angelegenheiten, die kraft Gesetzes dem Bürgermeister obliegen (z. B. Geschäfte der laufenden Verwaltung) (vgl. Rn. 20),
- die innere Organisation der Gemeinde,
- die Rechtsverhältnisse der Gemeinderäte, des Bürgermeisters und der Gemeindebediensteten,
- die Haushaltssatzung, Wirtschaftspläne der Eigenbetriebe, Kommunalabgaben, Tarife und Entgelte,
- die Feststellung des Jahresabschlusses und des Gesamtabschlusses der Gemeinde und die Jahresabschlüsse der Eigenbetriebe,
- Bauleitpläne und örtliche Bauvorschriften mit Ausnahme des verfahrenseinleitenden Beschlusses,
- Entscheidungen in Rechtsmittelverfahren sowie über
- Anträge, die ein gesetzwidriges Ziel verfolgen.

Bevor ein Bürgerentscheid durchgeführt wird, muss den Bürgern die zur gestellten Frage vertretene Auffassung des Gemeinderats und des Bürgermeisters dargelegt werden.
Ein Bürgerentscheid ist in dem Sinne entschieden, wie die gestellte Frage von der **Mehrheit der gültigen Stimmen** beantwortet wurde. Bei Stimmengleichheit gilt die Frage als mit Nein beantwortet. Erfolgreich ist ein Bürgerentscheid nur dann mit der Folge, dass er an die Stelle eines endgültigen Gemeinderatsbeschlusses tritt, wenn die Mehrheit, mit der die gestellte Frage beantwortet wurde, mindestens 20 Prozent der stimmberechtigten Bürger beträgt. Er kann dann innerhalb von drei Jahren nur durch einen neuen Bürgerentscheid (aufgrund eines Bürgerbegehrens) abgeändert werden. Wird die erforderliche Mehrheit nicht erreicht, hat der Gemeinderat in der Sache zu entscheiden.

2. Bürgerbegehren

135 Mit einem Bürgerbegehren kann die Bürgerschaft einen Bürgerentscheid beantragen. Ein Bürgerbegehren klärt somit die Frage, ob ein Bürgerentscheid, ggf. auch gegen den Willen des Gemeinderats durchzuführen ist (§ 21 Abs. 3 GemO).
Grundvoraussetzungen für die Zulässigkeit eines Bürgerbegehrens sind:
- die Angelegenheit, in der ein Bürgerentscheid begehrt wird, darf in den vergangenen drei Jahren **nicht** bereits Gegenstand eines Bürgerentscheids aufgrund eines Bürgerbegehrens gewesen sein;
- ein Bürgerbegehren muss **schriftlich** eingereicht werden und die zur Entscheidung zu bringende **Frage**, eine **Begründung** sowie einen **Kostendeckungsvorschlag** enthalten;
- sofern sich das Bürgerbegehren gegen einen Gemeinderatsbeschluss richtet, muss es innerhalb von drei Monaten nach Bekanntgabe dieses Beschlusses eingereicht werden;
- das Bürgerbegehrens muss von mindestens 7 % der Bürger, höchstens jedoch von 20000 Bürgern unterzeichnet werden.

Über die Zulässigkeit des Bürgerbegehrens **entscheidet** der **Gemeinderat** als Rechtsentscheidung, nicht als Ermessensentscheidung. Die Entscheidung ist unverzüglich nach Anhörung der beim Bürgerbegehren zu benennenden Vertrauenspersonen spätestens jedoch binnen zwei Monaten nach Eingang des Bürgerbegehrens zu treffen. Der Bürgerentscheid entfällt, wenn der Gemeinderat die mit dem Bürgerbegehren verlangte Maßnahme beschließt.

3. Einwohnerantrag

136 Die Einwohnerschaft kann beantragen (Einwohnerantrag), dass der **Gemeinderat** eine in den Wirkungskreis der Gemeinde und in seine Zuständigkeit fallende **Angelegenheit behandelt** (§ 20b GemO). **Voraussetzungen** für die Zulässigkeit eines Einwohnerantrags sind:
- die Angelegenheit darf in den vergangenen 6 Monaten nicht schon Gegenstand eines Einwohnerantrags gewesen sein;
- die Angelegenheit darf nicht von einem Bürgerentscheid ausgeschlossen sein;
- die Angelegenheit darf nicht bereits Gegenstand eines Gemeinderatsbeschlusses gewesen sein, der nach Durchführung eines gesetzlichen Beteiligungs- oder Anhörungsverfahrens erging;

X. Bürgerschaftliche Mitwirkung **137**

- der Antrag muss **schriftlich** gestellt werden, hinreichend **begründet** sein sowie von einer bestimmten Anzahl antragsberechtigter (16-Jährige und ältere, seit mindestens 3 Monaten in der Gemeinde wohnhafte) Einwohner unterzeichnet werden und zwar:
  - in Gemeinden mit nicht mehr als 10000 Einwohnern von mindestens 3 v. H., höchstens jedoch von 200 Einwohnern,
  - in Gemeinden mit mehr als 10000 Einwohnern von mindestens 1,5 v. H., mindestens jedoch von 200 Einwohnern und höchstens 2500 Einwohnern.
- richtet sich der Einwohnerantrag gegen einen Gemeinderatsbeschluss, muss er innerhalb von zwei Wochen nach dessen Bekanntgabe eingereicht werden.

Über die Zulässigkeit eines Einwohnerantrags entscheidet der Gemeinderat. Der Einwohnerantrag verpflichtet den Gemeinderat bzw. den zuständigen beschließenden Ausschuss des Gemeinderats zur **Behandlung** der Angelegenheit innerhalb von **3 Monaten**, aber **nicht** zu einer bestimmten **Sachentscheidung**. Entsprechend den oben beschriebenen Vorschriften können Einwohneranträge auch für Ortschaften im Sinne der Ortschaftsverfassung und für Gemeindebezirke in Gemeinden mit Bezirksverfassung gestellt werden. Maßgebend für die erforderliche Zahl von Unterschriften ist in diesen Fällen die Größe der Ortschaft bzw. des Gemeindebezirks. Über die Zulässigkeit des Einwohnerantrags entscheidet der Ortschaftsrat. Er ist auch zuständig für die Behandlung des Antrags. Für Gemeindebezirke ist dagegen der Gemeinderat bzw. der zuständige Ausschuss nach Anhörung des Bezirksbeirats zuständig.

4. Einwohnerversammlung

Wichtige Gemeindeangelegenheiten sollen mit den **Einwohnern** erörtert werden. Zu diesem Zweck soll der Gemeinderat i. d. R. jährlich, im Übrigen nach Bedarf eine Einwohnerversammlung anberaumen. In größeren Gemeinden und in Gemeinden mit Bezirksverfassung oder Ortschaftsverfassung können Einwohnerversammlungen auf Ortsteile, Gemeindebezirke und Ortschaften beschränkt werden. Die Teilnahme an Einwohnerversammlungen kann auf Einwohner beschränkt werden. Die Einberufung erfolgt durch den Bürgermeister unter ortsüblicher Bekanntgabe von Zeit, Ort und Tagesordnung. Er oder ein von ihm benannter Vertreter führt den Vorsitz in der Einwohnerversammlung. Vorschläge und Anregungen der Einwohnerversammlung sollen innerhalb von drei Monaten von dem für die Angelegenheit zuständigen Organ der Gemeinde (Gemeinderat, Ausschuss, Bürgermeister) behandelt werden.

In Ortschaften können Einwohnerversammlungen auch vom Ortschaftsrat bezogen auf Tagesordnungspunkte der Ortschaft anberaumt werden. Der Ortsvorsteher beruft eine solche Versammlung ein. Er oder ein von ihm benannter Vertreter leitet die Versammlung. Der Bürgermeister ist teilnahme- und redeberechtigt.

Die Einwohnerschaft kann eine Einwohnerversammlung verlangen, wenn sie dazu einen schriftlichen Antrag unter Angabe der zu erörternden Angelegenheit einreicht. Der Antrag muss:

– in Gemeinden mit nicht mehr als 10000 Einwohnern von mindestens 5 v. H. antragsberechtigter (s. o.) Einwohner höchstens jedoch 350 Einwohner,
– in Gemeinden mit mehr als 10000 Einwohnern von mindestens 2,5 v. H. antragsberechtiger (s. o.) Einwohner höchstens jedoch von 2500 Einwohnern unterzeichnet sein.

Über die Zulässigkeit von der Einwohnerschaft beantragter Versammlungen entscheidet der Gemeinderat. Ist der Antrag zulässig, muss eine Einwohnerversammlung innerhalb von drei Monaten nach Eingang des Antrags abgehalten werden.

Auch beschränkt auf Ortsteile, Gemeindebezirke und Ortschaften kann eine Einwohnerversammlung abgehalten oder beantragt werden. Die erforderliche Mindestzahl an Unterschriften für die Beantragung bemisst sich nach der Einwohnerzahl der entsprechenden Gemeindeteile.

XI. Verwaltungsgemeinschaften – eine besondere Verwaltungsform

138 Benachbarte Gemeinden desselben Landkreises können eine Verwaltungsgemeinschaft als **Gemeindeverwaltungsverband** bilden oder vereinbaren, dass eine Gemeinde (erfüllende Gemeinde) die Aufgaben eines Gemeindeverwaltungsverbandes erfüllt (**vereinbarte Verwaltungsgemeinschaft**) (§§ 59 ff. GemO). Mit der Verwaltungsreformgesetzgebung der 1970er Jahre wurden in Baden-Württemberg 272 Verwaltungsgemeinschaften mit 922 Gemeinden gebildet. Nach heutigem Stand gibt es noch 270 Verwaltungsgemeinschaften, wovon 114 (mit 440 Gemeinden) die Form von Gemeindeverwaltungsverbänden und 156 (mit 471 Gemeinden) die Form der vereinbarten Verwaltungsgemeinschaft haben.

Für die Verwaltungsgemeinschaften gelten mit einigen Ergänzungen in der Gemeindeordnung die Vorschriften des **Gesetzes über die kommunale Zusammenarbeit** (GKZ).

Die **Verbandsversammlung** als Hauptorgan des Gemeindeverwaltungsverbandes besteht nach näherer Bestimmung der Verbandssatzung aus dem Bürgermeister und mindestens einem weiteren Vertreter einer jeden Mitgliedsgemeinde. Die weiteren Vertreter werden nach jeder regelmäßigen Gemeinderatswahl vom Gemeinderat aus seiner Mitte gewählt.

Bei der vereinbarten Verwaltungsgemeinschaft ist ein gemeinsamer Ausschuss aus Vertretern der beteiligten Gemeinde zu bilden. Dieser entscheidet an Stelle des Gemeinderats der erfüllenden Gemeinde über die Erfüllungsaufgaben. Gegen Beschlüsse des gemeinsamen Ausschusses kann eine beteiligte Gemeinde binnen zwei Wochen nach der Beschlussfassung Einspruch einlegen, wenn der Beschluss für sie von besonderer Wichtigkeit oder erheblicher wirtschaftlicher Bedeutung ist.

Jeder Gemeindeverwaltungsverband berät seine Mitgliedsgemeinden bei der Erfüllung ihrer Aufgaben (§ 61 GemO). Er kann den Mitgliedsgemeinden Gemeindefachbedienstete zur Verfügung stellen. Der Gemeindeverwaltungsverband hat eine Reihe von Mindestaufgaben zu erledigen (die Sachentscheidung bleibt in diesem Falle bei den Mitgliedsgemeinden) und andere zu erfüllen (die Sachkompetenz für die Aufgabenerfüllung geht dabei auf den Verband über). Entsprechendes gilt für die vereinbarten Verwaltungsgemeinschaften.

Zweiter Teil Finanzwirtschaft der Kommunen

I. Einführung in die öffentliche Finanzwirtschaft[4]

1. Allgemeiner Überblick

Der Begriff „Öffentliche Finanzwirtschaft" umfasst alle **finanziellen Tätigkeiten** von Bund, Länder, Gemeinden und Gemeindeverbände sowie der sonstigen Körperschaften, Anstalten und Stiftungen des öffentlichen Rechts, die im Rahmen der Aufgabenerfüllung notwendig sind. In der öffentlichen Finanzwirtschaft gilt in erster Linie das „**Bedarfsdeckungsprinzip**". Hierunter versteht man, dass die zur Erfüllung öffentlicher Aufgaben erforderlichen Aufwendungen und Auszahlungen durch Erträge und Einzahlungen abzudecken sind. Neben der klassischen Bedarfsdeckungsfunktion durch Bereitstellung öffentlicher Güter und Dienstleistungen werden durch die öffentliche Finanzwirtschaft wirtschafts- und sozialpolitische Ziele sowie übernationale Ziele verfolgt. Die Bedeutung der öffentlichen Finanzwirtschaft für die gesamte Volkswirtschaft in der Bundesrepublik Deutschland wird ersichtlich, wenn man die Staatsausgaben mit dem Bruttosozialprodukt vergleicht. Der prozentuale Anteil der Staatsausgaben am Bruttosozialprodukt (sog. Staatsquote) beläuft sich auf ca. 44 %. Während die Staatsquote auf die Ausgabenseite abstellt, bezieht sich die Abgabenquote und die Steuerquote (40 %) auf die Einnahmenseite. Letztere errechnet sich aus dem Verhältnis zwischen Steuereinnahmen (Steueraufkommen) und Bruttoinlandsprodukt. Die Haushalte der öffentlichen Finanzwirtschaft sind neben den privaten Haushalten und den Unternehmen wesentlicher Bestandteil bzw. Träger der Volkswirtschaft.

139

2. Finanzhoheit und Budgetrecht

Das Recht, die Finanzwirtschaft **eigenverantwortlich** und **unbeeinflusst von Dritten** zu regeln (Finanzhoheit), steht kraft Verfassung dem Bund und den Ländern zu. Nach Art. 109 Abs. 1 GG sind der Bund und die Länder in ihrer Haushaltswirtschaft selbstständig und voneinander unabhängig. Die Finanzhoheit besteht aus der Steuergesetzgebungskompetenz (Art. 105 GG), der Steuerertragskompetenz (Art. 106 GG) und der Steuerverwaltungskompetenz (Art. 108 GG). Über die Finanzhoheit der Gemeinden sagt das Grundgesetz nichts Konkretes aus. Sie wird nach h. M. aus **Art. 28 Abs. 2 GG** und **Art. 71 LVerf** abgeleitet, ohne dass klar gesagt wird, wo die Grenzen liegen. Art. 106 GG enthält ebenfalls Hinweise auf eine Finanzhoheit der Gemeinden. Hier wird z. B. das Aufkommen aus den Realsteuern (Grund- und Gewerbesteuer)

140

---

4   Mit dem Gesetz zur Reform des Gemeindehaushaltsrechts vom 4.5.2009 (GBl. S. 185) wurde das kommunale Haushaltsrecht mit Einführung der doppelten Buchführung grundlegend geändert. Die folgenden Ausführungen beziehen sich auf die kommunale Doppik, die spätestens ab dem Jahr 2020 anzuwenden ist. Die verordnungsrechtliche Umsetzung, d. h. die Änderung der Gemeindehaushaltsverordnung (GemHVO) und der Gemeindekassenverordnung (GemKVO) erfolgte am 11.12.2009 (GBl. S. 770 und GBl. S. 791).

den Gemeinden als Ertrag garantiert. Die Finanzausstattung der Gemeinden kann auf vielfältige Weise geschehen bzw. erfolgen: Der Staat
- überlässt den Gemeinden zweckgebundene Zuweisungen für einzelne Aufgaben (z. B. Schulhausbau);
- er teilt den Gemeinden zweckfreie, allerdings auf die Gemeindeaufgaben insgesamt ausgerichtete Zuweisungen zu (z. B. im Rahmen des kommunalen Finanzausgleichs) oder
- er weist den Gemeinden eigene Steuer- und Abgabenquellen zu (z. B. Hundesteuer). Die Finanzierung der kommunalen Aufgaben wird heute durch eine Kombination der drei Möglichkeiten erreicht (**Mischfinanzierung**).

141 Das **Budgetrecht** steht einzig und alleine der Volksvertretung zu, also dem Bundestag für den Bereich des Bundes, dem Landtag für den Bereich des Landes, dem Kreistag für den Bereich der Landkreise und dem Gemeinderat für den Bereich der Gemeinde. Es umfasst das Recht, auf die **Gestaltung** der **Erträge/Einzahlungen** und **Aufwendungen/Auszahlungen** einzuwirken, sowie den Haushalt im Ganzen zu bewilligen oder zu verwerfen.

3. Abgrenzung der öffentlichen Finanzwirtschaft zur Privatwirtschaft

142

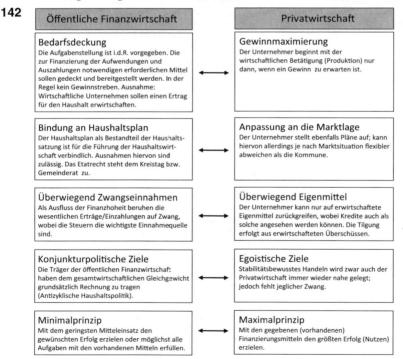

Schaubild: Abgrenzung öffentliche Finanzwirtschaft – Privatwirtschaft

I. Einführung in die öffentliche Finanzwirtschaft

Vom Grundsatz her verfolgen sowohl die öffentliche Finanzwirtschaft als auch die Privatwirtschaft die gleichen Ziele: Beide versuchen, am Markt auftretende Bedürfnisse zu befriedigen, wobei sich für den Bereich der Gemeinden die zu befriedigenden Bedürfnisse bereits aus § 1 Abs. 2 GemO ergeben. Danach fördert die Gemeinde das **Wohl ihrer Einwohner** und erfüllt die ihr von Land und Bund **zugewiesenen Aufgaben**.

4. Rechtsgrundlagen kommunales Haushaltsrecht

Das Gemeindewirtschaftsrecht ist Teil des Kommunalrechts und damit dem öffentlichen Recht zugeordnet. Es gehört grundsätzlich zur **ausschließlichen Gesetzgebungskompetenz** des Landes. Für ihre finanzwirtschaftliche Arbeit haben die Kommunen (d. s. Gemeinden, Gemeindeverbände sowie Sondervermögen) eine Vielzahl von Regelungen zu beachten. Die Wesentlichen sind in der folgenden Übersicht dargestellt.

Grundgesetz ⇨	• Art. 28: Selbstverwaltungsgarantie • Art. 104a ff.: Finanzverfassung
Bundesgesetze ⇨	• Gewerbesteuergesetz • Grundsteuergesetz • Stabilitätsgesetz • Gemeindefinanzreformgesetz • Haushaltsgrundsätzegesetz • Abgabenordnung
Landesverfassung ⇨	• Art. 71 ff. Landesverfassung Baden-Württemberg
Landesgesetze ⇨	• §§ 77 ff. Gemeindeordnung • §§ 48 ff. Landkreisordnung • §§ 18 ff. Gesetz über kommunale Zusammenarbeit • Kommunalabgabengesetz • Gesetz über den kommunalen Finanzausgleich • Eigenbetriebsgesetz
Rechtsverordnungen ⇨	• Gemeindehaushaltsverordnung • Gemeindekassenverordnung • Eigenbetriebsverordnung
Verwaltungsvorschriften ⇨	• Durchführungsverordnung zur Gemeindeordnung • Verwaltungsvorschrift Konten- und Produktplan
Gemeindesatzungen ⇨	• Hauptsatzung • Diverse Steuer-, Beitrags- und Gebührensatzungen

Übersicht: Rechtsgrundlagen Haushaltswirtschaft der Kommunen

Auf die Wirtschaftsführung des **Landkreises** finden nach § 48 LKrO die für die Stadtkreise und Großen Kreisstädte geltenden Vorschriften über die Gemeindewirtschaft (§§ 77 ff. GemO) entsprechende Anwendung.
Für die Wirtschaftsführung des **Zweckverbandes** gelten gem. § 18 GKZ die Vorschriften über die Gemeindewirtschaft (§§ 77 ff. GemO) entsprechend mit

Ausnahme der Vorschriften über die Auslegung des Jahresabschlusses, das Rechnungsprüfungsamt und den Fachbediensteten für das Finanzwesen.

145 In den §§ 96 und 97 GemO sind die Vorschriften über die Haushaltswirtschaft der Sondervermögen und des Treuhandvermögens geregelt. Sondervermögen ist Vermögen der Gemeinde, das wegen der besonderen Zweckerfüllung vom Haushalt der Gemeinde ausgesondert oder von einem Dritten der Gemeinde für einen bestimmten Zweck übertragen wurde. Die GemO unterscheidet folgende **Arten von Sondervermögen:**
- **Gemeindegliedervermögen:** Das sind Sachen oder Rechte im Eigentum der Gemeinde, an denen Dritte, sog. Nutzungsberechtigte, einen öffentlich-rechtlichen Nutzungsanspruch haben, vgl. dazu § 100 GemO, z. B. Abgabe von Holz aus dem Gemeindewald. Für dieses Vermögen finden nach § 96 Abs. 2 GemO die Vorschriften über die Haushaltswirtschaft der Gemeinde Anwendung; sie sind im Haushalt der Gemeinde gesondert nachzuweisen.
- **Vermögen der rechtlich unselbstständigen örtlichen Stiftungen:** Die Gemeinde ist Rechts- und Vermögensträger. Es ist ihr schuldrechtlich auferlegt, bestimmte Vermögensteile entsprechend dem Stifterwillen zu verwalten und zu nutzen, vgl. dazu § 101 GemO, z. B. Waisenstiftung. Für dieses Vermögen finden nach § 96 Abs. 2 GemO die Vorschriften über die Haushaltswirtschaft der Gemeinde Anwendung. Auch dieses Vermögen ist im Haushalt der Gemeinde gesondert nachzuweisen.
- das **Vermögen der Eigenbetriebe** (vgl. §§ 1 ff. Eigenbetriebsgesetz und §§ 1 ff. Eigenbetriebsverordnung);
- **rechtlich unselbstständige Versorgungs- und Versicherungseinrichtungen für Bedienstete der Gemeinde:** Das sind z. B. eigene Zusatzversorgungskassen der Gemeinde. Hier gelten für die Haushaltswirtschaft nach § 96 Abs. 3 GemO besondere Bestimmungen. Nicht darunter fallen die Betriebskrankenkassen der Kommunen. Sie sind selbstständige öffentlich-rechtliche Körperschaften, vgl. § 21 Abs. 2 SGB i. V. m. §§ 225 und 225a RVO.
- **Sondervermögen für die Kameradschaftspflege nach § 18a Feuerwehrgesetz,** wobei die Vorschriften über die Gemeindewirtschaft nicht anzuwenden sind, vgl. § 18a Abs. 1 S. 2 FwG. Regelungen zur Wirtschaftsführung sind nach § 18 Abs. 4 FwG in einer Satzung zu treffen. Das Sondervermögen für die Kameradschaftspflege einschließlich Sonderkasse ist daher nicht im kommunalen Haushalt nachzuweisen. Ebenso wird es nicht in den kommunalen Jahresabschluss (§ 95 GemO) bzw. in die Bilanz (§ 52 GemHVO) einbezogen.

146 Im Gegensatz zum Sondervermögen steht das **Treuhandvermögen** nicht im Eigentum der Gemeinde. Die Gemeinde verwaltet dieses Vermögen treuhänderisch für einen Dritten im eigenen Namen, aber im Interesse des Dritten z. B. rechtlich selbstständige Stiftungen und Mündelvermögen. Die **Stiftung** ist als eigene juristische Person Rechts- und Vermögensträger. In Erfüllung der Aufgaben der Stiftungsverwaltung handelt die Gemeinde im Namen und für Rechnung der Stiftung. Zum **Mündelvermögen** vgl. §§ 1791c und 1791c BGB und § 18 LJWG. Regelungen über die Verwaltung und Wirtschaftsführung des Treuhandvermögens enthält § 97 GemO.

5. Ablauf der Haushaltswirtschaft

Den Ablauf der Haushaltswirtschaft kann man sich als einen **Kreislauf** vorstellen, in dem sich die einzelnen Phasen in jedem Haushaltsjahr in stets gleich bleibender Reihenfolge wiederholen:

147

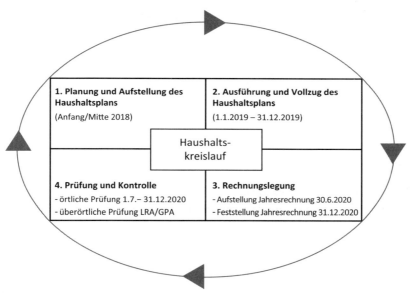

Schaubild Haushaltskreislauf

II. Wirtschafts- und Finanzierungsgrundsätze

1. Allgemeines

Das kommunale Haushaltsrecht enthält eine Reihe von **Grundsätzen**, die für die Haushaltswirtschaft der Kommunen von zentraler Bedeutung sind. Die Grundsätze lassen sich einteilen in allgemeine Wirtschafts- und Finanzierungsgrundsätze und in sonstige oder spezielle Haushaltsgrundsätze. Während die allgemeinen Wirtschafts- und Finanzierungsgrundsätze ihren Niederschlag in der Gemeindeordnung gefunden haben, sind die übrigen Haushaltsgrundsätze (z. B. Planungs- und Deckungsgrundsätze) überwiegend in der Gemeindehaushaltsverordnung (§§ 10 ff. GemHVO) geregelt.

148

Überblick: Haushaltsgrundsätze

2. Allgemeine Haushaltsgrundsätze

149 § 77 GemO nennt drei grundlegende allgemeine Haushaltsgrundsätze, die für die gesamte Haushaltswirtschaft gelten, wobei unter dem Begriff „**Haushaltswirtschaft**" alles zusammengefasst wird, was mit der Vorbereitung, Aufstellung und Ausführung des Haushaltsplans zusammenhängt, ferner die Rechnungslegung, die Rechnungsprüfung, die Erhebung der Deckungsmittel und die Verwaltung des Gemeindevermögens:

150 a) **Stetige Aufgabenerfüllung.** Vorrangiges bzw. oberstes Ziel der Gemeinde ist die **Sicherstellung der stetigen Erfüllung ihrer Aufgaben.** Die kommunalen Aufgaben bzw. der gemeindliche Wirkungskreis ergeben sich aus Art. 28 Abs. 2 GG, Art. 71 LV, §§ 1 Abs. 2, 2, 10 Abs. 2 GemO und aus Regelungen in Spezialgesetzen (z. B. § 28 Schulgesetz). Man unterscheidet dabei folgende Arten kommunaler Aufgaben: weisungsfreie Angelegenheiten und Weisungsaufgaben (s. o. Rn. 5).

151 Die Aufgabenerfüllung muss **auf Dauer** gewährleistet sein; d. h. Haushaltsmittel in Form von Aufwands- und Auszahlungsermächtigungen aber auch die entsprechenden Finanzierungsmittel müssen immer dann zur Verfügung stehen, wenn sie für die Erfüllung kommunaler Aufgaben benötigt werden und zwar nicht nur zu Beginn des Haushaltsjahres, sondern auch in dessen Verlauf bis zum Jahresende. Kommunale Aufgaben können nur dann langfristig und damit stetig erfüllt werden, wenn die Gemeinde finanziell leistungsfähig, also in der Lage ist, ihren finanziellen Verpflichtungen dauerhaft nachzukommen. Insbesondere ist zu hinterfragen, inwieweit die Gemeinde künftig in der Lage sein wird, weitere Investitionen zu finanzieren und ihren Schuldendienst (Zins und Tilgung) sowie die sonstigen Folgelasten (Personal- und Sachkosten) zu leisten. § 12 GemHVO schreibt vor, dass eine Gemeinde, bevor sie größere Investitionen tätigt, unter mehreren in Betracht kommenden Möglichkeiten unter Be-

II. Wirtschafts- und Finanzierungsgrundsätze **151a**

rücksichtigung der Folgelasten die für sie günstigste Alternative (Investition) wählen soll. Wirtschaftlichkeitsberechnungen, Kosten-Nutzen-Analysen, Folgelastenberechnungen, Schuldendienstbelastungen usw. sind zu erstellen und der jeweiligen Entscheidung zugrunde zu legen. Die finanziellen Auswirkungen von kommunalen Entscheidungen sind in der mittelfristigen Finanz- und Haushaltsplanung (§ 85 GemO, § 9 GemHVO) darzustellen.

Die dauernde Leistungsfähigkeit der Gemeinde ist unter Berücksichtigung des Stands der Aufgabenerfüllung (unerledigte Ziele, Erfüllungsdefizite) und der finanziellen Leistungsfähigkeit zu beurteilen. Der mittelfristigen Haushalts- und Finanzplanung kommt dabei wesentliche Bedeutung zu, wobei deren Qualität weitestgehend von der Richtigkeit und Belastbarkeit der Planwerte bestimmt wird (Grundsatz der Haushaltswahrheit). Nur bei einer sorgfältigen Planung können auf Grundlage dieser Werte nachhaltige Entscheidungen getroffen werden. Die Einhaltung dieser finanzwirtschaftlichen Ziele erfordert eine in die Zukunft gerichtete Steuerung anhand einheitlicher Kriterien/Kennzahlen. Entsprechend § 145 S. 1 Nr. 7 GemO wurden für die Ermittlung und Darstellung von Kennzahlen zur Beurteilung der finanziellen Leistungsfähigkeit verbindliche Muster für die Haushaltsplanung (Anlage 16 VwV Produkt- und Kontenrahmen) sowie für den Jahresabschluss (Anlage 29) vorgegeben. Anhand dieser Kennzahlen sollen die Kommunalhaushalte (u. a. nach § 6 S. 3 Nr. 2 GemHVO im Vorbericht zum Haushaltsplan sowie nach § 54 Abs. 2 Nr. 6 GemHVO im Rechenschaftsbericht zum Jahresabschluss) analysiert und Aussagen zur finanziellen Leistungsfähigkeit getroffen werden. Die Kennzahlen zur Beurteilung der finanziellen Leistungsfähigkeit sind Messgrößen für die Ertrags-, Finanz- und Kapitallage.

151a

151a Finanzwirtschaft der Kommunen

Anlage 16
(zu § 6 Satz 3 Nr. 2 GemHVO)

Kennzahlen zur Beurteilung der finanziellen Leistungsfähigkeit

Kennzahl [1]	Einheit	Ergebnis VVJ (HJ -2)	Planung VJ (HJ -1)	Planung HJ	Planung HJ+1	Planung HJ+2	Planung HJ+3
1	2	3	4	5	6	7	8
ERTRAGSLAGE							
1 ordentliches Ergebnis							
absoluter Betrag	€						
Betrag je Einwohner	€/EW						
Aufwandsdeckungsgrad	%						
1.1 Steuerkraft - netto -							
absoluter Betrag	€						
Betrag je Einwohner	€/EW						
Anteil an ordentlichen Aufwendungen	%						
1.2 Betriebsergebnis - netto -							
absoluter Betrag	€						
Betrag je Einwohner	€/EW						
Anteil an ordentlichen Aufwendungen	%						
2. Sonderergebnis							
absoluter Betrag	€						
3. Gesamtergebnis							
absoluter Betrag	€						
FINANZLAGE							
4. Zahlungsmittelüberschuss aus laufender Verwaltungstätigkeit [2]							
absoluter Betrag	€						
Betrag je Einwohner	€/EW						
5. Mindestzahlungsmittelüberschuss							
absoluter Betrag	€						
6. Nettoinvestitionsfinanzierungsmittel							
absoluter Betrag	€						
Betrag je Einwohner	€/EW						
7. Soll-Liquiditätsreserve (§ 22 Abs. 2 GemHVO)							
absoluter Betrag	€						
8. voraussichtliche liquide Eigenmittel zum Jahresende [3]							
absoluter Betrag	€						
KAPITALLAGE							
9. Eigenkapital							
absoluter Betrag	€			╳	╳	╳	╳
9.1 Basiskapital (§ 61 Nr. 6 GemHVO)							
absoluter Betrag	€			╳	╳	╳	╳
9.2 Eigenkapitalquote							
Verhältnis Eigenkapital zu Bilanzsumme	%			╳	╳	╳	╳
9.3 Fremdkapitalquote							
Verhältnis Fremdkapital zu Bilanzsumme	%			╳	╳	╳	╳
10. Anlagendeckung							
Verhältnis langfr. Kapital zu langfr. Vermögen	%			╳	╳	╳	╳
11. Verschuldung							
absoluter Betrag	€			╳	╳	╳	╳
Betrag je Einwohner	€/EW			╳	╳	╳	╳
11.1 Nettoneuverschuldung							
absoluter Betrag	€						

[1] Aus welchen Konten die Kennzahlen zu ermitteln sind, wird verbindlich auf der Internetseite des Innenministeriums (www.im.baden-wuerttemberg.de) bekannt gemacht.
[2] § 3 Nr. 17 GemHVO
[3] vgl. Zeile 9 in Anlage 5

Schaubild: Kennzahlen zur Beurteilung der finanziellen Leistungsfähigkeit (Anlage 16 VwV Produkt- und Kontenrahmen)

II. Wirtschafts- und Finanzierungsgrundsätze   **151a**

Anlage 29
(zu § 54 Abs. 2 Nr. 6 GemHVO)

Kennzahlen zur Beurteilung der finanziellen Leistungsfähigkeit

Kennzahl [1]	Einheit	Ergebnis VVJ (HJ -2)	Ergebnis VJ (HJ -1)	Ergebnis HJ	Planung HJ+1	Planung HJ+2	Planung HJ+3
1	2	3	4	5	6	7	8
ERTRAGSLAGE							
1 ordentliches Ergebnis							
absoluter Betrag	€						
Betrag je Einwohner	€/EW						
Aufwandsdeckungsgrad	%						
1.1 Steuerkraft - netto -							
absoluter Betrag	€						
Betrag je Einwohner	€/EW						
Anteil an ordentlichen Aufwendungen	%						
1.2 Betriebsergebnis - netto -							
absoluter Betrag	€						
Betrag je Einwohner	€/EW						
Anteil an ordentlichen Aufwendungen	%						
2. Sonderergebnis							
absoluter Betrag	€						
3. Gesamtergebnis							
absoluter Betrag	€						
FINANZLAGE							
4. Zahlungsmittelüberschuss aus laufender Verwaltungstätigkeit [2]							
absoluter Betrag	€						
Betrag je Einwohner	€/EW						
5. Mindestzahlungsmittelüberschuss							
absoluter Betrag	€						
6. Nettoinvestitionsfinanzierungsmittel							
absoluter Betrag	€						
Betrag je Einwohner	€/EW						
7. Soll-Liquiditätsreserve (§ 22 Abs. 2 GemHVO)							
absoluter Betrag	€						
8. liquide Eigenmittel zum Jahresende [3]							
absoluter Betrag	€						
KAPITALLAGE							
9. Eigenkapital							
absoluter Betrag	€				⨯	⨯	⨯
9.1 Basiskapital (§ 61 Nr. 6 GemHVO)							
absoluter Betrag	€				⨯	⨯	⨯
9.2 Eigenkapitalquote							
Verhältnis Eigenkapital zu Bilanzsumme	%				⨯	⨯	⨯
9.3 Fremdkapitalquote							
Verhältnis Fremdkapital zu Bilanzsumme	%				⨯	⨯	⨯
10. Anlagendeckung							
Verhältnis langfr. Kapital zu langfr. Vermögen	%				⨯	⨯	⨯
11. Verschuldung							
absoluter Betrag	€				⨯	⨯	⨯
Betrag je Einwohner	€/EW				⨯	⨯	⨯
11.1 Nettoneuverschuldung							
absoluter Betrag	€				⨯	⨯	⨯

[1] Aus welchen Konten die Kennzahlen zu ermitteln sind, wird verbindlich auf der Internetseite des Innenministeriums (www.im.baden-wuerttemberg.de) bekannt gemacht.
[2] § 3 Nr. 17 GemHVO
[3] vgl. Zeile 9 in Anlage 22

Schaubild: Kennzahlen zur Beurteilung der finanziellen Leistungsfähigkeit (Anlage 29 VwV Produkt- und Kontenrahmen)

152 b) **Beachtung des gesamtwirtschaftlichen Gleichgewichts.** Neben der Verpflichtung zur stetigen Erfüllung ihrer Aufgaben wurden die Gemeinden auch in die Pflicht genommen, ihre Haushaltswirtschaft grundsätzlich den Erfordernissen des gesamtwirtschaftlichen Gleichgewichts anzupassen, d. h. ihre Haushaltswirtschaft konjunkturgerecht zu gestalten. Der **konjunkturgerechten Haushaltswirtschaft** sind allerdings Grenzen gesetzt, weil der größte Teil der gemeindlichen Aufgaben und damit die Auszahlungen durch gesetzliche oder sonstige rechtliche Verpflichtungen gebunden sind. Investitionsentscheidungen werden vorrangig nach örtlichen Bedürfnissen getroffen. Dadurch ist nicht zu vermeiden, dass die Aufgabenerfüllung der Gemeinde und die Verpflichtung, sich konjunkturgerecht zu verhalten, gelegentlich zu einem Zielkonflikt führen. In diesen Fällen gebührt der Aufgabenerfüllung Vorrang.

153 c) **Sparsame und wirtschaftliche Haushaltswirtschaft.** Die Gemeinde hat ihre Haushaltswirtschaft wirtschaftlich und sparsam zu führen, § 77 Abs. 2 GemO. Eine **sparsame** Haushaltswirtschaft **fordert**, die Inanspruchnahme von Ressourcen und Auszahlungen auf das Notwendigste zu begrenzen, sie so gering wie möglich zu halten und alle Möglichkeiten der Kostensenkung auszuschöpfen. Es dürfen sachlich nicht mehr und zeitlich nicht früher Ressourcen verbraucht und Auszahlungen geleistet werden, als dies notwendig ist. Die Verpflichtung zur sparsamen und wirtschaftlichen Haushaltsführung bezieht sich auf **alle** Maßnahmen, die sich auf den Haushalt der Gemeinde auswirken.

154 **Wirtschaftlich** handelt die Gemeinde, wenn sie neben den unmittelbaren Kosten einer Maßnahme auch deren Folgelasten und die sonstigen wirtschaftlich erfassbaren Aufwendungen und Auszahlungen sowie mögliche Folgeerträge berücksichtigt. Zur Beurteilung der Wirtschaftlichkeit ist es wichtig, die Höhe aller gegenwärtigen und zukünftigen Kosten und Leistungen zu kennen. § 12 GemHVO schreibt deshalb **Wirtschaftsvergleiche** unter Einbeziehung der Folgekosten vor. Außerdem haben die Kommunen (nach örtlichen Bedürfnissen) für alle Aufgabenbereiche **Kosten- und Leistungsrechnungen** (§ 14 GemHVO) als Grundlage für die Verwaltungssteuerung sowie für die Beurteilung der Wirtschaftlichkeit und Leistungsfähigkeit der Verwaltung zu führen. Bei der Wirtschaftlichkeit geht es auch um die Frage, ob eine bestimmte Aufgabe überhaupt von der Gemeinde erfüllt werden muss, sowie die Art und Weise der Aufgabenerfüllung, gerade im Hinblick auf die Folgelasten und deren Finanzierung. Das Wirtschaftlichkeitsprinzip ist identisch mit dem ökonomischen Prinzip und bedeutet: Eine Aufgabe mit den geringstmöglichen Mitteln (**Minimalprinzip**) bzw. eine Vielzahl von Aufgaben mit den gegebenen Mitteln (**Maximalprinzip**) zu erfüllen.
Die Grundsätze der Wirtschaftlichkeit und Sparsamkeit richten sich sowohl an den Gemeinderat als auch an den Bürgermeister und die Mitarbeiterinnen und Mitarbeiter der Gemeindeverwaltung.

155 d) **Finanzierungsgrundsätze. – aa) Allgemeines.** Ausgangspunkt und Kriterium für die Mittelbeschaffung nach § 78 GemO ist der **kommunale Finanzbedarf**. Er ist weder eine eindeutig bestimmte Größe, noch lässt er sich exakt berechnen. Der Bedarf der einzelnen Gemeinde ist u. a. abhängig von der geografischen Lage, den sozialen Besonderheiten, der bisherigen Aufgabenerfüllung im

Rahmen der Daseinsfürsorge und Daseinsvorsorge, aber auch der Qualität der Aufgabenerledigung. Ein ausgeprägtes soziales und kulturelles Engagement von Vereinen, privaten Verbänden und Unternehmen, kann eine Kommune finanziell spürbar entlasten.

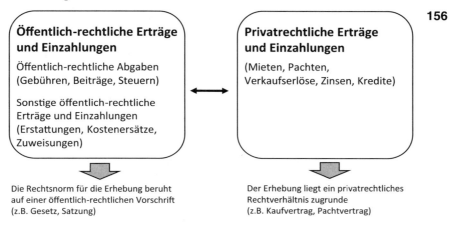

Schaubild: Kommunale Finanzierungsmittel

Zur Deckung ihres Finanzbedarfs und Finanzierung ihrer Aufgaben haben die Gemeinden das Recht, **Abgaben** nach gesetzlichen Vorschriften (z. B. Grundsteuergesetz, Gewerbesteuergesetz, KAG) zu erheben. § 78 Abs. 1 GemO ist **keine** Ermächtigungsgrundlage für die kommunale Abgabenerhebung; der Landesgesetzgeber hat lediglich nochmals klargestellt, dass die Abgabenerhebung nur im Rahmen und aufgrund eines Gesetzes durch die Gemeinde erhoben werden kann.

bb) Rangfolge der Erträge und Einzahlungen (Deckungsmittel). Die Gemeinden haben grundsätzlich das Recht, über die Art, Zusammensetzung und Höhe ihrer Finanzierungsmittel frei zu entscheiden. Mit der Finanzierungsmittelbeschaffung durch die Gemeinden gehen negative Folgen für die Leistungspflichtigen (Unternehmen und Private) einher. Insbesondere vor diesem Hintergrund hat der Gesetzgeber sowohl den Gesetzesvorbehalt in § 78 Abs. 1 GemO als auch die Rang- bzw. Reihenfolge in der die Gemeinde ihre Finanzierungsmittel zu beschaffen haben, verbindlich festgelegt. Danach hat eine Gemeinde **primär** ihren Finanzbedarf aus **sonstigen Einzahlungen** zu decken. Das sind diejenigen Einzahlungen, die keine eigenen Steuern oder Entgelte für Leistungen der Kommunen darstellen (z. B. Gemeindeanteil an der Einkommensteuer, Schlüsselzuweisungen, Vermögenserträge wie Mieten und Pachten, Zinsen, Holzerlöse, Einnahmen aus der Veräußerung von Vermögensgegenständen, Konzessionsabgaben, Gewinne von wirtschaftlichen Unternehmen und Beteiligungen). Nach den sonstigen Einzahlungen, aber noch vorrangig vor ihren Steuern, hat die Gemeinde Deckungsmittel soweit vertretbar und geboten aus **Entgelten für ihre Leistungen** zu beschaffen. Der Grundgedanke der Entgelterhebung ist der, dass derjenige, der eine kommunale Einrichtung benützt bzw. eine kommunale Leistung in Anspruch nimmt, auch die dadurch entstehenden Kosten (nicht Ausgaben!) entsprechend seinem wirtschaftlichen oder ideellen Vorteil tragen soll. Leistung und Gegenleistung sollen dabei allerdings in einem angemessenen Verhältnis zueinander stehen (**Äquivalenzprinzip**). Die Entgelte können öffentlich-rechtlich (Gebühren und/oder Beiträge), aber auch privatrechtlich (privatrechtliches Benutzungsentgelt) sein.

159 § 78 Abs. 2 Nr. 1 GemO spricht von „vertretbaren" und „gebotenen" Entgelten, d. h. bei der Entgeltfestsetzung soll die Kommune auf die Leistungsfähigkeit und Belastbarkeit des Pflichtigen abstellen bzw. Rücksicht nehmen (**vertretbar**) und die Entgelte entsprechend ihrer Finanzlage und entsprechend dem wirtschaftlichen Wert der Leistung (das ist i. d. R. kostendeckend) festsetzen (**geboten**).

> **Beachten:** Die Entscheidung über die Höhe des vertretbar und gebotenen Entgelts trifft der **Gemeinderat**. Er hat bzgl. des „vertretbaren" einen **Ermessensspielraum**. Allerdings kann der Gemeinderat dieses Ermessen nur fehlerfrei ausüben, wenn ihm von der Verwaltung eine zutreffende (richtige!) Entgeltkalkulation vorgelegt wurde.
> **Hinweis:** Die Einführung eines Nulltarifs für kommunale Leistungen wird nur in ganz besonders gelagerten Fällen nicht als Verstoß gegen § 78 Abs. 2 GemO anzusehen sein, (etwa bei einer ausschließlich oder überwiegend öffentlichen Zwecken dienenden Einrichtung, die dem Benutzer keine oder nur unwesentliche Vorteile bringt).

160 Nach § 78 Abs. 2 Nr. 2 GemO sollen **Steuern nachrangig**, d. h. nur insoweit erhoben werden, als die sonstigen Erträge und Einzahlungen und die Entgelte für Leistungen zur Deckung der Aufwendungen und Auszahlungen nicht ausreichen. Auch hier hat die Gemeinde auf die wirtschaftlichen Kräfte ihrer Abgabenpflichtigen Rücksicht zu nehmen. Die wichtigsten Steuern der Gemeinden sind die **Realsteuern** (Grund- und Gewerbesteuer).

161 **Kreditaufnahmen** sind nur zulässig, wenn eine andere Finanzierung nicht möglich ist (also die sonstigen Erträge und Einzahlungen, speziellen Entgelte und Steuern zur Finanzierung nicht ausreichen) oder wirtschaftlich unzweckmäßig wäre (z. B. Kreditzinsen sind niedriger als Guthabenzinsen). Im Übrigen müssen die materiellen und formellen Voraussetzungen für eine Kreditaufnahme vorliegen (vgl. dazu Rn. 271 ff.).

162 Angesichts der Finanzsituation der Kommunen gewinnt **Sponsoring** zunehmend an Bedeutung. Die Zulässigkeit der Anwerbung, Annahme und Vermittlung von Zuwendungen Privater zur Erfüllung kommunaler Aufgaben ist in § 78 Abs. 4 GemO geregelt. Danach können Bürgermeister sowie Beigeordnete Zuwendungen einwerben und entgegennehmen. Über die Annahme oder Vermittlung entscheidet der Gemeinderat. Über die eingeworbenen bzw. vermittelten Zuwendungen, den Zuwendungszweck und den Zuwendungsgeber hat die Gemeinde jährlich der Rechtsaufsichtsbehörde (§ 119 GemO) zu berichten.

II. Wirtschafts- und Finanzierungsgrundsätze

163

Kommunale Aufgabenerfüllung	Finanzierungsmittel

• weisungsgebundene Pflichtaufgaben
• weisungsfreie Pflichtaufgaben
• freiwillige Aufgaben
	Rangfolge der Finanzierungsmittel
	(§ 78 Abs. 2 S. 1, Abs. 3 GemO)
	1. sonstige Deckungsmittel
	2. Spezielle Leistungsentgelte
	    (soweit vertretbar und geboten)
	3. Steuern
	    (Rücksichtnahme auf die Wirtschaftskraft der Abgabenpflichtigen)
	4. Kredite

Finanzielle Auswirkungen	
Bedarfsdeckungsprinzip § 78 Abs. 2 S. 1 GemO	**Besonderheit:** Annahme v. Spenden, Schenkungen u.Ä. Zuwendungen (§ 78 Abs. 4 GemO)

Schaubild: Rangfolge der Finanzierung

cc) Besonders bedeutsame Erträge und Einzahlungen der Kommunen. – (1) Steuern. Steuern sind **Geldleistungen**, die nicht eine Gegenleistung für eine besondere Leistung darstellen und von einem öffentlich-rechtlichen Gemeinwesen zur Erzielung von Einnahmen allen auferlegt werden, bei denen der Tatbestand zutrifft, an den das Gesetz die Leistungspflicht knüpft (§ 3 Abs. 1 AO), wobei die Erzielung von Einnahmen Nebenzweck sein kann. Steuern müssen von allen erhoben werden, die durch ihr Verhalten den Tatbestand einer Rechtsnorm erfüllen (§ 38 AO). Die **gleichmäßige** und **tatbestandsmäßige Besteuerung** wird schon durch Art. 3 GG (Gleichheitsprinzip) und Art. 20 Abs. 3 GG (Gesetzmäßigkeit) vorgegeben. Art. 106 Abs. 6 GG regelt für welche Steuern den Kommunen die Ertragshoheit zusteht. Danach steht das Aufkommen aus den beiden **Realsteuern** (Grundsteuer A und B sowie Gewerbesteuer) den Kommunen ebenso zu wie das Aufkommen aus den örtlichen **Verbrauch- und Aufwandssteuern** (Hundesteuer, Jagdsteuer, Vergnügungssteuer). An der Einkommensteuer werden die Kommunen beteiligt. Unter dem Steuerbegriff wird auch die Fremdenverkehrsabgabe (steuerähnliche Abgabe) erfasst.

164

(a) **Grundsteuer.** Die Grundsteuer ist eine **Realsteuer** (auch Objekt- oder Sachsteuer genannt) und berücksichtigt nicht die Leistungsfähigkeit einer Person; besteuert wird eine **Sache** bzw. ein **Grundstück**. Ihre Erhebung wird ins **Ermessen der Gemeinde** gestellt. Im Hinblick auf die in § 78 GemO geregelte verbindliche Rangfolge der Finanzierungsmittelbeschaffung, kann die Gemeinde nicht auf diese Erträge (Einzahlungen) verzichten. **Zwei Arten** der Grundsteuer werden unterschieden: Die Grundsteuer A (Steuergegenstand ist der Grundbesitz der Betriebe der Land- und Forstwirtschaft) sowie die Grundsteuer B (Steuergegenstand sind alle übrigen Grundstücke).

165

Das **Besteuerungsverfahren** gliedert sich in **drei Abschnitte**: das Einheitswertverfahren, das Steuermessbetragsverfahren und das Veranlagungsverfahren. Der Grundsteuermessbetrag wird vom Finanzamt ermittelt und festgestellt und sowohl dem Steuerpflichtigen als auch der Gemeinde mitgeteilt. Die Gemeinde multipliziert den vom Finanzamt ermittelten und auf die Gemeinde zuzurech-

166

nenden Steuermessbetrag mit ihrem in der Haushaltssatzung oder in einer besonderen Hebesatz-Satzung festgesetzten Hebesatz und teilt dem Steuerpflichtigen die zu entrichtende Grundsteuer mit. Beabsichtigt die Gemeinde den Hebesatz im Laufe des Jahres zur Erzielung zusätzlicher Erträge (Einzahlungen) anzuheben, ist der entsprechende **Gemeinderatsbeschluss** über die Anhebung der Hebesätze bis 30. Juni des Kalenderjahres zu fassen (§ 25 Abs. 3 GrStG). In diesem Falle wirkt der neue Hebesatz zurück, d. h. die Gemeinde kann die erhöhte Grundsteuer für das gesamte Kalenderjahr erheben.

In Baden-Württemberg liegt der Durchschnittshebesatz bei der Grundsteuer A bei 356 v. H. und bei der Grundsteuer B bei 352 v. H.; der Hebesatz im Bundesdurchschnitt beträgt bei der Grundsteuer A 332 v. H. und bei der Grundsteuer B 464 v. H.

Beispiel:

Steuermessbetrag: 150 €	Hebesatz: 300 v. H.	Berechnung: 150 € × 300 v. H. = 450 €
Finanzamt		Gemeinde

167 (b) **Gewerbesteuer.** Die Gewerbesteuer ist eine der bedeutendsten Gemeindesteuern. Ihre Erhebung durch die Gemeinden findet ihre Rechtfertigung u. a. im Äquivalenzprinzip (s. Rn. 158). Die durch die Existenz von Gewerbetrieben den Gemeinden entstehenden Aufwendungen sollen im Wesentlichen durch die Gewerbesteuer abgegolten werden. Die Gewerbesteuer zählt wie die Grundsteuer zu den **Realsteuern** (§ 3 Abs. 2 AO). Die Ertragshoheit an der Gewerbesteuer steht den Gemeinden zu. Ihr verbleiben allerdings nicht alle Erträge (Einzahlungen). Über die Gewerbesteuerumlage sind **Bund und Länder** am Aufkommen der Gewerbesteuer **beteiligt.** Die Höhe der Gewerbesteuerumlage bemisst sich aus dem Istaufkommen dividiert durch den örtlichen Hebesatz der Kommune und Multiplikation des so ermittelten Grundbetrags mit dem Umlagesatz (Vervielfältiger), wobei sich der Umlagesatz aus einem Bundesvervielfältiger und einem Landesvervielfältiger zusammensetzt. Der Umlagesatz beträgt im Jahr 2017 68,5 v. H. und ab 2020 voraussichtlich 35 v. H.

168 Der Gewerbesteuerpflicht unterliegen **alle Gewerbebetriebe.** § 2 Gewerbesteuergesetz (GewStG) definiert den Gewerbebetrieb; ebenso die Tätigkeiten, die als Gewerbebetrieb angesehen werden. **Besteuerungsgrundlage** ist der **Ertrag des Gewerbebetriebs.** Ausgangspunkt für die Ermittlung des Gewerbeertrags ist der nach den Vorschriften des Einkommensteuergesetzes oder des Körperschaftssteuergesetzes zu ermittelnde Gewinn, ergänzt um Hinzurechnungen (§ 8 GewStG) und Kürzungen (§ 9 GewStG). Aus dem so ermittelten Gewerbeertrag wird unter Anwendung der Steuermesszahl (§ 11 GewStG) der Steuermessbetrag ermittelt und durch die zuständige Finanzverwaltung durch Steuermessbescheid festgesetzt und dem Steuerpflichtigen bekannt gegeben. Die steuerberechtigte Gemeinde erhält eine Mitteilung über den Inhalt des Steuermessbescheids und setzt auf der Basis desselben unter Anwendung des in ihrer Haushaltssatzung oder einer besonderen Hebesatz-Satzung festgesetzten Hebesatzes die Gewerbesteuer fest.

II. Wirtschafts- und Finanzierungsgrundsätze

169 Der **Gemeinderatsbeschluss** über die Festsetzung oder Änderung des Hebesatzes ist bis zum 30. Juni eines Kalenderjahres mit Wirkung vom Beginn dieses Kalenderjahres zu fassen (§ 16 Abs. 3 GewStG). Nach diesem Zeitpunkt kann der Beschluss über die Festsetzung des Hebesatzes gefasst werden, wenn der Hebesatz die Höhe der letzten Festsetzung nicht überschreitet. Der Hebesatz selbst ist für alle in der Gemeinde vorhandenen Unternehmen der gleiche. Er beträgt 200 %, wenn die Gemeinde nicht einen höheren Hebesatz bestimmt hat. Wenn sich ein Gewerbebetrieb über mehrere Gemeinden erstreckt oder in verschiedenen Gemeinden Betriebsstätten desselben Betriebes vorhanden sind oder eine Betriebsstätte innerhalb eines Erhebungszeitraums von einer Gemeinde in eine andere Gemeinde verlegt wurde (§ 28 GewStG), ist der Steuermessbetrag in die auf die einzelnen Gemeinden entfallenden Anteile (Zerlegungsanteile) durch das Finanzamt zu zerlegen. Als Zerlegungsmaßstab werden grundsätzlich die Arbeitslöhne herangezogen.

170 Der Steuerschuldner hat am 15.2., 15.5., 15.8. und 15.11. **Vorauszahlungen** auf die Gewerbesteuer zu entrichten. Die Vorauszahlung beträgt grundsätzlich ein Viertel der Steuer, die sich bei der letzten Veranlagung ergeben hat. Anpassungen der Vorauszahlungen sind grundsätzlich möglich. Die geleisteten Vorauszahlungen werden auf die Steuerschuld für den Erhebungszeitraum angerechnet; im Falle zu hoher Vorauszahlungen kann eine Aufrechnung oder eine Erstattung durch die Gemeinde erfolgen. Sowohl Gewerbesteuererstattungen als auch Gewerbesteuernachforderungen werden nach Maßgabe des § 233 AO verzinst. Aufgrund der Systematik der Abrechnungen setzen sich die eingehenden Erträge (Einzahlungen) eines Haushaltsjahres zusammen aus Vorauszahlungen für den laufenden Erhebungszeitraum, Abschlusszahlungen bzw. Rückzahlungen für vorangegangene Erhebungszeiträume sowie Nachzahlungen aufgrund von Betriebsprüfungen.

171 Die Gewerbesteuerhebesätze in Baden-Württemberg schwanken zwischen 265 v. H. und 450 v. H. Der Durchschnittshebesatz beträgt 351 v. H.; der Hebesatz im Bundesdurchschnitt beträgt 400 v. H.

Beispiel:
Berechnung Gewerbesteuer

Steuermessbetrag: 20000 €	Hebesatz: 360 v. H.	Berechnung: 20000 € × 360 v. H. = 72000 €
Finanzamt		Gemeinde

172 Auf die Auswirkungen der Gewerbesteuer im Rahmen des Kommunalen Finanzausgleichs wird hier nicht eingegangen.

Beispiel:
Von einem Gewerbesteueraufkommen in Höhe von 72000 € verbleiben der Gemeinde im laufenden Haushaltsjahr (ohne Berücksichtigung FAG in Folgejahren) ca. 58200 €.

Gewerbesteuerumlage:	Gewerbesteueraufkommen: 72.000 €
Istaufkommen : örtlicher Hebesatz x Umlagesatz	abzüglich
	Gewerbesteuerumlage: 13.800 €
	Gewerbesteuer -netto- : 58.200 €
Berechnung: 72.000 € : 360 v.H. x 69 v.H. = 13.800 €	(ohne Auswirkungen FAG)

173 **(c) Gemeindeanteil an der Einkommensteuer.** Nach Art. 106 Abs. 3 S. 1 GG erhalten die Gemeinden einen Anteil am Aufkommen der Einkommensteuer. Dieser beträgt **15 %** des im Land Baden-Württemberg erzielten **Aufkommens dieser Steuer** sowie **12 %** des im Land Baden-Württemberg erzielten **Aufkommens aus dem Zinsabschlag.** Die Berechnung des gemeindlichen Anteils ergibt sich aus einem Verteilungsschlüssel, der in § 3 des Gemeindefinanzreformgesetzes normiert ist. Danach wird für jede einzelne Gemeinde eine **Schlüsselzahl** (achtstellige Dezimale nach dem Komma) ermittelt, die den Anteil der einzelnen Gemeinde am Landesaufkommen ausdrückt. Zu beachten ist dabei allerdings, dass nicht die tatsächlichen Steuerleistungen der einzelnen Gemeindeeinwohner zugrunde gelegt werden, sondern nur bis zu bestimmten Höchstgrenzen (z. Zt. bei Ledigen bis zu 35000 € und bei Verheirateten bis zu 70000 €). Damit verringern sich die Steuerkraftunterschiede zwischen finanzstarken und finanzschwachen Gemeinden.

Beispiel:
Ermittlung Schlüsselzahl und Gemeindeanteil an der Einkommensteuer

174 **(d) Gemeindeanteil an der Umsatzsteuer.** Die Gemeinden erhalten als Ausgleich für die Abschaffung der Gewerbekapitalsteuer seit dem 1.1.1998 einen **Anteil** an dem **Aufkommen der Umsatzsteuer,** der nach einem orts- und wirtschaftsbezogenen Schlüssel (Schlüsselzahl) an die Gemeinden weitergeleitet wird. Der Gemeindeanteil an der Umsatzsteuer beläuft sich gegenwärtig auf 2,2 v. H. des Umsatzsteueraufkommens. Die Schlüsselzahl für die einzelne Gemeinde errechnet sich aus einem prozentualen Anteil des Gewerbesteueraufkommens vergangener Jahre sowie einem prozentualen Anteil der Anzahl der sozialversicherungspflichtigen Beschäftigten vergangener Jahre. Der Gemeindeanteil an der Umsatzsteuer wird nach dem Haushaltserlass 2017 in Baden-Württemberg voraussichtlich 833 Mio. € betragen und auf die Gemeinden entsprechend der auf sie entfallenden Schlüsselzahl verteilt.

175 **(e) Sonstige Steuern. – (aa) Hundesteuer.** Nach § 9 Abs. 3 KAG erheben die Gemeinden die Hundesteuer als **Pflichtsteuer** (**örtliche Aufwandsteuer**). Die Modalitäten der Steuererhebung sowie Steuerermäßigungen und Steuerbefreiungen sind in der **Satzung** über die Erhebung der Hundesteuer zu regeln. Der primäre Zweck der Erhebung der Hundesteuer ist nicht die Erzielung von Erträgen zur Deckung des kommunalen Finanzbedarfs; ihre Erhebung hat einen ordnungspolitischen Hintergrund, die Zahl der Hundehaltung in der Gemeinde einzudämmen. Über die Höhe des Steuersatzes entscheidet die Gemeinde. In den kommunalen Entscheidungsgremien wird die Hundesteuer auch im Zusammenhang mit der Haltung von Kampfhunden und den von ihnen ausgehenden Gefahren teilweise kontrovers diskutiert. Ihre Erhebung verursacht in den Gemeinden einen erheblichen Verwaltungsaufwand.

(bb) Vergnügungssteuer. Nach §§ 2, 9 Abs. 4 KAG können die Gemeinden im Rahmen des sog. Steuerfindungsrechts die Vergnügungssteuer als **örtliche Aufwandsteuer** erheben. Sie wird i. d. R. auf Spielgeräte und Spieleinrichtungen sowie für bestimmte Veranstaltungen wie z. B. Tanz, Film- oder Musikveranstaltungen erhoben, sofern diese nicht als „kulturell" wertvoll gelten. Die Erhebung einer Vergnügungssteuer hat oftmals auch eine bestimmte Lenkungswirkung. Vielfach unterliegen der Steuerpflicht Spiel-, Geschicklichkeits- und Unterhaltungsgeräte mit Gewinnmöglichkeit, die Veranstaltung von Sexdarbietungen, die Bereitstellung von Filmkabinen und die Vorführung von Sexfilmen und Filmen mit pornografischem Inhalt. Steuerschuldner ist der Unternehmer der Veranstaltung. Als Steuermaßstab dienen entweder Preis und Zahl der ausgegebenen Eintrittskarten und/oder Pauschalbeträge, die für besondere Veranstaltungen oder typische Merkmale ermittelt werden.

(cc) Jagdsteuer. Die Jagdsteuer ist eine **örtliche Aufwandsteuer**. Die Stadtkreise und die Landkreise können nach § 10 Abs. 2 KAG diese Steuer auf die Ausübung des Jagdrechts erheben. Steuerpflichtig ist der Jagdausübungsberechtigte. Der Steuersatz beträgt für Inländer höchstens 15 % des Jahreswerts der Jagd. Bei verpachteten Jagden gilt als Jahreswert der Jagd der vom Pächter aufgrund des Pachtvertrags zu entrichtende Pachtpreis einschließlich der vertraglichen Nebenleistungen; bei Unterverpachtungen gilt der vom Unterpächter zu entrichtende Pachtpreis.

(dd) Grunderwerbsteuer. Die Grunderwerbsteuer knüpft an den **Erwerb eines Grundstücks** oder der **Verwertungsmöglichkeit eines Grundstücks** an. Sie ist eine **Verkehrsteuer**. Ihr Aufkommen steht den Stadt- und Landkreisen zu. Der Steuerpflicht unterliegen insbesondere Kaufverträge und sonstige Rechtsgeschäfte, die einen Anspruch auf Übereignung eines inländischen Grundstücks begründen. Den Grundstücken stehen Erbbaurechte und Gebäude auf fremdem Grund und Boden gleich. Die Steuer bemisst sich nach dem Wert der Gegenleistung; der Steuersatz beträgt 5,0 v. H.

(2) Zuweisungen des Landes Baden-Württemberg. Unter Zuweisungen versteht man **die Übertragung finanzieller Mittel** zwischen Gebietskörperschaften. Im Gegensatz dazu sind Zuschüsse Übertragungen vom unternehmerischen und übrigen Bereich an die Kommune. Man unterscheidet **allgemeine** Zuweisungen, über deren Verwendung die Kommune frei entscheiden kann (z. B. Kommunale Investitionspauschale und Schlüsselzuweisungen nach mangelnder Steuerkraft) und **zweckgebundene** Zuweisungen, deren Bewilligung an die Erfüllung bestimmter Verwendungsauflagen geknüpft ist (z. B. zweckgebundene Zuweisungen für Investitionen im Bereich des Schulhausbaus).

180 (a) Schlüsselzuweisungen. – (aa) Kommunale Investitionspauschale. Die Gemeinden erhalten gem. § 4 Finanzausgleichsgesetz (FAG) **jährlich** eine **Investitionspauschale** auf der Grundlage ihrer nach der Steuerkraftsumme gewichteten Einwohnerzahl. Konkret bedeutet dies, dass bei der Ermittlung der Einwohnerzahl finanzschwächere Gemeinden zusätzliche Einwohner zugerechnet bekommen und besonders finanzstarke Gemeinden Einwohner „verlieren". Maßgebend für die Zurechnung bzw. Kürzung der Einwohnerzahl ist die Steuerkraftsumme der Gemeinde. Die kommunale Investitionspauschale beläuft sich im Haushaltsjahr 2017 voraussichtlich auf 77 €/Einwohner und soll grundsätzlich für Investitions- und Unterhaltungsmaßnahmen verwendet werden.

181 (bb) **Schlüsselzuweisungen nach mangelnder Steuerkraft.** Die Schlüsselzuweisungen nach mangelnder Steuerkraft werden dadurch ermittelt, dass der (fiktiven) Steuerkraftmesszahl[5] der Gemeinde die entsprechende (fiktive) Bedarfsmesszahl gegenübergestellt wird. Übersteigt die Steuerkraftmesszahl die Bedarfsmesszahl, erhält die Gemeinde keine Schlüsselzuweisung nach mangelnder Steuerkraft. **Übersteigt** die Bedarfsmesszahl die Steuerkraftmesszahl, erhält die Gemeinde eine Zuweisung. Diese wird allerdings nicht in Höhe der Differenz (Schlüsselzahl) gewährt. Die auf die Gemeinde entfallende Schlüsselzuweisung nach mangelnder Steuerkraft wird dadurch ermittelt, dass auf die Schlüsselzahl ein Vomhundertsatz angewandt wird (**Ausschüttungsquote**). Für das Haushaltsjahr 2017 kann von einer Ausschüttungsquote von 70 v. H. ausgegangen werden.

Beispiel:
Berechnung Schlüsselzuweisungen nach mangelnder Steuerkraft

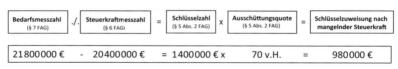

Anmerkung:
Es wird unterstellt, dass die Gemeinde keine Mehrzuweisung nach § 5 Abs. 3 FAG erhält.

182 (cc) **Bedarfszuweisungen aus dem Ausgleichsstock.** Der Ausgleichsstock hat die Aufgabe, durch Bedarfszuweisungen Gemeinden und Landkreise instand zu setzen, notwendige kommunale Einrichtungen zu schaffen, wenn deren Finanzierung ihre Leistungskraft **auf Dauer** übersteigen würde. Für die Beurteilung der Leistungskraft der Gemeinde kommt es wesentlich darauf an, welche Eigenmittel sie bei angemessener Ausschöpfung ihrer Finanzmittel aufbringen kann. Die Ausschöpfung der eigenen Einnahmequellen umfasst auch die Veräußerung von vorhandenem Grund- und Beteiligungsvermögen (z. B. Aktien), soweit es nicht zur Erfüllung kommunaler Aufgaben benötigt wird. In der Ver-

---

5 Ermittlung der Steuerkraftmesszahl nach § 6 FAG.

waltungsvorschrift über die Verteilung der Mittel des Ausgleichsstock wird der Kreis der Zuweisungsempfänger festgelegt. Bedarfszuweisungen können die Kommunen auch erhalten, um besondere Belastungen zu mildern, soweit sie eine unbillige Härte bedeuten oder in Ausnahmefällen, wenn der Haushaltsausgleich trotz angemessener Ausschöpfung aller Einnahmen und sparsamer Haushaltsführung nicht möglich ist (vgl. § 13 FAG).

(dd) **Zuweisungen zum Ausgleich von Sonderlasten.** Dem Ausgleich besonderer Einzellasten (Sonderlasten) kommt im Finanzausgleich eine **große Bedeutung** zu. Besonders erwähnenswert sind: der Schullastenausgleich (z. B. Sachkostenbeiträge, pauschale Zuweisungen für den Sportstättenbau, Schülerbeförderungskosten), der Fremdenverkehrslastenausgleich (§ 20 FAG), der Soziallastenausgleich (§§ 21 ff. FAG), der Straßenlastenausgleich (§§ 24 ff. FAG) sowie der Kindergartenlastenausgleich (§ 29b FAG). Die Voraussetzungen für die Gewährung der genannten Zuweisungen sind sowohl im FAG als auch in speziellen Zuweisungsrichtlinien geregelt. **183**

(ee) **Sonstige Zuweisungen nach dem Finanzausgleichsgesetz (FAG).** Dies sind Zuweisungen an die Stadt- und Landkreise, Großen Kreisstädte und Verwaltungsgemeinschaften nach § 14 des Landesverwaltungsgesetzes (LVwG). **184**

(ff) **Zuweisungen für Investitionen nach Maßgabe des Staatshaushaltsplans und aus dem Kommunalen Investitionsfonds (Zweckgebundene Zuweisungen für Investitionen)** **185**

(3) **Konzessionsabgaben.** Konzessionsabgaben sind **Entgelte von Energie- und Wasserversorgungsunternehmen** an Gemeinden für die Einräumung des Rechts zur Benutzung öffentlicher Straßen, Wege und Plätze, für die Verlegung von Leitungen zur Versorgung von Letztverbrauchern im Gemeindegebiet mit Strom, Gas und Wasser. Rechtsgrundlage ist die Konzessionsabgabenverordnung (KAV) für Strom und Gas sowie die Anordnung über die Zulässigkeit von Konzessionsabgaben der Unternehmen und Betriebe zur Versorgung mit Elektrizität, Gas und Wasser an Gemeinden (KAE) und der jeweilige Konzessionsvertrag zwischen der Gemeinde und demjenigen, der aus dem Vertrag begünstigt wird. **186**

(4) **Beiträge.** Beiträge sind **öffentlich-rechtliche Abgaben**, die von einer Gemeinde zur Deckung von Aufwendungen für die Herstellung öffentlicher Einrichtungen erhoben werden. Von der Beitragserhebung nicht erfasst sind der laufende Aufwand für die Unterhaltung und Instandsetzung. Hintergrund für die Erhebung von Beiträgen ist, dass nicht alle im Allgemeininteresse durch die Kommune geschaffenen öffentlichen Einrichtungen der Allgemeinheit gleichermaßen zugutekommen, ansonsten wäre ihre Finanzierung allein aus Steuern gerechtfertigt. Derjenige, der aus einer öffentlichen Einrichtung einen besonderen wirtschaftlichen Nutzen zieht bzw. ziehen kann, soll auch zu deren Kosten beitragen. Beiträge werden insoweit als **Gegenleistung** für öffentliche Einrichtungen oder Anlagen erhoben, **die Einzelnen einen Sondervorteil verschaffen**, unabhängig davon, ob der Einzelne diesen Vorteil tatsächlich in Anspruch nimmt. Er hat die Möglichkeit, aus der öffentlichen Einrichtung bzw. Anlage **187**

einen Sondervorteil zu erlangen, der es rechtfertigt, ihn an den Kosten zu beteiligen. So besteht insbesondere am Bau von Straßen nicht nur das Interesse der Allgemeinheit, über öffentlichen Grund an eine Vielzahl von Orten gelangen zu können. Der Bau einer Straße vermittelt darüber hinaus den Straßenanliegern den nur ihnen zukommenden Sondervorteil, dass ihr Grundstück mit der Straße erschlossen und damit bebaubar wird, oder dass sie ihr Grundstück mehr oder weniger komfortabel erreichen oder sich von ihm fortbewegen können.

Allgemeine Bemessungsgrundsätze für die Ermittlung des beitragsfähigen Aufwands sind das Kostendeckungsprinzip, das Vorteilsprinzip, das Äquivalenzprinzip und der Grundsatz der Beitragsgerechtigkeit.

Zu den vermögenswirksamen Beiträgen gehören sowohl die Erschließungsbeiträge nach §§ 127 ff. BauGB als auch die Beiträge nach §§ 20 ff. KAG und die Wasserversorgungsbeiträge. Bei den **beitragsähnlichen Entgelten** kann es sich um Beiträge handeln, die auf privatrechtlicher Basis einen Herstellungsaufwand abgelten oder mitfinanzieren (z. B. Ablösungsbeträge für Stellplatzverpflichtungen, § 37 Abs. 6 LBO).

188 (5) Gebühren. **Gebühren sind öffentlich-rechtliche Geldleistungen**, die als Gegenleistung für eine besondere Leistung der Verwaltung (Amtshandlung) oder für die Inanspruchnahme öffentlicher Einrichtungen und Anlagen (Benutzungsgebühren) erhoben werden.

Verwaltungsgebühren	Benutzungsgebühren
Gegenleistung für eine dem Schuldner individuell gewidmete Amtshandlung (z.B. Baugenehmigung, Beurkundung)	Gegenleistung für die tatsächliche Inanspruchnahme bzw. Nutzung einer öffentlichen Einrichtung (z.B. Abwasser- und Abfallbeseitigung)
Landesrechtliche Regelungen: • Gebühren für öffentliche Leistungen ausgenommen Benutzungsgebühren (§ 11 Kommunalabgabengesetz) • Gebühren für die Tätigkeit des Gutachterausschusses (§ 12 Kommunalabgabengesetz)	**Landesrechtliche Regelungen:** • Allgemeine Regelung (§§ 13 ff. Kommunalabgabengesetz) • Gebühren für die Benutzung der öffentlichen Abwasserbeseitigung (§ 17 Kommunalabgabengesetz) • Gebühren für die Benutzung der öffentlichen Abfallbeseitigung (§ 18 Kommunalabgabengesetz) • Gebühren für die Benutzung von Kindergärten und Tageseinrichtungen (§ 19 Kommunalabgabengesetz)

Übersicht der Gebühren

189 (aa) Verwaltungsgebühren. Die Gemeinden erheben für ihr **behördliches Handeln** (öffentliche Leistungen), das sie auf Veranlassung oder im Interesse Einzelner vornehmen, Verwaltungsgebühren aufgrund einer **Satzung**.

Gebührenschuldner ist grundsätzlich derjenige, dem die öffentliche Leistung zuzurechnen ist. Die Verwaltungsgebühr soll die mit der öffentlichen Leistung verbundenen Verwaltungskosten aller an der Leistung Beteiligten decken. Außerdem ist die wirtschaftliche und sonstige Bedeutung der öffentlichen Leistung für die Gebührenschuldner zum Zeitpunkt ihrer Beendigung zu berücksichtigen. Die Gebühr darf nicht in einem Missverhältnis zur öffentlichen Leistung stehen. Die Gebühren sind nach festen Sätzen, als Wert- oder Rahmengebühren zu bestimmen, vgl. dazu §§ 11 ff. KAG.

(bb) Benutzungsgebühren. Voraussetzung für die Erhebung einer Benutzungsgebühr ist deren **Regelung in einer Gebührensatzung**, vgl. dazu auch §§ 13 ff. KAG. Die Verpflichtung zur Leistung einer Gebühr besteht dann, wenn der in der Gebührensatzung zu regelnde Gebührentatbestand verwirklicht ist. Die Gebührenhöhe wird geprägt vom Äquivalenzprinzip, d. h. die Gebühr soll in einem angemessenen Verhältnis zu der von der Gemeinde erbrachten Leistung stehen, und dem Kostendeckungsprinzip, d. h. das Gesamtgebührenaufkommen darf die Gesamtheit der Kosten der Einrichtung absichtlich oder schwerwiegend nicht überschreiten (Veranschlagungsmaxime).

190

Die Pflicht zur Gebührenerhebung entfällt, wenn anstelle von Benutzungsgebühren privatrechtliche Entgelte gefordert werden können. Diese werden dann nicht durch Gebührensatzung, sondern aufgrund vertraglicher Regelungen unter Einschluss allgemeiner Geschäftsbedingungen festgesetzt. Es handelt sich um zivilrechtliche Forderungen, die vor den Zivilgerichten durchzusetzen sind. Durch die privatrechtliche Gestaltung können aber keine zusätzlichen Erträge erschlossen werden, die öffentlich-rechtlich nicht zur Verfügung stehen; die Kalkulation dieser Entgelte erfolgt grundsätzlich nach Maßgabe des Gebührenrechts.

III. Haushaltssatzung und Haushaltsplan

1. Haushaltssatzung

a) Begriff und Bedeutung. Die Kommune kann die sich aus der Erfüllung ihrer Aufgaben erforderlichen finanzwirtschaftlichen Entscheidungen nicht durch einfache Beschlüsse des Gemeinderats/Kreistags treffen. So wie die Haushaltspläne des Bundes und der Länder der Gesetzesform bedürfen, muss auch der kommunale Haushaltsplan in eine besondere rechtliche Form gekleidet werden. Die Gemeindeordnung schreibt in § 79 Abs. 1 den Kommunen vor, für **jedes Haushaltsjahr** eine **Haushaltssatzung** zu erlassen (unbedingte Pflichtsatzung!).

191

Von anderen kommunalen Satzungen unterscheidet sich die Haushaltssatzung u. a. dadurch, dass für ihr Zustandekommen ein **besonderes Verfahren** vorgesehen ist (§ 81 GemO). Sie tritt jeweils mit Beginn des Haushaltsjahres zum 1.1. in Kraft (auch wenn sie später erlassen wurde) und mit Ablauf des Haushaltsjahres (31.12.) außer Kraft. Die Haushaltssatzung ist als einzige Satzung der **Rechtsaufsichtsbehörde vorzulegen** mit der Wirkung des § 121 Abs. 2 GemO. Andere Satzungen sind der Rechtsaufsichtsbehörde nur anzuzeigen. Einzelne Teile der Haushaltssatzung bedürfen sogar der **Genehmigung durch die Rechtsaufsichtsbehörde**, z. B. Kreditaufnahmen (§ 87 Abs. 2 GemO), der Höchstbe-

192

trag der Kassenkredite, wenn er ein Fünftel der im Ergebnishaushalt veranschlagten ordentlichen Aufwendungen übersteigt (§ 89 Abs. 3 GemO) und der Gesamtbetrag der Verpflichtungsermächtigungen insoweit, als in den Jahren, zu deren Lasten die Verpflichtungsermächtigungen veranschlagt sind, Kreditaufnahmen vorgesehen sind (§ 86 Abs. 4 GemO).

193 Der Gesetzgeber hat zugelassen, dass die Kommunen ihre finanzwirtschaftlichen Entscheidungen auch für einen längeren Zeitraum im Voraus festlegen können. Nach § 79 Abs. 1 S. 2 GemO kann die Haushaltssatzung für zwei Haushaltsjahre erlassen werden (**sog. Doppelhaushalt**). Die Festsetzungen in der Haushaltssatzung sind dann allerdings nach Jahren zu trennen. Von der Möglichkeit eines Doppelhaushalts haben in der Vergangenheit nur wenige Kommunen Gebrauch gemacht. Die Festsetzungen in der Haushaltssatzung und im Haushaltsplan unterliegen i. d. R. so starken Veränderungen, dass eine verlässliche Planung nahezu unmöglich ist.

194 Die Haushaltssatzung wirkt vorwiegend nach innen; sie entfaltet Außenwirkung nur hinsichtlich der Realsteuerhebesätze (Hebesätze für die Grundsteuer A, die Grundsteuer B sowie die Gewerbesteuer, s. Rn. 165 ff.), sofern diese nicht in einer besonderen Steuersatzsatzung geregelt sind.

Verbindlich ist die Haushaltssatzung des Landkreises gegenüber den umlagepflichtigen Gemeinden in Bezug auf die Höhe der Kreisumlage, § 49 Abs. 2 LKrO (vgl. dazu auch § 35 FAG).

195 **b) Inhalt und Form der Haushaltssatzung.** Die Haushaltssatzung enthält einen gesetzlich vorgeschriebenen Mindestinhalt; ihre Form ist **verbindlich vorgeschrieben.**

III. Haushaltssatzung und Haushaltsplan

Pflichtinhalt Haushaltssatzung § 79 Abs. 2 S. 1 GemO	Freiwilliger Inhalt § 79 Abs. 2 S. 2 GemO

1. **Ergebnishaushalt unter Angabe des Gesamtbetrags**
  a. der ordentlichen Erträge und Aufwendungen einschl. der Abdeckung von Fehlbeträgen aus Vorjahren und deren Saldo als veranschlagtes ordentliches Ergebnis
  b. der außerordentlichen Erträge und Aufwendungen und deren Saldo als veranschlagtes Sonderergebnis
  c. des veranschlagten ordentlichen Ergebnisses und des veranschlagten Sonderergebnisses als veranschlagtes Gesamtergebnis,
2. **Finanzhaushalt unter Angabe des Gesamtbetrags**
  a. der Einzahlungen und Auszahlungen aus laufender Verwaltungstätigkeit sowie deren Saldo als Zahlungsmittelüberschuss oder -bedarf des Ergebnishaushalts
  b. der Einzahlungen und Auszahlungen aus Investitionstätigkeit und deren Saldo
  c. aus den Salden nach Buchstaben a und b als Finanzierungsmittelüberschuss oder -bedarf
  d. der Einzahlungen und Auszahlungen aus Finanzierungstätigkeit und deren Saldo
  e. aus den Salden nach Buchstaben c und d als Saldo des Finanzhaushalts
3. **Gesamtbetrag**
  a. der vorgesehenen Kreditaufnahmen für Investitionen und Investitionsförderungsmaßnahmen (Kreditermächtigungen) und
  b. der vorgesehenen Ermächtigungen zum Eingehen von Verpflichtungen, die künftige Haushaltsjahre mit Auszahlungen für Investitionen und Investitionsförderungsmaßnahmen belasten (Verpflichtungsermächtigungen)
4. **Höchstbetrag der Kassenkredite**
5. **Steuersätze für die Grundsteuer und die Gewerbesteuer**, soweit diese nicht in einer gesonderten Satzung festgesetzt werden
	Die Haushaltssatzung kann weitere Vorschriften enthalten, die sich auf die Erträge, Aufwendungen, Einzahlungen und Auszahlungen und den Stellenplan für das Haushaltsjahr beziehen:
	
	Beispiele:
	• Haushaltswirtschaftliche Sperren
	• Verfügungsbeschränkungen
	• Zustimmungsvorbehalte
	• Wiederbesetzungssperren
	• Stellenvermerke

Schaubild: Bestandteile der Haushaltssatzung

Muster einer Haushaltssatzung

Haushaltssatzung der Stadt Musterhausen für das Haushaltsjahr 2019
Aufgrund § 79 der Gemeindeordnung für Baden-Württemberg vom 24.7.2000 (GBl. S. 582), zuletzt geändert durch Gesetz vom 19.6.2018 (GBl. S. 221), hat der Gemeinderat der Stadt Musterhausen am ... folgende Haushaltssatzung für das Haushaltsjahr 2019 beschlossen:

§ 1 Ergebnishaushalt und Finanzhaushalt
Der Haushaltsplan für das Haushaltsjahr ..., der die für die Erfüllung der Aufgaben der Stadt Musterhausen voraussichtlich anfallenden Erträge und entstehenden Aufwendungen sowie die eingehenden Einzahlungen und zu leistenden Auszahlungen und notwendigen Verpflichtungsermächtigungen enthält, wird festgesetzt
1. im Gesamtergebnishaushalt mit dem
   Gesamtbetrag der ordentlichen Erträge auf   84450304 €

Gesamtbetrag der ordentlichen Aufwendungen auf	86161088 €
Ordentliches Ergebnis	–1710784 €
Gesamtbetrag der außerordentlichen Erträge	0 €
Gesamtbetrag der außerordentlichen Aufwendungen	0 €
Sonderergebnis	0 €
Gesamtergebnis	–1710784 €

2. im Gesamtfinanzhaushalt mit dem

Gesamtbetrag der Einzahlungen aus laufender Verwaltungstätigkeit	81402700 €
Gesamtbetrag der Auszahlungen aus laufender Verwaltungstätigkeit	77777400 €
Zahlungsmittelüberschuss des Ergebnishaushalts	3625300 €
Gesamtbetrag der Einzahlungen aus Investitionstätigkeit	8913200 €
Gesamtbetrag der Auszahlungen aus Investitionstätigkeit	15638500 €
Zahlungsmittelbedarf aus Investitionstätigkeit	6725300 €
Finanzierungsmittelfehlbetrag	3100000 €
Gesamtbetrag der Einzahlungen aus Finanzierungstätigkeit	4000000 €
Gesamtbetrag der Auszahlungen aus Finanzierungstätigkeit	900000 €
Saldo aus Finanzierungstätigkeit	3100000 €
Veränderung Finanzierungsmittelbestand	0 €

§ 2 Kreditermächtigung für Investitionen
Der Gesamtbetrag der Kredite, deren Aufnahme zur Finanzierung von Investitionen erforderlich ist, wird festgesetzt auf 4000000 €.

§ 3 Verpflichtungsermächtigungen
Der Gesamtbetrag der Verpflichtungsermächtigungen, die künftige Haushaltsjahre mit Auszahlungen für Investitionen und Investitionsförderungsmaßnahmen belasten, wird festgesetzt auf 8735000 €.

§ 4 Kassenkredite
Der Höchstbetrag der Kassenkredite, die zur Liquiditätssicherung in Anspruch genommen werden dürfen, wird festgesetzt auf 12000000 €.

§ 5 Steuersätze
Die Steuersätze für die Gemeindesteuern sind wie folgt festgesetzt:
1. Grundsteuer
   a) für land- und forstwirtschaftliche Betriebe (Grundsteuer A) auf 360 v. H.
   b) für die Grundstücke (Grundsteuer B) auf 360 v. H. der Steuermessbeträge;
2. Gewerbesteuer nach dem Gewerbeertrag 360 v. H. der Steuermessbeträge.

§ 6 Stellenplan
Der Stellenplan für das Haushaltsjahr … ist Bestandteil dieser Haushaltssatzung.

Musterhausen, (Datum)

Emmerich
Bürgermeister

197 c) **Zustandekommen und Erlass der Haushaltssatzung.** Das formelle Aufstellungsverfahren der Haushaltssatzung ist in § 81 GemO geregelt. Danach ist die Haushaltssatzung zusammen mit dem Haushaltsplan vom Gemeinderat in öffentlicher Sitzung zu beraten und zu beschließen. Eine Übertragung der Be-

III. Haushaltssatzung und Haushaltsplan

schlussfassung auf beschließende Ausschüsse oder den Bürgermeister ist nicht möglich (§§ 24 Abs. 1, 39 Abs. 2 Nr. 14 GemO). Im Wege der Eilentscheidung durch den Bürgermeister (§ 43 Abs. 4 GemO) darf die Haushaltssatzung ebenfalls nicht erlassen werden.
Soweit Gemeinderats-Ausschüsse bestehen (z. B. Verwaltungs- oder Finanzausschuss), sollen diese im Rahmen ihres Aufgabengebiets die Haushaltssatzung mit Haushaltsplan vorberaten. Die Vorberatung der Haushaltssatzung in einem beschließenden Ausschuss ist nach § 39 Abs. 4 GemO nicht öffentlich.

198 Im Hinblick auf den Umfang des Planwerks, ist den Mitgliedern des Gemeinderats der **Entwurf** der Haushaltssatzung und des Haushaltsplans rechtzeitig vor der Sitzung **zuzustellen**. Die Art und Weise der **Beratungen** (z. B. einzelne Beratung der Plansätze in den Teilhaushalten) bestimmt der Gemeinderat. Nach Abschluss der Beratungen **beschließt** der Gemeinderat die Haushaltssatzung mit dem Haushaltsplan und seinen Anlagen.

199 Die vom Gemeinderat beschlossene Haushaltssatzung ist der **Rechtsaufsichtsbehörde** (§ 119 GemO) zusammen mit dem Haushaltsplan sowie den nach § 1 Abs. 2 Nr. 3 und § 1 Abs. 3 GemHVO beizufügenden Anlagen und Übersichten **vorzulegen**. Sie soll spätestens **einen Monat** vor Beginn des Haushaltsjahres vorliegen (Grundsatz der Vorherigkeit). Durch diese Verfahrensvorschrift soll sichergestellt werden, dass die Rechtsaufsichtsbehörde vor Beginn des Haushaltsjahres Einblick in die finanzielle Situation der Kommune und ihre Vorhaben im Haushaltsjahr sowie in der weiteren Zukunft erhält und abschließend prüfen kann, ob die Haushaltssatzung mit dem geltenden Recht in Einklang steht (Gesetzmäßigkeitsprüfung).

200 Nach der Bestätigung der Gesetzmäßigkeit (oder durch Fristablauf nach § 121 Abs. 2 GemO) und Genehmigung der genehmigungspflichtigen Teile der Haushaltssatzung durch die Rechtsaufsichtsbehörde ist die Haushaltssatzung – wie jede andere gemeindliche Satzung – entsprechend den Regelungen in der Satzung über die Form der öffentlichen Bekanntmachungen **öffentlich bekannt zu machen**. Enthält die Haushaltssatzung genehmigungspflichtige Teile, kann sie erst nach der Genehmigung öffentlich bekannt gemacht werden. In der öffentlichen Bekanntmachung ist gleichzeitig darauf hinzuweisen, dass in den Haushaltsplan während der Sprechzeiten bis zur öffentlichen Bekanntmachung der Haushaltssatzung für das nächste Haushaltsjahr kostenlos **Einsicht** genommen werden kann. Mit der öffentlichen Bekanntmachung der Haushaltssatzung ist der Haushaltsplan an sieben Tagen öffentlich auszulegen. Auf die Auslegung ist in der Bekanntmachung hinzuweisen. Danach ist das Rechtsetzungsverfahren abgeschlossen und die Haushaltssatzung mit Haushaltsplan für die Führung der Haushaltswirtschaft der Kommune verbindlich.

201 Innerhalb der Gemeinde ist der **Fachbedienstete für das Finanzwesen** maßgeblich beim Zustandekommen der Haushaltssatzung beteiligt. Nach § 116 Abs. 1 GemO soll die Aufstellung des Haushaltsplans und des Finanzplans bei ihm zusammengefasst werden.

202

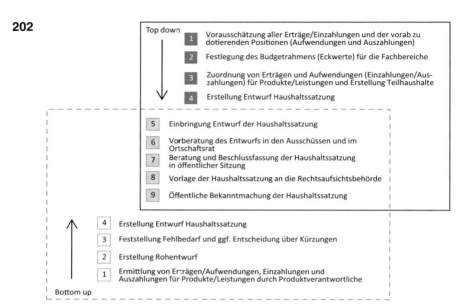

Schaubild: Zustandekommen der Haushaltssatzung

203 d) **Nachtragshaushaltssatzung.** Auch bei gewissenhafter Aufstellung der Haushaltssatzung ist es vielfach nicht zu vermeiden, dass sich die finanzwirtschaftliche Situation im Haushaltsjahr anders entwickelt als vorausgeplant. Durch **gesetzliche Änderungen,** plötzlich sich ergebende **neue Aufgaben** oder eine **andere Wirtschaftsentwicklung** u. a. m. kann es sowohl auf der Ertrags-/Einzahlungs- als auch auf der Aufwands-/Auszahlungsseite zu erheblichen Abweichungen kommen. In diesem Fall muss die Haushaltssatzung durch eine neue Satzung, die sog. Nachtragshaushaltssatzung, geändert werden. Dies gilt jedoch **nur** für **wesentliche Änderungen.** Für Abweichungen geringeren Umfangs, die sich während des Haushaltsjahres ständig ergeben werden, ist ein vereinfachtes Verfahren vorgesehen (z. B. außer- und überplanmäßige Planabweichungen nach §§ 84, 86 Abs. 5 GemO).

III. Haushaltssatzung und Haushaltsplan

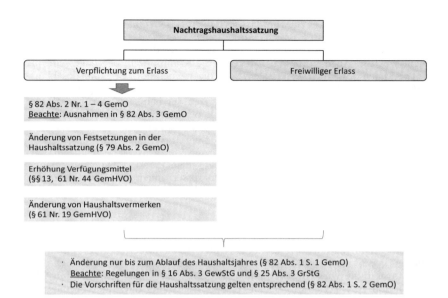

Schaubild: Nachtragshaushaltssatzung

Eine Änderung der Haushaltssatzung und des Haushaltsplans ist bis zum Ablauf des Haushaltsjahres durch Nachtragshaushaltssatzung bzw. Nachtragshaushaltsplan möglich. Die Nachtragshaushaltssatzung muss demnach bis zum 31.12. beschlossen, öffentlich bekannt gemacht und der Nachtragshaushaltsplan (§ 8 GemHVO) öffentlich ausgelegt sein. Für die Nachtragshaushaltssatzung gelten die Vorschriften für die Haushaltssatzung entsprechend, § 82 Abs. 1 S. 2 GemO.

In § 82 Abs. 2 GemO sind diejenigen Fälle genannt, bei deren Vorliegen die **Gemeinde verpflichtet** ist, unverzüglich (d. h. sobald die Tatbestände bekannt sind) eine **Nachtragshaushaltssatzung** zu erlassen. Unabhängig von den Regelungen in § 82 Abs. 2 GemO ist eine Nachtragshaushaltssatzung immer dann zu erlassen, wenn die in § 79 Abs. 2 GemO genannten Festsetzungen in der Haushaltssatzung geändert werden. Zu beachten ist dabei allerdings, dass die Beschlussfassung über die Anhebung der Hebesätze für die Realsteuern rückwirkend zum 1.1. eines Haushaltsjahres bis spätestens 30.6. des Haushaltsjahres erfolgen muss (§ 25 Abs. 3 GrdStG, § 16 Abs. 3 GewStG).

e) **Vorläufige Haushaltsführung.** Die Haushaltssatzung soll bis **zum Beginn** des **Haushaltsjahres** (zum 1.1. eines Jahres) erlassen sein. Dies ist nur möglich, wenn die vom Gemeinderat beschlossene Haushaltssatzung rechtzeitig der Rechtsaufsichtsbehörde vorgelegt und das Rechtsetzungsverfahren noch im alten Haushaltsjahr abgeschlossen wird.

207 In der Praxis kommt es oft vor, dass aus wichtigen Gründen, z. B. wesentliche gesetzliche oder organisatorische Änderungen oder wegen schlechter terminlicher Vorbereitung die Haushaltssatzung zu Beginn des Haushaltsjahres noch nicht vorliegt. Auch in diesem Fall muss die Kommune in der Lage sein, die notwendigen Aufgaben zu erfüllen. Hat die Gemeinde zu Beginn des Haushaltsjahres noch keine gültige Haushaltssatzung, wird sie in ihrer Haushaltsführung stark eingeengt. Bis zum Inkrafttreten der Haushaltssatzung befindet sich die Gemeinde in der sog. Interimszeit (**vorläufige Haushaltsführung**). In dieser Zeit sind nur diejenigen Maßnahmen zulässig, die zur Aufrechterhaltung der Funktionsfähigkeit der Gemeinde unbedingt notwendig sind. Der Gesetzgeber hat für diesen Fall zugelassen, dass bis zum Inkrafttreten der Haushaltssatzung auf noch nicht ausgeschöpfte Ermächtigungen der alten Haushaltssatzung zurückgegriffen und unter bestimmten Voraussetzungen auf die noch zu beschließenden Festsetzungen der neuen Haushaltssatzung bereits vorgegriffen werden kann.

208 Die **Nachwirkungen** der alten Haushaltssatzung sind in den § 86 Abs. 3 GemO (Verpflichtungsermächtigungen), § 87 Abs. 3 GemO (nicht ausgeschöpfte Kreditermächtigungen), § 89 Abs. 2 S. 2 GemO (Kassenkredite zur Liquiditätssicherung), § 83 Abs. 1 Nr. 2 GemO (Steuererhebung), § 83 Abs. 3 GemO (Stellenplan) und die **Vorgriffe** auf die neue Haushaltssatzung abschließend in § 83 Abs. 1 und Abs. 2 GemO geregelt. Nach § 83 GemO darf die Kommune in der „haushaltslosen" Zeit finanzielle Leistungen nur erbringen, zu denen sie rechtlich verpflichtet ist oder die für die Weiterführung notwendiger Aufgaben unaufschiebbar sind. Sie darf insbesondere Bauten, Beschaffungen und sonstige Leistungen des Finanzhaushalts, für die im Haushaltsplan eines Vorjahres Beträge vorgesehen waren, fortsetzen. Steuern und Umlagen, deren Sätze für jedes Haushaltsjahr neu festzusetzen sind, dürfen vorläufig nach den Sätzen des Vorjahres erhoben und Kredite umgeschuldet werden. Mit Genehmigung der Rechtsaufsichtsbehörde dürfen neben den noch nicht ausgeschöpften Kreditermächtigungen zusätzliche Kredite für Investitionen und Investitionsförderungsmaßnahmen bis zu einem Viertel der durchschnittlichen Kreditermächtigungen für die beiden Vorjahre aufgenommen werden. Alle sonstigen Erträge und Einzahlungen, Entgelte und Steuern können im Rahmen der Gesetze/Verträge erhoben werden (vgl. dazu auch §§ 26, 27 GemHVO).
Der Grundsatz der Vorherigkeit gilt auch für den Erlass einer Nachtragshaushaltssatzung (§ 82 Abs. 1 GemO), für außer- und überplanmäßige Aufwendungen/Auszahlungen (§ 84 GemO) sowie außer- und überplanmäßige Verpflichtungen (§ 86 Abs. 5 GemO), d. h. die Zulässigkeitsvoraussetzungen müssen **vor** der jeweiligen Bewirtschaftung vorliegen.

2. Haushaltsplan

209 **a) Begriff und Bedeutung.** Der Haushaltsplan ist die nach den Vorschriften der GemO vom Gemeinderat in öffentlicher Sitzung festgesetzte, für die Haushaltswirtschaft der Gemeinde **maßgebende Zusammenstellung** aller im Rahmen der Aufgabenerfüllung innerhalb eines Haushaltsjahres erwarteten Ressourcenzuwächse und erforderlichen Ressourcenverbräuche sowie der Einzahlungen und

Auszahlungen aus laufender Verwaltungstätigkeit, aus Investitionstätigkeit sowie Finanzierungstätigkeit einschließlich eingegangener Verpflichtungen zu Lasten künftiger Haushaltsjahre.
Er bildet damit die **wichtigste Grundlage** für die Haushaltswirtschaft der Kommune. In ihm spiegelt sich das Wollen der politischen Vertretung wider. Ansprüche und Verbindlichkeiten werden durch den Haushaltsplan weder begründet noch aufgehoben, d. h. er erzeugt keine rechtliche Wirkung nach außen. Der Haushaltsplan ist **nur im Innenverhältnis verbindlich**, d. h. die Verwaltung und die Politik sind im Rahmen der Aufgabenerfüllung an die Ansätze im Haushaltsplan gebunden und dürfen – von Ausnahmen abgesehen – nur diejenigen Ressourcen verbrauchen und Verpflichtungen eingehen, die im Haushaltsplan veranschlagt sind. Diese sachliche Bindung ist aber nicht starr. Vielmehr erlaubt das Haushaltsrecht eine gewisse Beweglichkeit der Haushaltsführung, z. B. durch Zulässigkeit von über- und außerplanmäßigen Planabweichungen (Aufwendungen, Auszahlungen und Verpflichtungsermächtigungen) und die Deckungsfähigkeit von ergebnis- und/oder zahlungswirksamen Ansätzen im Haushaltsplan, bei unbedeutenden Investitionen und Investitionsförderungsmaßnahmen sowie unabweisbaren Aufwendungen und Auszahlungen nach § 82 Abs. 3 GemO. Darüber hinaus kann nur im Wege der Nachtragshaushaltssatzung (§ 82 GemO) von den Festsetzungen in der Haushaltssatzung abgewichen werden.
Der Haushaltsplan ist gleichzeitig die **Grundlage des Rechnungswesens**. Die Buchung der Erträge/Einzahlungen und Aufwendungen/Auszahlungen während des Jahres und der Jahresabschluss erfolgen entsprechend der Gliederung des Haushaltsplans.

b) Inhalt des Haushaltsplans. Der Haushaltsplan ist **Teil der Haushaltssatzung** und enthält alle im Haushaltsjahr für die Erfüllung der kommunalen Aufgaben voraussichtlich anfallenden **Erträge** und Aufwendungen (d. s. zahlungs- und nichtzahlungswirksame Wertzuwächse und Wertverbräuche eines Haushaltsjahres). Daneben sind alle eingehenden ergebnis- und vermögenswirksamen Einzahlungen und zu leistenden ergebnis- und vermögenswirksamen **Auszahlungen** sowie die notwendigen **Verpflichtungsermächtigungen** zu veranschlagen. Der Haushaltsplan enthält ferner den **Stellenplan**. Zusätzlich sollen **Schlüsselprodukte** und die bei diesen zu erbringenden Leistungsziele dargestellt werden. Schlüsselprodukte sind Produkte, die eine finanzielle oder örtliche Besonderheit haben, d. h. die Schlüsselprodukte der Gemeinde A müssen nicht den Schlüsselprodukten der Gemeinde B entsprechen.

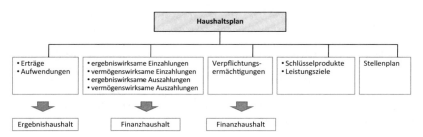

Schaubild: Inhalt des Haushaltsplans

211 c) **Gliederung und Bestandteile des Haushaltsplans.** Im Hinblick auf die Vergleichbarkeit aller kommunalen Haushalte sowie aus Gründen der Finanzstatistik hat der Gesetzgeber die **Einteilung, Form** und **Gliederung** des Haushaltsplans für alle Gemeinden **verbindlich vorgeschrieben.**
Nach § 80 Abs. 2 S. 1 GemO ist der Haushaltsplan in einen **Ergebnishaushalt** und einen **Finanzhaushalt** zu gliedern. § 1 GemHVO ergänzt diese allgemein gehaltene Regelung und normiert die Bestandteile des Haushaltsplans. Danach besteht der Haushaltsplan aus einem Gesamthaushalt, den Teilhaushalten und dem Stellenplan.

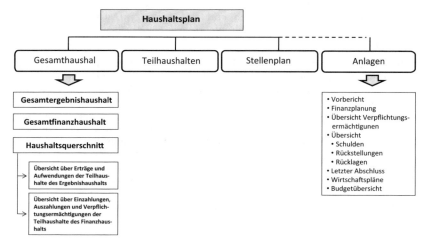

Schaubild: Gliederung und Bestandteile des Haushaltsplans

212 d) **Gesamtergebnishaushalt.** Im Gesamtergebnishaushalt werden alle voraussichtlichen Aufwendungen und Erträge und damit das bewertete **Ressourcenaufkommen** und der bewertete **Ressourcenverbrauch** eines Haushaltsjahres dargestellt. Er unterscheidet sich vom früheren kameralen Verwaltungshaushalt u. a. durch die Periodisierung der Zahlungen sowie die Aufnahme aller nicht zahlungswirksamen Ressourcenverbräuche (z. B. Abschreibungen und

Rückstellungen) und Ressourcenzuwächse (z. B. Auflösung von Ertragszuschüssen). Der Gesamtergebnishaushalt zeigt das Ergebnis aus laufender Verwaltungstätigkeit auf und macht sichtbar wie sich die Kapitalpositionen und damit das Eigenkapital (Basiskapital) der Gemeinde entwickelt.
Bei der Zuordnung zum Gesamtergebnishaushalt kommt es darauf an, ob sich die Finanzvorfälle im Rahmen der kommunalen Aufgabenerfüllung ergebniswirksam in Form eines Ressourcenverbrauchs (Aufwand) oder Ressourcenzuwachs (Ertrag) auswirken. Der Zeitpunkt der Kassenwirksamkeit ist für die Veranschlagung im Gesamtergebnishaushalt ohne Bedeutung; entscheidend ist einzig der Zeitpunkt, indem der Ressourcenverbrauch/Ressourcenzuwachs durch das Produkt (Leistung) tatsächlich entsteht. Diese periodengerechte Abgrenzung war vor der Änderung des Haushaltsrechts nur bei kostenrechnenden Einrichtungen zwingend vorgeschrieben.

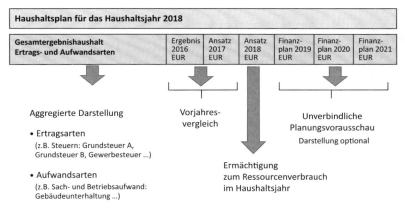

Muster: Gesamtergebnishaushalt

Wertgrößen im Ergebnishaushalt sind **Aufwendungen** und **Erträge**. Ertrag stellt jeder zahlungswirksame und nichtzahlungswirksame **Wertzuwachs** eines Haushaltsjahres; Aufwand jeder wertmäßige, zahlungs- und nichtzahlungswirksamer **Verbrauch** von Gütern und Dienstleistungen eines Haushaltsjahres dar (§ 61 Nr. 2, 14 GemHVO).
Der Ergebnishaushalt wird in **Staffelform** aufgestellt und hat die Aufgabe, über die Art, die Höhe, die Quellen sowie Ursachen des Ressourcenaufkommens und des Ressourcenverbrauchs vollständig und klar zu informieren. Er ermächtigt zum Ressourcenverbrauch. Der Ressourcenverbrauch kann, muss aber nicht unbedingt im Haushaltsjahr zahlungswirksam sein. Das Gleiche gilt auch für Erträge. Sie enthalten ebenfalls nicht zahlungswirksame Bestandteile. Die Gesamtsummen des voraussichtlichen Ressourcenverbrauchs und Ressourcenzuwachses der Teilhaushalte (vgl. § 4 GemHVO) sind als ordentliche Erträge und ordentliche Aufwendungen aus laufender Verwaltungstätigkeit im Gesamtergebnishaushalt auszuweisen. Die Veranschlagung interner Leistungsverrechnungen und kalkulatorischer Zinsen erfolgt nur in den Teilhaushalten.

Beispiel: Gesamtergebnishaushalt

Haushaltsplan 2018 – Gesamtergebnishaushalt						
Gesamt-ergebnis-haushalt Ertrags- und Aufwands-arten	Ergebnis 2016 EUR	Ansatz 2017 EUR	Ansatz 2018 EUR	Finanz-planung 2019 EUR	Finanz-planung 2020 EUR	Finanz-planung 2021 EUR
Steuern und ähnliche Abgaben	57643433	60919850	57372650	55801950	56612950	57429950
Zuweisungen und Zuwendungen	12890497	13604470	14446482	14804280	14675211	14768156
Auflösung Zuschüsse (nicht zahlungswirksam)	796601	738394	857130	865702	874272	882844
Sonstige Transfererträge	0	0	0	0	0	0
Öffentlich-rechtliche Entgelte	5747319	6610670	3241500	3261415	3281330	3301245
Auflösung Beiträge (nicht zahlungswirksam)	774443	779340	775900	783659	791418	799177
Privatrechtliche Leistungsentgelte	1850892	1704310	1834010	1846350	1878690	1901030
Kostenerstattungen und Kostenumlagen	1590677	1064450	1508820	1523908	1538996	1554085
Zinsen und ähnliche Erträge	1658690	2813700	3611700	3586715	3087430	1588145
Aktivierte Eigenleistungen (nicht zahlungswirksam	146313	0	0	0	0	0
Sonstige ordentliche Erträge	2401234	3160250	2458150	2484991	2505833	2531674
Auflösung Rückstellungen Altersteilzeit u. a. (nicht zahlungswirksam)	1029477	1529870	351675	355700	386375	280525
Ordentliche Erträge	86529576	92925304	86458017	85314670	85632506	85036831
Personalaufwendungen	19462385-	20315250-	22202682-	22424714-	22646736-	22868767-

III. Haushaltssatzung und Haushaltsplan   **212**

Haushaltsplan 2018 – Gesamtergebnishaushalt

Gesamtergebnishaushalt Ertrags- und Aufwandsarten	Ergebnis 2016 EUR	Ansatz 2017 EUR	Ansatz 2018 EUR	Finanzplanung 2019 EUR	Finanzplanung 2020 EUR	Finanzplanung 2021 EUR
Pensionsrückstellungen (nicht zahlungswirksam)	1705307-	1042730-	1298920-	1207439-	1074508-	1029626-
Versorgungsaufwendungen	0	0	0	0	0	0
Aufwendungen für Sach- und Dienstleistungen	16886419-	19630275-	19119735-	17216376-	16763916-	16031455-
Planmäßige Abschreibungen (nicht zahlungswirksam)	7758334-	7307958-	6769360-	6701667-	6633973-	6566279-
Zinsen und ähnliche Aufwendungen	898504-	950000-	815000-	1000000-	1150000-	1300000-
Transferaufwendungen	39783440-	42048570-	39248310-	42151133-	40084956-	38199779-
Sonstige ordentliche Aufwendungen	2440329-	3582305-	2665935-	2574386-	2473832-	2508284-
Ordentliche Aufwendungen	88934717-	94877088-	92119942-	93275715-	90827921-	88504191-
Ordentliches Ergebnis	2405142-	1951784-	5661925-	7961045-	5195416-	3467360-
Ergebnisabdeckungen aus Vorjahren	0	0	0	0	0	0
Veranschlagtes ordentliches Ergebnis	2405142-	1951784-	5661925-	7961045-	5195416-	3467360-
Voraussichtliche außerordentliche Erträge	3439339	0	0	0	0	0
Voraussichtliche außerordentliche Aufwendungen	1253577-	0	0	0	0	0
Veranschlagtes Sonderergebnis	2185762	0	0	0	0	0
Veranschlagtes Gesamtergebnis	219380-	1951784-	5661925-	7961045-	5195416-	3467360

93

213 Im Ergebnishaushalt sind für jedes Haushaltsjahr das **ordentliche Ergebnis**, das **veranschlagte ordentliche Ergebnis**, das **veranschlagte Sonderergebnis** und das **veranschlagte Gesamtergebnis** in Form eines Überschusses oder Fehlbetrags auszuweisen. Die Aufspaltung des Ergebnisses in ordentliches Ergebnis und Sonderergebnis hat seine Ursache in der **Haushaltsausgleichsregel**. Sie sieht vor, dass die ordentlichen Aufwendungen durch ordentliche Erträge finanziert werden sollen; also diejenige Generation, welche die Ressourcen verbraucht, hat durch Abgaben und Entgelte diesen Verbrauch zu finanzieren. Das Sonderergebnis setzt sich dagegen u. a. zusammen aus außerordentlichen Erträgen und außerordentlichen Aufwendungen, die periodenfremd sind (z. B. Gewinne aus der Veräußerung von Vermögen).

Ein positives Jahresergebnis führt zu einem Zuwachs, ein negatives Jahresergebnis zu einem Verzehr des Eigenkapitals. Am Jahresergebnis lässt sich somit ablesen, ob die Kommune im Sinne der intergenerativen Gerechtigkeit nachhaltig wirtschaftet oder ob sie von der Substanz lebt. Daher ist das **Jahresergebnis** auch die **maßgebliche Größe** für den Haushaltsausgleich. Der Haushalt ist ausgeglichen, wenn das Jahresergebnis **keinen negativen Wert** ausweist. Der Ergebnishaushalt vermittelt nicht nur einen Überblick über die haushaltswirtschaftliche Entwicklung im Planjahr, sondern gibt durch die Darstellung der Rechnungsergebnisse des Vorvorjahres, der Ansätze des Vorjahres und der Positionen für die drei Folgejahre (optional) zugleich in komprimierter Form Auskunft über die mittelfristige haushaltswirtschaftliche Entwicklung. Die Abbildung von insgesamt sechs Haushaltsjahren ermöglicht zudem eine positionsscharfe Zeitreihenanalyse. Die Auswirkungen von Entscheidungen auf die wichtigsten Ertrags- und Aufwandsarten und im Ergebnis auf die gesamte Haushaltswirtschaft lassen sich auf diese Weise im Zeitablauf nachvollziehen. Auch die haushaltswirtschaftlichen Effekte von Investitionen werden im Ergebnishaushalt aufgezeigt. Investitionen unterliegen i. d. R. einem Werteverzehr, der durch die Abnutzung des Anlagevermögens hervorgerufen wird. Dieser Ressourcenverbrauch führt zu einem Anstieg der bilanziellen Abschreibungen. Diese wirken sich belastend auf das Jahresergebnis aus und erschweren den Haushaltsausgleich.

214 Neben den ordentlichen Erträgen und Aufwendungen aus laufender Verwaltungstätigkeit sind im Gesamtergebnishaushalt auch die **außerordentlichen Erträge** und **außerordentlichen Aufwendungen** zu veranschlagen, d. h. solche Erträge und Aufwendungen, die auf seltenen und ungewöhnlichen Vorgängen beruhen. Außerordentliche Vorgänge sollten nur dann veranschlagt werden, wenn ihr Eintritt tatsächlich abschätzbar ist (z. B. Gewinne im Zusammenhang mit der Veräußerung von Grundvermögen).

215 Die wesentlichen Ertrags- und Aufwandsarten werden nachstehend erläutert:
Ordentliche Erträge
– **Steuern und ähnliche Abgaben (Kontengruppe 30)**
Steuern sind Geldleistungen, die nicht eine Gegenleistung für eine besondere Leistung darstellen und von einem öffentlich-rechtlichen Gemeinwesen zur Erzielung von Einnahmen allen auferlegt werden, bei denen der Tatbestand zutrifft, an den das Gesetz die Leistungspflicht knüpft, wobei die

III. Haushaltssatzung und Haushaltsplan **215**

Erzielung von Einnahmen Nebenzweck sein kann. Zu den Steuern zählen die Realsteuern (Grundsteuer A und B, Gewerbesteuer), Gemeindeanteil an der Einkommensteuer, Gemeindeanteil an der Umsatzsteuer, Hundesteuer, Jagdsteuer, Vergnügungssteuer u. a. Als steuerähnliche Abgabe wird z. B. die Fremdenverkehrsabgabe erfasst. Für die Zuordnung zum jeweiligen Haushaltsjahr ist der Zeitpunkt der Bekanntgabe des Steuer-/Abgabenbescheids maßgebend.

- **Zuweisungen und Zuwendungen (nicht für Investitionen), Umlagen und aufgelöste Investitionszuwendungen und -beiträge (Kontengruppe 31)**
  Unter **Zuweisungen** versteht man die Übertragung finanzieller Mittel zwischen Gebietskörperschaften. Man unterscheidet allgemeine Zuweisungen, über deren Verwendung die Kommune frei entscheiden kann und zweckgebundene Zuweisungen, deren Bewilligung an die Erfüllung bestimmter Verwendungsauflagen geknüpft ist. **Zuschüsse** sind Übertragungen vom unternehmerischen und übrigen Bereich an die Kommune.
- **Sonstige Transfererträge (Kontengruppe 32)**
  Transferleistungen im Bereich der öffentlichen Verwaltung stehen keine konkreten Gegenleistungen gegenüber. Sie beruhen auf einseitigen Verwaltungsvorfällen, z. B. Ersatz von sozialen Leistungen, Schuldendiensthilfen u. a.
- **Öffentlich-rechtliche Leistungsentgelte (Kontengruppe 33)**
  Öffentlich-rechtliche Leistungsentgelte sind Leistungen, die als Gegenleistung für eine individuell zurechenbare öffentliche Leistung geschuldet werden. Sie dienen der Erzielung von Erträgen, um die Kosten der öffentlichen Leistung i. d. R. zu decken, z. B. Verwaltungsgebühren, Benutzungsgebühren, ähnliche Entgelte (zweckgebundene Abgaben, Auflösung von Sonderposten für Beiträge).
- **Privatrechtliche Leistungsentgelte (Kontengruppe 34)**
  Zu den privatrechtlichen Leistungsentgelten zählen im Wesentlichen Erträge aus Verkauf, Mieten, Pachten und Eintrittsgelder.
- **Kostenerstattungen und Kostenumlagen (Kontengruppe 34)**
  Kostenerstattungen und Kostenumlagen sind der Ersatz für die von einer Stelle an eine andere Stelle erbrachten Güter und Dienstleistungen. Ihnen liegt i. d. R. ein auftragsähnliches Verhältnis zugrunde.
- **Finanzerträge (Kontengruppe 36)**
  Zu den Finanzerträgen zählen Erträge aus Beteiligungen, z. B. Dividenden oder andere Gewinnanteile sowie Zinsen und ähnliche Erträge (Bußgelder, Säumniszuschläge). Zinserträge dürfen nicht mit Zinsaufwendungen saldiert werden.
- **Aktivierte Eigenleistungen, Bestandsveränderungen (Kontengruppe 37)**
  Aktivierte Eigenleistungen stehen Aufwendungen der Kommune (z. B. Bauhof) gegenüber, die zur Erstellung von Anlagevermögen eingesetzt wurden. Einzubeziehen sind alle Aufwendungen, die Herstellungskosten darstellen, z. B. Material- und Personalaufwand für selbst erstellte Gebäude, Anlagen u. a.
  Unter der Position Bestandsveränderungen ist als Ertrag der Saldo zwischen dem Bestand an fertigen und unfertigen Erzeugnissen im Vergleich zum Vorjahr auszuweisen. Dieser Betrag kann auch negativ sein; Grundlage der Ermittlung der Bestandsveränderungen ist die Inventur zum Bilanzstichtag.

- **Sonstige ordentliche Erträge (Kontengruppe 35)**
  Sonstige ordentliche Erträge sind alle Erträge, die nicht unter den Ziffern 1 bis 8 sowie 18 (außerordentliche Erträge) erfasst sind, z. B. Konzessionsabgaben, Steuererstattungen, weitere Erträge aus der Auflösung von Sonderposten, nichtzahlungswirksame ordentliche Erträge (u. a. Erträge aus der Auflösung von Rückstellungen), Inanspruchnahme aus Bürgschaften und Gewährverträgen u. a.

> **Hinweis:** Erträge aus internen Leistungsbeziehungen werden nur im Teilergebnishaushalt und dort bei Kontengruppe 38 ausgewiesen.

216 Ordentliche Aufwendungen

- **Personalaufwendungen (Kontengruppe 40)**
  Personalaufwendungen sind Aufwendungen für die Vergütung von Beamten und Beschäftigten, die aufgrund von Arbeitsverträgen beschäftigt werden. Aufwandswirksam sind die Bruttobeträge einschließlich der Lohnnebenkosten (z. B. Sozialversicherungsbeträge). Bei dieser Aufwandsgruppe sind auch die Pensionsrückstellungen für künftige Versorgungszahlungen, die Beihilferückstellungen und die Rückstellungen für Altersteilzeit auszuweisen.
  Der Rückstellungsbetrag belastet als Aufwand das laufende Ergebnis im Ergebnishaushalt/Ergebnisrechnung. Im Finanzhaushalt/Finanzrechnung führt die Rückstellung bei ausgeglichenem Ergebnishaushalt zu einer Liquiditätszunahme, die vorübergehend für andere Zwecke eingesetzt werden kann. Mit dem Eintritt des Ereignisses (Versorgungsfall) wird die angesammelte Rückstellung in Anspruch genommen. Ergebnishaushalt/Ergebnisrechnung werden dabei nicht mehr tangiert. Die Haushaltswirtschaft der künftigen Jahre wird mit diesem finanzwirtschaftlichen Vorgang nicht belastet.

- **Versorgungsaufwendungen (Kontengruppe 41)**
  Das sind Versorgungsbezüge, auch für Angehörige des ausgeschiedenen Personals, soweit die Aufwendungen nicht bereits durch Rückstellungen berücksichtigt wurden; ebenso z. B. Beiträge zur Sozialversicherung, Beihilfen.

- **Aufwendungen für Sach- und Dienstleistungen (Kontengruppe 42)**
  Aufwendungen für Sach- und Dienstleistungen umfassen alle Aufwendungen für empfangene Sach- und Dienstleistungen von Dritten. Die Aufwendungen hängen mit der Produkterstellung (Betriebszweck) wirtschaftlich zusammen, z. B. Aufwendungen für Fertigung, Vertrieb, Waren, Energie, Wasser, Abwasser, Unterhaltung und Instandsetzung, Bewirtschaftung des Anlagevermögens, Kostenerstattungen an Dritte u. a. Bei dieser Aufwandsgruppe sind auch die Rückstellungen ohne Verpflichtungen gegenüber Dritten (Aufwandsrückstellungen), z. B. für unterlassene Instandhaltung zu veranschlagen/buchen.

- **Planmäßige Abschreibungen (Kontengruppe 47)**
  Der Ressourcenverbrauch, der durch die Abnutzung des Anlagevermögens oder wirtschaftliche Wertminderung entsteht, wird über die Abschreibun-

III. Haushaltssatzung und Haushaltsplan **216**

gen erfasst (§ 61 Nr. 1 GemHVO). Die Abschreibung erfolgt grundsätzlich in gleichen Jahresraten über die voraussichtliche Nutzungsdauer (lineare Abschreibung), ausgehend von den Anschaffungs- und Herstellungskosten des Anlagevermögens. Wegen evtl. Ausnahmen und Besonderheiten wird auf § 46 GemHVO verwiesen. Außerplanmäßige Abschreibungen werden bei Kontengruppe 513 veranschlagt bzw. gebucht. Wird der Wert eines Vermögensgegenstandes durch einen außergewöhnlichen Sachverhalt voraussichtlich dauerhaft gemindert, erfolgt eine außerplanmäßige Abschreibung gem. § 46 Abs. 3 GemHVO. Einen Sonderfall der Abschreibungen stellt die Sofortabschreibung geringwertiger Wirtschaftsgüter dar. Sie können nach ihrer Auszahlungsveranschlagung im Teilfinanzhaushalt sofort in voller Höhe im Teilergebnishaushalt abgeschrieben werden.

– **Zinsen und ähnlichen Aufwendungen (Kontengruppe 45)**
Zinsen sind Entgelte für die Überlassung von Fremdkapital. Bei dieser Kontengruppe sind auch die Aufwendungen aus Bußgeldern, Säumniszuschlägen, Verzinsung von Steuernachforderungen, Kreditbeschaffungskosten sowie der Aufwand des Geldverkehrs zu veranschlagen bzw. zu buchen.

– **Transferaufwendungen (Kontengruppe 43)**
Transferaufwendungen sind Leistungen der Kommune an private Haushalte oder an Unternehmen. Bei den genannten Aufwendungen kann es sich um solche ohne eine Gegenleistung handeln (z. B. Sozialhilfe) oder um Zuweisungen und Zuschüsse, mit vereinbarter Gegenleistung (z. B. Zuweisungen und Zuschüsse für laufende Zwecke, Schuldendiensthilfen). Unter diese Kontengruppe fallen auch Aufwendungen aus Umlageverpflichtungen (Gewerbesteuerumlage, FAG-Umlage oder Kreisumlage) sowie der Auflösung von Sonderposten der Aktivseite (z. B. ertragswirksame Auflösung von Investitionszuweisungen und -zuschüsse an Dritte entsprechend der Nutzungsdauer der geförderten Einrichtung. Nach § 40 Abs. 4 GemHVO sollen von der Kommune geleistete Investitionszuschüsse als Sonderposten in der Vermögensrechnung (Aktivseite) ausgewiesen und nach Maßgabe des Zuwendungsverhältnisses aufgelöst werden.
Zuschüsse für Investitionen in nicht abnutzbares Sachvermögen werden nicht aufgelöst. Sie werden in voller Höhe im Ergebnishaushalt als ordentlicher Aufwand veranschlagt bzw. gebucht.

– **Sonstige ordentliche Aufwendungen (Kontengruppe 44)**
Sonstige ordentliche Aufwendungen sind all diejenigen Aufwendungen, die nicht in den Aufwandspositionen 10 bis 15 und den außerordentlichen Aufwendungen (Nr. 19) enthalten sind, z. B. sonstige Personal- und Versorgungsaufwendungen, Aufwendungen für Beiträge und Sonstiges sowie Verluste aus Finanzanlagen, Geschäftsaufwendungen, Steuern und Versicherungen und der globale Minderaufwand.

– **Ergebnisabdeckungen aus Vorjahren**
Bei dieser Position handelt es sich um die planmäßig abzudeckenden Verlustvorträge aus Vorjahren (§ 25 Abs. 1 GemHVO). Das sind z. B. Jahresergebnisse, die nicht durch Rücklagen aus Überschüssen des ordentlichen bzw. außerordentlichen Ergebnisses gedeckt werden konnten.

217 Außerordentliche Erträge und Aufwendungen
– **Außerordentliche Erträge (Kontengruppe 50)**
Neben den ordentlichen Erträgen und Aufwendungen aus laufender Verwaltungstätigkeit sind im Ergebnishaushalt auch die außerordentlichen Erträge und außerordentliche Aufwendungen zu veranschlagen, das sind solche Erträge und Aufwendungen, die auf seltenen und ungewöhnlichen Vorgängen beruhen (z. B. Gewinne aus Vermögensveräußerungen, Versicherungsleistungen, Aufwendungen im Zusammenhang mit Naturkatastrophen, höherer Gewalt, Unglücksfällen u. a.). In der Praxis werden im Ergebnishaushalt keine außerordentlichen Erträge und außerordentliche Aufwendungen geplant, da sie aufgrund ihrer Wesensmerkmale i. d. R. nicht planbar sind. Ausgenommen hiervon sind Gewinne aus Vermögensveräußerungen, wenn aufgrund vertraglicher Verpflichtung mit einer Realisierung im laufenden Haushaltsjahr gerechnet werden kann. Als außerordentliche Erträge kommen auch Spenden (außergewöhnliche Erträge) sowie Erträge aus der Auflösung (Herabsetzung) von Rückstellungen und Erträge aus Zuschreibungen aus der Aufhebung von außerplanmäßigen Abschreibungen in Betracht (periodenfremde Erträge).
– **Außerordentliche Aufwendungen (Kontengruppe 51)**
Auf die allgemeinen Ausführungen bei Kontengruppe 50 wird verwiesen. Innerhalb der Kontengruppe 51 werden außergewöhnliche Aufwendungen (Kontengruppe 511) z. B. Aufwendungen im Zusammenhang mit Katastrophen, Spenden und Aufwendungen aus Inanspruchnahme von Gewährleistungen sowie Aufwendungen aus Verlustübernahme ebenso unterschieden wie periodenfremde Aufwendungen (Kontengruppe 512), z. B. Nachholung von Rückstellungen und außerplanmäßige Abschreibungen (Kontengruppe 513).
Die außerordentlichen Erträge bzw. Aufwendungen beeinflussen als sog. Sonderergebnis das Gesamtergebnis der Kommune (Überschuss/Fehlbetrag).

218 e) **Gesamtfinanzhaushalt.** Auch im neuen Haushaltsrecht kann auf eine Planung der Einzahlungen und Auszahlungen nicht verzichtet werden. Sie erfolgt im Finanzhaushalt nach dem **Kassenwirksamkeits- und dem Bruttoprinzip**. Nach § 10 Abs. 1 und Abs. 2 GemHVO sind die Einzahlungen und Auszahlungen in Höhe der voraussichtlich eingehenden oder zu leistenden Beträge zu veranschlagen (keine periodengerechte Abgrenzung hinsichtlich der Zahlungsverursachung).
Der Finanzhaushalt wird in **Staffelform** aufgestellt und weist neben den ergebniswirksamen Einzahlungen und Auszahlungen aus laufender Geschäftstätigkeit (vergleichbar mit den Einnahmen und Ausgaben im bisherigen Verwaltungshaushalt) alle Einzahlungen und Auszahlungen aus Investitions- und Finanzierungstätigkeit (vergleichbar mit dem bisherigen Vermögenshaushalt) aus. Als Einzahlungen/Auszahlungen werden dabei diejenigen Barzahlungen und bargeldlose Zahlungen bezeichnet, welche die liquiden Mittel erhöhen (Einzahlungen) bzw. vermindern (Auszahlungen), § 61 Nr. 3, 12 GemHVO. Zahlungswirksame außerordentliche Erträge und außerordentliche Aufwendungen aus Vermögensveräußerungen werden im Finanzhaushalt bei den Ein-

zahlungen und Auszahlungen aus Investitionstätigkeit veranschlagt. Sie sind im Zahlungsmittelüberschuss aus laufender Verwaltungstätigkeit nicht enthalten. Sämtliche Zahlungsströme werden zeitraumbezogen abgebildet und der Endbestand an liquiden Mitteln in Form des Zahlungsmittelbestands ausgewiesen. Der Finanzhaushalt besteht aus einem **Planungsteil** (zahlungswirksame Einzahlungen und Auszahlungen des Ergebnishaushalts) und einem **Veranschlagungsteil** (Einzahlungen und Auszahlungen aus Investitionstätigkeit und Finanzierungstätigkeit). Er ist u. a. Ermächtigungsgrundlage für die bisher im Vermögenshaushalt veranschlagten Einzahlungen und Auszahlungen aus Investitions- und Finanzierungstätigkeit. Um die Liquiditätsströme ihrer Herkunft und Bedeutung gemäß auszuweisen, werden Zwischensalden für die wichtigsten Einzahlungs- und Auszahlungsgruppen gebildet:
- Zahlungsmittelüberschuss/Zahlungsmittelbedarf aus laufender Verwaltungstätigkeit,
- Finanzierungssaldo aus Investitionstätigkeit,
- Finanzierungsmittelüberschuss/Finanzierungsmittelfehlbetrag unter Berücksichtigung des Ergebnisses aus laufender Verwaltungstätigkeit und Investitionstätigkeit,
- Finanzierungssaldo aus Finanzierungstätigkeit.

Neben der Steuerung der Investitionen dient der Finanzhaushalt insoweit auch der **Liquiditätssicherung**.

Durch die Aufnahme aller Zahlungen in den Finanzhaushalt wird es möglich, aussagekräftige Informationen über die tatsächliche finanzielle Lage der Kommune zu liefern. Nicht einbezogen in die Planung werden alle haushaltsfremden Zahlungsvorgänge. Sie werden nur in der Finanzrechnung gebucht und dargestellt. Dazu gehören die durchlaufenden Gelder sowie der Zahlungsmittelbestand am Ende des Jahres. Er wird nicht geplant. § 89 Abs. 1 GemO fordert von den Gemeinden die Sicherstellung einer ausreichenden Liquidität. Deshalb wird im Finanzhaushalt auch auf eine spezielle Ausgleichsregelung für die Einzahlungen und Auszahlungen verzichtet.

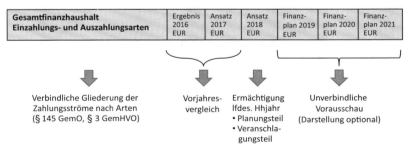

Schaubild: Gesamtfinanzhaushalt

Muster: Gesamtfinanzhaushalt

221

Haushaltsplan 2018 – Gesamtfinanzhaushalt						
Gesamtfinanzhaushalt Einzahlungs- und Auszahlungsarten	Ergebnis 2016 EUR	Ansatz 2017 EUR	Ansatz 2018 EUR	Finanzplanung 2019 EUR	Finanzplanung 2020 EUR	Finanzplanung 2021 EUR
Ergebniswirksame Einzahlungen des Ergebnishaushalts	82997546	89877700	84473312	83309610	83580440	83074285
Ergebniswirksame Auszahlungen des Ergebnishaushalts	75815237-	80971400-	84051662-	85366609-	83119440-	80908285-
Zahlungsmittelüberschuss/-bedarf aus lfd. Verwaltungstätigkeit	7182309	8906300	421650	2057000-	461000	2166000
Einzahlungen aus Investitionszuwendungen	1174366	2704700	1148500	1969000	1494000	851000
Einzahlungen aus Investitionsbeiträgen und ähnl. Entgelten für Investitionstätigkeit	92681000	1355000	340000	330000	330000	780000
Einzahlungen aus der Veräußerung von Sachvermögen	2828526	4364000	5370000	3000000	3000000	2000000
Einzahlungen aus der Veräußerung von Finanzvermögen	5304	0	0	0	0	0
Einzahlungen für sonstige Investitionstätigkeit	241379	0	0	0	0	0
Einzahlungen aus Investitionstätigkeit	4342256	8423700	6858500	5299000	4824000	3631000
Auszahlungen für den Erwerb von Grundstücken und Gebäuden	3580424-	4391000-	2005000-	1000000-	1000000-	1000000-
Auszahlungen für Baumaßnahmen	2731749-	9748500-	6878000-	11927000-	7570000-	3477000-
Auszahlungen für den Erwerb von beweglichem Sachvermögen	966054-	1541000-	1597150-	845000-	2000000-	500000-
Auszahlungen für den Erwerb von Finanzvermögen	89187	0	0	0	0	0
Auszahlungen für Investitionsförderungsmaßnahmen	147171-	2479500-	550000-	720000-	765000-	270000-

III. Haushaltssatzung und Haushaltsplan

Haushaltsplan 2018 – Gesamtfinanzhaushalt

Gesamtfinanzhaushalt Einzahlungs- und Auszahlungsarten	Ergebnis 2016 EUR	Ansatz 2017 EUR	Ansatz 2018 EUR	Finanzplanung 2019 EUR	Finanzplanung 2020 EUR	Finanzplanung 2021 EUR
Auszahlungen für sonstige Investitionen	0	0	0	0	0	0
Auszahlungen aus Investitionstätigkeit	7336211-	18160000-	11030150-	14492000-	11335000-	5247000-
Saldo aus Investitionstätigkeit	2993956-	9736300-	4171650-	9193000-	6511000-	1616000-
Veranschlagter Finanzierungsmittelüberschuss/-fehlbetrag	4188353	830000-	3750000-	11250000-	6050000-	550000
Einzahlungen aus der Aufnahme von Krediten, wirtschaftlich vergleichbaren Vorgängen und inneren Darlehen für Investitionen	2279665	1800000	4850000	12600000	7650000	1300000
Auszahlungen für die Tilgung von Krediten, wirtschaftlich vergleichbaren Vorgängen und inneren Darlehen für Investitionen	3253530	970000-	1100000-	1350000-	1600000-	1850000-
Saldo aus Finanzierungstätigkeit	973865-	830000	3750000	11250000	6050000	550000-
Finanzierungsmittelbestand	3214488	0	0	0	0	0

f) **Kontenplan.** Die Haushaltsansätze im Gesamthaushalt (Gesamtergebnishaushalt und Gesamtfinanzhaushalt) sowie in den Teilhaushalten (Teilergebnishaushalten und Teilfinanzhaushalten) sind nach Arten zu veranschlagen, § 10 Abs. 3 GemHVO. Im Hinblick auf die Vergleichbarkeit aller kommunalen Haushalte hat das Innenministerium verschiedene Muster sowie den **Kontenrahmen** u. a. für verbindlich erklärt (vgl. § 145 GemO).

Bilanz			Ergebnisrechnung			Finanzrechnung		Ab-schluss	Kosten- und Leistungs-rechnung
Aktiva	Passiva								
Kontenklasse 0	Kontenklasse 1	Kontenklasse 2	Kontenklasse 3	Kontenklasse 4	Kontenklasse 5	Kontenklasse 6	Kontenklasse 7	Kontenklasse 8	Kontenklasse 9
Immaterielle Vermögensgegenstände	Finanzvermögen und aktive Rechnungsabgrenzung	Nettoposition, Sonderposten, Verbindlichkeiten, Rückstellungen und passive Rechnungsabgrenzung	Ordentliche Erträge	Ordentliche Aufwendungen	a.o. Erträge und a.o. Aufwendungen	Einzahlungen	Auszahlungen	Abschlusskonten	Kosten- und Leistungsrechnung

Kontenklasse: 3	Kontengruppe: 30	Kontenart: 301	Konto: 3011
Erträge	Steuern und ähnliche Abgaben	Realsteuern	Grundsteuer A

Übersicht: Kontenrahmen

223 g) **Haushaltsquerschnitt.** Der Haushaltsquerschnitt ist eine **Übersicht** über die Erträge und Aufwendungen des Ergebnishaushalts (§ 4 Abs. 3 GemHVO) und der Einzahlungen und Auszahlungen sowie Verpflichtungsermächtigungen des Finanzhaushalts (§§ 4 Abs. 4, 11 GemHVO), geordnet nach Teilhaushalten (Budgets) und Arten. Er gliedert **tabellarisch** die einzelnen Positionen nach dem Merkmal ihrer sachlichen Gleichartigkeit entsprechend den Produktbereichen.

Übersicht: Auszug Haushaltsquerschnitt Finanzhaushalt

		ordentliche Erträge EUR	ordentliche Aufwendungen EUR	Ertrag ILV EUR	Aufwand ILV EUR	Kalk. Kosten EUR	Nettores.bedarf/-überschuss EUR
1110	Steuerung	4800	−653089	847923	−199449	−185	
1111	Org. u. Dok. Willensb.	11100	−503562	520604	−27832	−310	
1112	Controlling	18150	−169794	167715	−15821	−250	
1113	Rechnungsprüfung	9500	−263501	310525	−55374	−150	1000
1114	Zentrale Funktionen	20350	−377667	464702	−107075	−310	
1120	Organisation und EDV	51700	−1045847	1449917	−128240	−5630	321900
1121	Personalwesen	198110	−3271855	3070138	4927	−320	1000

III. Haushaltssatzung und Haushaltsplan

		ordentliche Erträge EUR	ordentliche Aufwendungen EUR	Ertrag ILV EUR	Aufwand ILV EUR	Kalk. Kosten EUR	Nettores.bedarf/-überschuss EUR
1122	Finanzverwaltung, Kasse	113100	−1038084	1148310	−223076	−250	
1123	Justitiarat	3500	−602821	665008	−65657	−30	
1124	Techn. Geb.management	70950	−2690213	3170576	−196373	−207990	146950
1125	Werkstätten/ Fahrzeug	316125	−5275084	−4796872	8702087	−40970	−1094714
1126	Zentrale Dienstleistungen	454800	−983866	692013	−161077	−1870	
1130	Presse u. Öffentl.		−247830	40826	−211869	−1650	−420523
1132	Abgabewesen	86850	−187008	15714	−169052	−10	−253506
1133	Grundstücksverkehr	611300	−928092	158622	−492903	−2719890	−3370963
*** THH1	Innere Verwaltung	1970335	−18238313	7925720	6653217	−2979815	−4668856

Übersicht: Auszug Haushaltsquerschnitt Finanzhaushalt

		Zahlmittel lfd. Verwaltung EUR	Einzahlungen Investitionstätigkeit EUR	Auszahlungen Investitionstätigkeit EUR	Finanzierungsmittelüberschuss/-bedarf EUR	Verpflichtungsermächtigungen EUR
1110	Steuerung	−569500			−569500	
1111	Org. u. Dok. Willensb.	−437740			−437740	
1112	Controlling	−139431			−139431	
1113	Rechnungsprüfung	−226080		−1000	−227080	
1114	Zentrale Funktionen	−334915			−334915	
1120	Organisation und EDV	−896470		−321900	−1218370	
1121	Personalwesen	−3010950		−1000	−3011950	
1122	Finanzverwaltung, Kasse	−909351			−909351	
1123	Justitiarat	−552080			−552080	

		Zahlmittel lfd. Verwaltung EUR	Einzahlungen Investitionstätigkeit EUR	Auszahlungen Investitionstätigkeit EUR	Finanzierungsmittelüberschuss/-bedarf EUR	Verpflichtungsermächtigungen EUR
1124	Tech. Geb.management	−2463250		−146950	−2610200	
1125	Werkstätten/ KFZ (BBH)	−4935130		−250000	−5185130	
1126	Zentrale Dienstleistungen	−469210			−469210	
1130	Presse u. Öffentl.	−243530			−243530	
1132	Abgabewesen	−97110			−97110	
1133	Grundstücksverkehr	85560	5370000	−2015000	3440560	−500000
*** THH1	Innere Verwaltung	−15199187	5370000	−2735850	−12565037	−500000

224 h) **Verpflichtungsermächtigungen.** – aa) **Begriff und Bedeutung.** Verpflichtungsermächtigungen sind haushaltsrechtliche **Ermächtigungen** zum Eingehen von **Verpflichtungen, die künftige Haushaltsjahre mit Auszahlungen** für Investitionen und Investitionsförderungsmaßnahmen **belasten.** Sie berechtigen die Gemeinde, im laufenden Haushaltsjahr zum Eingehen von Verpflichtungen, nicht dagegen zur Leistung von Auszahlungen. Verpflichtungen i. S. v. § 86 GemO sind zivilrechtliche Verpflichtungen (z. B. Abschluss Bauvertrag), öffentlich-rechtliche Verpflichtung gegenüber Dritten (z. B. Leistungsbescheid oder öffentlich-rechtlicher Vertrag) aber auch interne haushaltsrechtliche Verpflichtungen (z. B. gegenüber Sondervermögen), wobei es unerheblich ist, ob die Gemeinde freiwillig eine Verpflichtung eingeht oder ob sie gesetzlich dazu verpflichtet ist.

Der **Vorteil** der Verpflichtungsermächtigungen besteht u. a. darin, dass der Gemeinde im Jahr des Eingangs der Verpflichtungsermächtigungen noch **keine kassenwirksamen Auszahlungen** entstehen. Sie entstehen erst in späteren Jahren und sind danach auch erst in Folgejahren von der Gemeinde durch entsprechende Einzahlungen zu finanzieren. Insbesondere im Zusammenhang mit **Baumaßnahmen** sind Verpflichtungsermächtigungen für die Gemeinde von Bedeutung. Um einen zügigen Bauablauf gewährleisten zu können, müssen Aufträge für Lieferungen und Leistungen mitunter zu einem früheren Zeitpunkt erteilt werden, als die Auszahlungen im Haushaltsplan entsprechend dem Kassenwirksamkeitsprinzip veranschlagt werden.

225 bb) **Zulässigkeit.** Verpflichtungsermächtigungen sind nach § 86 GemO nur **zulässig** für **Investitionen** (§ 61 Nr. 21 GemHVO) und **Investitionsförderungsmaßnahmen** (§ 61 Nr. 22 GemHVO, also nur im Finanzhaushalt und dürfen nur eingegangen werden, wenn der Haushaltsplan hierzu ermächtigt oder in den Sonderfällen des § 86 Abs. 5 GemO – überplanmäßige und außerplanmäßige Verpflichtungen). Sie dürfen nur **zu Lasten** der dem Haushaltsjahr folgenden **drei Haushaltsjahre**, erforderlichenfalls bis zum Abschluss einer Maßnahme veranschlagt werden und sind u. a. nur zulässig, wenn ihre Finanzierung in künftigen Haushalten möglich ist. Ob und inwieweit dies der Fall ist, kann der mittelfristigen Finanzplanung entnommen werden.

cc) Veranschlagung, Genehmigung und Inanspruchnahme. Verpflichtungsermächtigungen sind in den Teilhaushalten (Teilfinanzhaushalten) **maßnahmenbezogen** zu veranschlagen. Gleichzeitig ist anzugeben, wie sich die Belastungen (Auszahlungen) auf die künftigen Jahre verteilen werden. Sowohl die Höhe als auch die Notwendigkeit der Verpflichtungsermächtigungen ist bei der jeweiligen Investitionsmaßnahme zu erläutern, § 17 Nr. 3 GemHVO. Bezüglich der Veranschlagung von Verpflichtungsermächtigungen für Baumaßnahmen ist § 12 Abs. 2 GemHVO noch von besonderer Bedeutung. Danach dürfen Verpflichtungsermächtigungen erst veranschlagt werden, wenn Pläne, Kostenberechnungen und Erläuterungen vorliegen, aus denen die Art der Ausführung, die Kosten der Maßnahme sowie die voraussichtlichen Jahresraten unter Angabe der Kostenbeteiligung Dritter und ein Bauzeitplan im Einzelnen ersichtlich sind. Ausnahmen hiervon sind nur bei unbedeutenden Maßnahmen zulässig, § 12 Abs. 3 GemHVO.

226

Beispiel:
Die Gemeinde beabsichtigt den Neubau einer Schule. Der Gesamtaufwand beläuft sich für die Baumaßnahme auf 11 940 000 €. Im Haushaltsjahr 2018 beabsichtigt die Gemeinde, Aufträge in Höhe von insgesamt 7 636 000 € zu erteilen, von denen allerdings nur 2 136 000 € zur Auszahlung im Haushaltsjahr 2018 fällig und abgerechnet werden. Der Restbetrag wird in den Jahren 2019 (= 4,8 Mio. €) sowie 2020 (= 0,7 Mio. €) zur Zahlung fällig. Die Veranschlagung stellt sich wie folgt dar:

Investitions-maßnahmen	Ergebnis 2016 EUR	Gesamt-aufwand EUR	Ansatz 2017 EUR	Ansatz 2018 EUR	VE 2018 EUR	Finanz-planung 2019 EUR	Finanz-planung 2020 EUR	Finanz-planung 2021 EUR
7000130: Joß-Fritz-Schule Neubau								
Einzahlungen aus Investitionszuwendungen	0	1 600 000	0	0	0	700 000	700 000	200 000
Auszahlungen für Baumaßnahmen	0	11 940 000-	1 000 000-	2 136 000-	5 500 000-	4 836 000-	3 468 000-	500 000-
Auszahlungen für den Erwerb von beweglichem Sachvermögen	0	1 520 000-	0	0	0	0	1 520 000-	0
Saldo gesamt	0	11 860 000-	1 000 000-	2 136 000-	5 500 000-	4 136 000-	4 288 000-	300 000-

Die Verpflichtungsermächtigung führt zu Ausgaben
2019: 4 800 000 €
2020: 700 000 €

227 Dem Haushaltsplan ist als **Pflichtanlage** eine **Übersicht** über alle im Haushaltsjahr eingegangenen **Verpflichtungsermächtigungen** beizufügen, § 1 Abs. 3 Nr. 4 GemHVO. Gleichzeitig ist die **Fälligkeit** der entsprechenden Auszahlungen in den Folgejahren darzustellen.

Der Gesamtbetrag der Verpflichtungsermächtigungen bedarf im Rahmen der Haushaltssatzung insoweit der Genehmigung durch die Rechtsaufsichtsbehörde, als in den Jahren, in denen voraussichtlich Auszahlungen aus den Verpflichtungen zu leisten sind, Kreditaufnahmen vorgesehen sind.

Die Inanspruchnahme der Verpflichtungsermächtigungen ist in § 27 Abs. 4 GemHVO geregelt. Sie sind so zu bewirtschaften, dass sie für ihren Zweck ausreichen und dürfen erst in Anspruch genommen werden, wenn die Erfüllung der Aufgaben dies erfordert.

228 i) **Teilhaushalte.** Der Gesamthaushalt besteht aus dem Ergebnishaushalt und dem Finanzhaushalt, § 1 Abs. 2 GemHVO. Er ist nach § 4 Abs. 1 GemHVO in Teilhaushalte zu gliedern. Die **Gliederung der Teilhaushalte** orientiert sich dabei grundsätzlich an den von den Gemeinden zu erbringenden Leistungen (Produkte). Der Gesetzgeber hat den Gemeinden die Möglichkeit eingeräumt, die Gliederung ihrer Teilhaushalte entweder nach den verbindlich vorgegebenen Produktbereichen oder aber nach der örtlichen Organisation produktorientiert vorzunehmen.

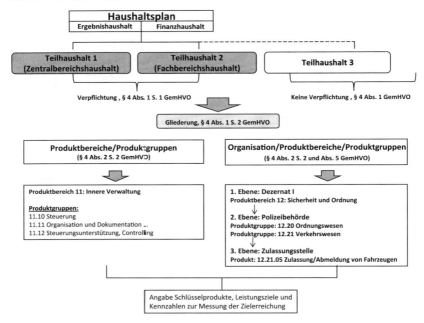

Schaubild: Gliederung des Haushaltsplans in Teilhaushalte

III. Haushaltssatzung und Haushaltsplan

229

Die Zusammenfassung mehrerer Produktbereiche zu Teilhaushalten ist ebenso zulässig, wie die Aufteilung von Produktbereichen nach vorgegebenen Produktgruppen auf mehrere Teilhaushalte, § 4 Abs. 1 S. 4 und 5 GemHVO. Basiseinheiten für die Bildung von Teilhaushalten sind die vom Innenministerium verbindlich vorgegebenen Produktbereiche und Produktgruppen, d. h. die Kommunen haben das Recht, ihren Gesamthaushalt eigenverantwortlich nach den örtlichen Steuerungs- und Informationsbedürfnissen in **Produktbereiche** und **Produktgruppen** gegliederte Teilhaushalte oder aber nach der **örtlichen Organisation** in Dezernate (Fachbereiche), Ämter und Abteilungen produktorientiert zu gliedern. Es ist zulässig, nach den örtlichen Steuerungs- und Informationsbedürfnissen den Haushaltsplan bis zur Ebene der Produkte weiter zu untergliedern. Da der Haushaltsplan in erster Linie als Planungs- und Steuerungsinstrument der politischen Gremien dient, liegt die Entscheidungskompetenz über die Gliederungsart (produktorientiert oder nach der örtlichen Organisation) beim Gemeinderat.

Eine produktorientierte Gliederung setzt voraus, dass die Gemeinde zunächst die von ihr angebotenen Dienstleistungen und Güter als Produkte definiert und beschreibt. Ein **Produkt** ist eine Leistung bzw. ein bewertbares Arbeitsergebnis einer Verwaltungseinheit, das zur Aufgabenerfüllung im Haushaltsjahr erzeugt wird oder eine Gruppe von Leistungen, die für Stellen außerhalb einer Verwaltungseinheit erbracht werden, § 61 Nr. 33 GemHVO.

21 Produktbereiche															
11	12	21–22	25–28	31–35	36	37	41	42	51	52	53	54	55	56	57	61
Innere Verwaltung	Sicherheit und Ordnung	Schulträgeraufgaben	Kultur und Wissenschaft	Soziale Hilfen	Kinder-, Jugend- und Familienhilfe	Schwerbehindertenrecht und soziales Entschädigungsrecht	Gesundheitsdienste	Sportförderung	Räumliche Planung und Entwicklung	Bauen und Wohnen	Ver- und Entsorgung	Verkehrsflächen und Anlagen, ÖPNV	Natur- und Landschaftspflege	Umweltschutz	Wirtschaft und Tourismus	Allgemeine Finanzwirtschaft

Produktgruppen			Produktgruppen	
21.10	Bereitstellung und Betrieb von allgemeinbildenden Schulen		55.10	öffentliches Grün/Landschaftsbau
21.20	Bereitstellung und Betrieb von Sonderschulen		55.20	Gewässerschutz/öffentliche Gewässer/wasserbauliche Anlagen
21.30	Bereitstellung und Betrieb von berufsbildenden Schulen		55.30	Friedhof- und Bestattungswesen
21.40	Schülerbezogene Leistungen		55.40	Naturschutz- und Landschaftspflege
21.50	Sonstige schulische Aufgaben und Einrichtungen		55.50	Forstwirtschaft
			55.51	Landwirtschaft

Übersicht: Produktbereiche und Produktgruppen

Bei der Erstellung ihres Produktbuches/Produktplans können die Kommunen auf den kommunalen Produktplan Baden-Württemberg zurückgreifen. Die kommunalen Leistungen werden darin in 21 Produktbereiche, 100 Produktgruppen sowie in 481 Produkte abgebildet.

230 Werden Teilhaushalte nach der örtlichen Organisation produktorientiert gegliedert, sind, um eine Vergleichbarkeit zu ermöglichen, dem Haushaltsplan eine **Übersicht über die Zuordnung** der Produktbereiche (§ 61 Nr. 35 GemHVO) und Produktgruppen (§ 61 Nr. 34 GemHVO) zu den Teilhaushalten und eine Übersicht über die Zuordnung der Erträge und Aufwendungen des Ergebnishaushalts zu dem verbindlich vorgegebenem Produktrahmen als Anlage **beizufügen**, § 4 Abs. 5 GemHVO.
Bei der Entscheidung über die Gliederung ihrer Teilhaushalte sollte die Gemeinde ihre Steuerungs- und Informationsbedürfnisse aber auch die Möglichkeiten der Übertragung der Fach- und Ressourcenverantwortung berücksichtigen. Beide Lösungen haben Vor- und Nachteile: Legt die Kommune als maßgebliches Ordnungskriterium für ihre Teilhaushalte die tatsächliche Aufgabenerledigung in der abzubildenden Organisation zugrunde, spiegelt sich in den Teilhaushalten eins zu eins die vorhandene Aufbauorganisation wider. Die Verantwortlichkeiten (Fach- und Ressourcenverantwortung) für die einzelnen Aufgabenbereiche werden zusammengeführt. Nachteilig ist, dass jede Organisationsänderung zwangsläufig eine Änderung des Haushaltsplans nach sich zieht. Die Vergleichbarkeit – insbesondere ein Mehrjahresvergleich – innerhalb der Kommune wird durch die organisatorische (institutionelle) Gliederung erschwert. Bei der Gliederung nach Produkten (funktionale Gliederung) ist die Haushaltsstruktur über einen längeren Zeitraum konstant, so dass auch zeitliche und interkommunale Vergleiche leichter möglich sind. Dafür fehlt es an einer direkten Zuordnung zu den Verantwortungsbereichen in der Verwaltung.

231 In den Teilhaushalten sollen neben der Darstellung der Produktgruppen zusätzlich Schlüsselpositionen (**Schlüsselprodukte**), d. s. Produkte, die eine finanzielle oder örtliche Besonderheit haben bzw. für die Kommune von Bedeutung sind, die Leistungsziele (angestrebter Stand an Leistungen am Ende eines bestimmten Zeitraums) und die Kennzahlen zur Messung der Zielerreichung (z. B. Kennzahlen zur Wirkung, Kennzahlen zum Ergebnis, Kennzahlen zum Volumen, Kennzahlen zu Kosten und Leistungen sowie Erlösen) dargestellt bzw. abgebildet werden, § 4 Abs. 2 S. 3 GemHVO. Sie bilden die Grundlage für die Planung, Steuerung und Erfolgskontrolle der Haushaltswirtschaft. Im Rahmen der Produktstruktur können sowohl einzelne Produktbereiche, einzelne Produktgruppen als auch einzelne Produkte als Schlüsselprodukte definiert werden. Die spezifische Ausgestaltung bleibt jeder Kommune überlassen.

232 aa) Teilergebnishaushalte. Der Teilergebnishaushalt stellt eine **produktorientierte Untergliederung des Gesamtergebnishaushalts** dar. Das voraussichtliche Ressourcenaufkommen und der voraussichtliche Ressourcenverbrauch werden auf der Grundlage der von der Gemeinde gewählten Gliederungsebene abgebildet.

III. Haushaltssatzung und Haushaltsplan

233 Die **Struktur** der Teilergebnishaushalte entspricht der Struktur des Gesamtergebnishaushalts. Allerdings fehlen die außerordentlichen Erträge und außerordentlichen Aufwendungen; sie werden in ihrer Gesamtheit nur im Gesamtergebnishaushalt ausgewiesen. Soweit keine zentrale Veranschlagung der ordentlichen Erträge und Aufwendungen erfolgte, werden die auf den Teilhaushalt entfallenden anteiligen ordentlichen Erträge (§ 2 Abs. 1 Nr. 1 bis 10 GemHVO) und ordentlichen Aufwendungen (§ 2 Abs. 1 Nr. 12 bis 18 GemHVO) ergänzt um die Erträge und Aufwendungen aus internen Leistungen. Die von anderen Produktbereichen angeforderten und in Anspruch genommenen Leistungen sind in Höhe der Selbstkosten entsprechend der Leistungsinanspruchnahme zu verrechnen.

234 Kalkulatorische Kosten, wie z. B. kalkulatorische Mieten und Pachten, mit denen alternativ die Gebäudekosten auf die nutzenden Stellen verteilt werden, sind im Teilergebnishaushalt zu veranschlagen. Kalkulatorischen Zinsen können im Teilhaushalt verrechnet werden, soweit sie die anteiligen Fremdkapitalzinsen übersteigen. Das Ressourcenverbrauchskonzept fordert, dass die im Gesamtergebnishaushalt ausgewiesenen Fremdkapitalzinsen anteilig von den Teilhaushalten (Budgets), entsprechend der Höhe der zuzurechnenden Kredite zu tragen sind. Die Teilhaushalte werden daher in Abhängigkeit von der Finanzierung des Gesamtvermögens der Kommune und vom dem Produktbereich zuzurechnenden Vermögen belastet.

234a Im Teilergebnishaushalt sind für jedes Haushaltsjahr die Summe der ordentlichen Erträge und Aufwendungen, das veranschlagte ordentliche Ergebnis, das veranschlagte kalkulatorische Ergebnis sowie der veranschlagte Nettoressourcenbedarf oder Nettoressourcenüberschuss auszuweisen.

234a Finanzwirtschaft der Kommunen

```
┌─────────────────────────────────────────┐
│   Veranschlagung Teilergebnishaushalt   │
│         (§ 4 Abs. 3 GemHVO)             │
└─────────────────────────────────────────┘
                    ▼
```

Anteilige **ordentliche Erträge** nach § 2 Abs. 1 Nr. 1 bis 9 GemHVO, **soweit** diese nicht zentral veranschlagt werden

Anteilige **ordentliche Aufwendungen** nach § 2 Abs. 1 Nr. 11 bis 17 GemHVO, **soweit** diese nicht zentral veranschlagt werden

Anteilige **Fehlbetragsabdeckungen** aus Vorjahren, § 2 Abs. 1 Nr. 20 GemHVO,

Erträge aus internen Leistungen
Aufwendungen für interne Leistungen
Kalkulatorische Kosten
Kalkulatorischer Fehlbetragsvortrag aus dem Vorjahr

→ Anteiliges veranschlagtes ordentliches Ergebnis
→ Veranschlagtes kalkulatorisches Ergebnis
→ Veranschlagter Nettoressourcenbedarf/Nettoressourcenüberschuss

Teilstellenplan

Ergänzende Informationen (§ 4 Abs. 2 GemHVO)
- Darstellung der Produktgruppen der Teilhaushalte
- Schlüsselprodukte
- Leistungsziele
- Kennzahlen zur Messung der Zielerreichung
- Budgetverantwortung

Zusätzliche Angaben
- *Spezielle Bewirtschaftungsregeln (alternativ)*
- *Erläuterungen zu den Haushaltsansätzen (alternativ)*

Schaubild: Veranschlagung Teilergebnishaushalt

Muster: Teilergebnishaushalt

THH3	Schulträgeraufgaben
21	Schulträgeraufgaben
2110	Allgemeinbildende Schulen
211006	Betrieb von Gymnasien

Teilergebnishaushalt Ertrags- und Aufwandsarten	Ergebnis 2016 EUR	Ansatz 2017 EUR	Ansatz 2018 EUR	Finanzplanung 2019 EUR	Finanzplanung 2020 EUR	Finanzplanung 2021 EUR
Steuern und ähnliche Abgaben	0	0	0	0	0	0
Zuweisungen und Zuwendungen	1270254	1179862	1232110	1244431	1255752	1269073
Auflösung Zuschüsse (nicht zahlungswirksam)	111031	112750	110600	111706	112812	113918
Sonstige Transfererträge	0	0	0	0	0	0
Öffentlich-rechtliche Entgelte	500	0	0	0	0	0

III. Haushaltssatzung und Haushaltsplan **234a**

Teilergebnishaushalt Ertrags- und Aufwandsarten	Ergebnis 2016 EUR	Ansatz 2017 EUR	Ansatz 2018 EUR	Finanzplanung 2019 EUR	Finanzplanung 2020 EUR	Finanzplanung 2021 EUR
Auflösung Beiträge (nicht zahlungswirksam)	0	0	0	0	0	0
Privatrechtliche Leistungsentgelte	80072	12400	14700	14847	14994	15141
Kostenerstattungen und Kostenumlagen	0	0	0	0	0	0
Zinsen und ähnliche Erträge	0	0	0	0	0	0
Aktivierte Eigenleistungen (nicht zahlungswirksam)	13714	0	0	0	0	0
Sonstige ordentliche Erträge	0	0	0	0	0	0
Auflösung Rückstellungen Altersteilzeit u. a. (nicht zahlungswirksam)	0	0	0	0	0	0
Ordentliche Erträge	**1475582**	**1305012**	**1357410**	**1370384**	**1384558**	**1398132**
Personalaufwendungen	327608-	344470-	381580-	385395-	389212-	393028-
Pensionsrückstellungen (nicht zahlungswirksam)	0	0	0	0	0	0
Versorgungsaufwendungen	0	0	0	0	0	0
Aufwendungen für Sach- und Dienstleistungen	1505399-	1743220-	2141130-	1680955-	1785282-	1284608-
Planmäßige Abschreibungen (nicht zahlungswirksam)	428454-	356060-	381500-	377685-	373870-	370055-
Zinsen und ähnliche Aufwendungen	0	33989-	45318-	54382-	62312-	0
Transferaufwendungen	0	0	0	0	0	0
Sonstige ordentliche Aufwendungen	25709-	25120-	26720-	26987-	27254-	27522-
Ordentliche Aufwendungen	**2287370-**	**2502859-**	**2976248-**	**2525406-**	**2637930-**	**2075212-**
Ordentliches Ergebnis	**811789-**	**1197847-**	**1618838-**	**1154422-**	**1253372-**	**677080-**

Teilergebnis-haushalt Ertrags- und Aufwandsarten	Ergebnis 2016 EUR	Ansatz 2017 EUR	Ansatz 2018 EUR	Finanz-planung 2019 EUR	Finanz-planung 2020 EUR	Finanz-planung 2021 EUR
Anteilige Ergebnisabdeckungen aus Vorjahren	0	0	0	0	0	0
Anteiliges veranschlagtes ordentliches Ergebnis	811789-	1197847-	1618838-	1154422-	1253372-	677080-
Erträge aus Leistungsverrechnungen (BBH u. a.)	16884	22000	17200	17372	17544	17716
Aufwendungen für Leistungsverrechnungen (BBH u. a.)	214303-	148000-	215000-	217150-	219300-	221450-
Einträge aus internen Serviceleistungen (Verrechnungsmodell)	34240	0	0	0	0	0
Aufwendungen aus internen Serviceleistungen (Verr.modell)	192994-	103958-	155601-	142232-	145941-	215680-
Kalkulatorische Kosten	317423-	0	121940-	121330-	121206-	121087-
Kalkulatorischer Ergebnisvortrag aus Vorjahr	0	0	0	0	0	0
Veranschlagtes kalkulatorisches Ergebnis	673595-	229958-	475341-	463340-	468905-	540501-
Veranschlagter Nettoressourcenbedarf oder -überschuss	1485384-	1427805-	2094179-	1617762-	1722277-	1217581-

235 bb) **Teilfinanzhaushalte.** Der Teilfinanzhaushalt besteht aus einem **Planungsteil** (Zahlungsmittelüberschuss oder -bedarf aus laufender Verwaltungstätigkeit) und einem **Veranschlagungsteil** (Einzahlungen und Auszahlungen aus Investitionstätigkeit). Einzahlungen und Auszahlungen aus Finanzierungstätigkeit werden als Folge des Gesamtdeckungsprinzips **nicht** in den Teilfinanzhaushalten, sondern nur im Gesamtfinanzhaushalt dargestellt.

Hinsichtlich der Abbildung der Einzahlungen und Auszahlungen im Teilfinanzhaushalt hat die Kommune ein **Wahlrecht**: Sie kann sich auf den anteiligen Zahlungsmittelüberschuss oder Zahlungsmittelbedarf aus laufender Verwaltungstätigkeit und die anteiligen Einzahlungen (§ 3 Nr. 18 bis 22 GemHVO) und Auszahlungen (§ 3 Nr. 24 bis 29 GemHVO) aus Investitionstätigkeit veranschlagen (Variante A) **oder** die Darstellung auf die anteiligen Einzahlungen und Auszahlungen aus Investitionstätigkeit beschränken (Variante B).

III. Haushaltssatzung und Haushaltsplan

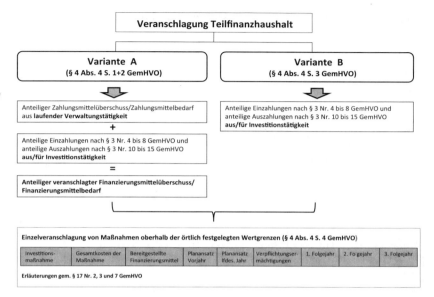

Schaubild: Veranschlagung im Teilfinanzhaushalt

Unbedeutende Investitionsauszahlungen können zusammengefasst in einer Summe im Teilfinanzhaushalt abgebildet werden. Das kommunale Entscheidungsorgan (z. B. Gemeinderat) hat durch Festlegung von Wertgrenzen diejenigen Investitionen zu bestimmen, die als Einzelmaßnahmen unter Angabe der Investitionssumme, der bereitgestellten Haushaltsmittel und der Verpflichtungsermächtigungen für die Folgejahre im Teilfinanzhaushalt darzustellen sind, z. B. Einzelinvestitionen unter 20000 € werden zusammengefasst mit anderen Investitionen pauschal in einer Summe bei der jeweiligen Auszahlungsart „unterhalb der Wertgrenzen" veranschlagt. Die Wertgrenze kann einheitlich für alle Investitionsmaßnahmen oder differenziert nach Produktbereichen oder Objekten erfolgen. Sie kann sich auf die Gesamtdauer einer Maßnahme oder ein einzelnes Haushaltsjahr beziehen.

Investitionen über 20000 € oder Maßnahmen von grundsätzlicher Bedeutung (z. B. Investition in Ortsteilen) werden dann z. B. als Einzelmaßnahmen gesondert veranschlagt. Im Teilfinanzhaushalt sind künftig auch die Auszahlungen für die geringwertigen Wirtschaftsgüter, die bisher im Verwaltungshaushalt veranschlagt, aber nicht in der Vermögensrechnung ausgewiesen wurden, zu veranschlagen. Diese geringwertigen Wirtschaftsgüter werden zunächst aktiviert und können noch im gleichen Haushaltsjahr in voller Höhe abgeschrieben werden. Im Teilergebnishaushalt werden daher keine geringwertigen Wirtschaftsgüter, sondern nur ihr Werteverzehr als Abschreibungen ausgewiesen.

Neue Investitionsmaßnahmen des Teilfinanzhaushalts sind ebenso zu erläutern, wie Investitionsmaßnahmen, die sich über mehrere Jahre erstrecken. In letzterem Falle ist bei jeder folgenden Veranschlagung die bisherige Abwicklung darzustellen.

Muster: Teilfinanzhaushalt

THH3	Schulträgeraufgaben
21	Schulträgeraufgaben
2110	Allgemeinbildende Schulen
211006	Betrieb von Gymnasien

Investitionsmaßnahmen	Ergebnis 2016 EUR	Gesamtaufwand EUR	Ansatz 2017 EUR	Ansatz 2018 EUR	VE 2018 EUR	Finanzplanung 2019 EUR	Finanzplanung 2020 EUR	Finanzplanung 2021 EUR
7000053: Gebäude Justus-Knecht-Gymnasium								
Einzahlungen aus Investitionszuwendungen	0	250000	0	0	0	0	120000	130000
Auszahlungen für Baumaßnahmen	0	615000-	15000-	30000-	0	570000-	0	0
Saldo gesamt	0	365000-	15000-	30000-	0	570000-	120000	130000
2018 Planungsrate für Erweiterung Pavillon (4 Klassenzimmer) 2019 Bauausführung								

237 Jeder Teilhaushalt bildet eine **Bewirtschaftungseinheit** (**Budget**) und ist einem bestimmten Verantwortungsbereich zuzuordnen. Im **Teilergebnishaushalt** veranschlagte ordentliche Aufwendungen sind gegenseitig deckungsfähig, soweit im Haushaltsplan durch Planvermerk nicht etwas anderes bestimmt wird, § 20 Abs. 1 GemHVO. Evtl. im Ergebnishaushalt veranschlagte Verfügungsmittel (Beträge, die dem Bürgermeister oder dem Ortsvorsteher für dienstliche Zwecke, für die keine Aufwendungen veranschlagt sind, zur Verfügung stehen) dürfen nicht überschritten werden; sie sind nicht deckungsfähig, § 13 GemHVO. Die Inanspruchnahme gegenseitiger Deckungsfähigkeit ist allerdings nur zulässig, wenn dadurch das geplante Gesamtergebnis nicht gefährdet ist. Aufgrund der Deckungsfähigkeit können Mehraufwendungen bei einzelnen Aufwandsarten durch Einsparungen bei anderen Aufwandsarten des Teilhaushalts ausgeglichen werden. In diesem Falle werden die deckungsberechtigten Aufwandsansätze zu Lasten der deckungspflichtigen Aufwandsansätze erhöht. Durch diese Form der flexiblen Mittelbewirtschaftung können überplanmäßige Aufwendungen vermieden werden. Die Inanspruchnahme gegenseitiger Deckungsfähigkeit kann unter den Voraussetzungen des § 20 Abs. 2 GemHVO auch über den jeweiligen Teilhaushalt hinaus erklärt werden. So können z. B. die Aufwendungen der dem Beigeordneten zugeordneten Teilhaushalte 1 und 3 durch Haushaltsvermerk (§ 61 Nr. 19 GemHVO) für gegenseitig oder einseitig deckungsfähig erklärt werden, wenn sie sachlich zusammenhängen. Die Flexibilität der Mittelbewirtschaftung kann weiter erhöht werden, indem im Haushalts-

III. Haushaltssatzung und Haushaltsplan **238, 239**

plan bestimmt wird, dass Mehrerträge bestimmte Aufwendungen des Ergebnishaushalts erhöhen oder Mindererträge bestimmte Aufwendungsansätze vermindern. Ausgenommen hiervon sind Erträge aus Steuern, allgemeinen Zuweisungen und Umlagen; § 19 Abs. 2 GemHVO.

Auch im **Teilfinanzhaushalt** sind Auszahlungen und Verpflichtungsermächtigungen für Investitionen, die zu einem Budget gehören, gegenseitig deckungsfähig, sofern im Haushaltsplan nichts Gegenteiliges bestimmt ist, § 20 Abs. 1 und 3 GemHVO. Auszahlungen, die nicht zu einem Budget gehören, können durch Haushaltsvermerk jeweils gegenseitig oder einseitig deckungsfähig erklärt werden, wenn sie sachlich zusammenhängen. Die Inanspruchnahme der gegenseitigen Deckungsfähigkeit ist allerdings nur zulässig, soweit die Kreditaufnahmevorschriften in § 87 GemO beachtet werden. Das Gleiche gilt für Verpflichtungsermächtigungen. Im Teilergebnishaushalt können Ansätze für Aufwendungen, die im selben Haushaltsjahr im Teilfinanzhaushalt zu ordentlichen Auszahlungen führen, zu Gunsten von Investitionsauszahlungen des Teilfinanzhaushalts für einseitig deckungsfähig erklärt werden. Während im Ergebnis- und Finanzhaushalt Erträge/Einzahlungen zur Deckung für bestimmte Aufwendungen/Auszahlungen beschränkt werden können (§ 19 Abs. 1 und 4 GemHVO), ist die sog. „unechte Deckungsfähigkeit", wonach Mehrerträge zur Leistung bestimmter Mehraufwendungen verwendet werden können, nur im Ergebnishaushalt, nicht jedoch im Finanzhaushalt zulässig, vgl. § 19 Abs. 2 und 4 GemHVO.

238

Ansätze für Aufwendungen und Auszahlungen eines Teilhaushalts (Budgets) können ganz oder teilweise für übertragbar erklärt werden, § 21 Abs. 2 GemHVO. Sie bleiben längstens ein Jahr nach Schluss des Haushaltsjahres verfügbar. Dies gilt entsprechend für überplanmäßige und außerplanmäßige Aufwendungen und Auszahlungen, wenn sie bis zum Ende des Haushaltsjahres in Anspruch genommen, jedoch noch nicht geleistet worden sind, § 21 Abs. 3 GemHVO.

Die Ansätze für Auszahlungen für Investitionen bleiben bis zur Fälligkeit der letzten Zahlung für ihren Zweck verfügbar, bei Baumaßnahmen und Beschaffungen längstens jedoch zwei Jahre nach Schluss des Haushaltsjahres, in dem der Bau oder der Gegenstand in seinen wesentlichen Teilen in Benutzung genommen werden kann, § 21 Abs. 1 GemHVO.

Im Gegensatz zu den kameralen Haushaltsausgaberesten, die im Jahr ihrer Bildung zu finanzieren waren, sind die übertragenen Auszahlungsermächtigungen erst im Jahr ihrer Zahlungswirksamkeit zu finanzieren. Bereits im Jahr der Bildung von Haushaltsübertragungen sind daher die liquiden Mittel sicherzustellen; sie müssen rechtzeitig für ihren Zweck verfügbar sein. Als Nachweis dient die von der Gemeinde aufzustellende Liquiditätsübersicht, Anlagen 5 und 22 VwV Produkt- und Kontenrahmen.

j) **Stellenplan.** Der Stellenplan (§ 57 GemO und § 5 GemHVO) ist nach wie vor **Grundlage für die gesamte Personalwirtschaft** der Gemeinde. Er ist für die Beamten und nicht nur vorübergehend Beschäftigten (früher Angestellte und Arbeiter), unabhängig von ihrer tatsächlichen Besetzung, aufzustellen und nach Beschäftigungsverhältnissen zu untergliedern. Der Stellenplan ist nicht nur Ver-

239

115

anschlagungsunterlage für den Haushaltsplan, sondern auch Grundlage für die Einstellung und Beförderung von Beamten und den nicht nur vorübergehend Beschäftigten. Die dazu erforderliche Satzungsqualität erhält der Stellenplan dadurch, dass er als Bestandteil des Haushaltsplans auch Teil der Haushaltssatzung ist.

Die Aufteilung der Stellen auf die Teilhaushalte ist in einer **besonderen Übersicht** darzustellen, § 5 Abs. 1 S. 3 GemHVO. Sie bildet die Grundlage für die Aufteilung der Personalaufwendungen auf die Teilhaushalte.

k) **Anlagen**

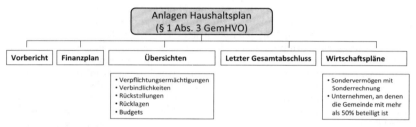

Schaubild: Anlagen zum Haushaltsplan

IV. Besondere Haushaltsgrundsätze

Neben den allgemeinen Wirtschafts- und Finanzierungsgrundsätzen enthält das kommunale Haushaltsrecht weitere Grundsätze, die bei der Aufstellung und Ausführung der Haushaltssatzung/des Haushaltsplans zu beachten sind.

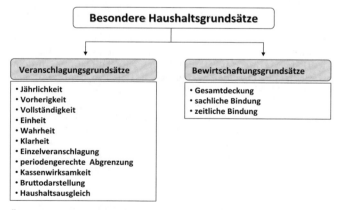

Übersicht: Besondere Haushaltsgrundsätze

IV. Besondere Haushaltsgrundsätze

1. Veranschlagungsgrundsätze

a) Grundsatz der Jährlichkeit. Die Gemeinde hat für **jedes Haushaltsjahr** eine Haushaltssatzung zu erlassen (§ 79 Abs. 1 GemO). Haushaltsjahr ist das Kalenderjahr (§ 79 Abs. 4 GemO). Macht die Gemeinde von der Möglichkeit eines Doppelhaushalts Gebrauch, sind sämtliche Festsetzungen und Ansätze nach Jahren zu trennen (§ 79 Abs. 1 GemO i. V. m. § 7 GemHVO). Auch für den Vollzug von Haushaltssatzung/Haushaltsplan und die Rechnungslegung gilt der Grundsatz der Jährlichkeit. Dies bedeutet, dass die Jahresansätze im Haushaltsplan (Ergebnishaushalt und Finanzhaushalt) grundsätzlich nicht ins nächste Jahr übertragen werden können. Nicht in Anspruch genommene Ermächtigungen gelten als erspart. Ausgenommen von dieser Bindung an das Haushaltsjahr sind die nach § 21 GemHVO zulässigen Übertragungen.

b) Grundsatz der Vorherigkeit. Die Haushaltssatzung soll so **rechtzeitig** vom Gemeinderat beschlossen werden, dass sie zu Beginn des Haushaltsjahres in Kraft treten und der Haushaltswirtschaft der Gemeinde zugrunde gelegt werden kann. Dies ist nur möglich, wenn die beschlossene Haushaltssatzung rechtzeitig der Rechtsaufsichtsbehörde vorgelegt und das Rechtssetzungsverfahren noch im alten Haushaltsjahr abgeschlossen wird. Auf die Ausführungen in Rn. 191 ff. wird verwiesen.

c) Grundsatz der sachlichen Vollständigkeit. Der Haushaltsplan (Gesamtergebnishaushalt und Gesamtfinanzhaushalt) **muss** alle voraussichtlich anfallenden Erträge und entstehenden Aufwendungen, alle eingehenden ergebnis- und vermögenswirksamen Einzahlungen und zu leistenden ergebnis- und vermögenswirksamen Auszahlungen sowie die notwendigen Verpflichtungsermächtigungen enthalten (§ 80 Abs. 1 GemO). Als **Ausnahme** vom Grundsatz der sachlichen Vollständigkeit werden im Haushaltsplan nicht veranschlagt: Durchlaufende Finanzmittel i. S. v. § 61 Nr. 10 GemHVO, fremde Finanzmittel i. S. v. § 61 Nr. 16 GemHVO, vorläufige Rechnungsvorgänge (§ 30 GemHVO), Geldanlagen und Kassenkredite.

d) Grundsatz der sachlichen Einheit. Für jedes Haushaltsjahr ist nur **ein** einziger Haushaltsplan zugelassen. Sogenannte Teilhaushalte, z. B. für Teilorte, sind nicht verselbstständigt, sondern Teil des einheitlichen Haushaltsplans. Auch der Wirtschaftsplan kommunaler Krankenhäuser ist Bestandteil des Haushaltsplans der Gemeinde (§ 3 KrHRVO). **Ausnahmen** gelten für wirtschaftliche und nichtwirtschaftliche Unternehmen, die als Eigenbetrieb nach § 1 EigBG geführt werden, für rechtlich selbstständige örtliche Stiftungen, die von der Gemeinde treuhänderisch verwaltet werden (Treuhandvermögen, § 97 GemO) sowie rechtlich unselbstständige Versorgungs- und Versicherungseinrichtungen für Bedienstete der Gemeinde (§ 96 Abs. 1 Nr. 4 GemO).

e) Grundsatz der Haushaltswahrheit und -klarheit. Die **Haushaltsansätze** sind – soweit sie nicht errechenbar sind – **sorgfältig** zu **schätzen** (§ 10 Abs. 1 GemHVO). Unwahre Ansätze, d. h. zu hohe Erträge und zu niedrige Aufwendungen, gefährden außerdem den Haushaltsausgleich. Im Finanzhaushalt führen zu niedrig veranschlagte Einzahlungen und überhöhte Auszahlungen zu einem überhöhten Kreditbedarf und damit zu einer unwirtschaftlichen Finanzierung. Auch die Veranschlagung eines globalen Minderaufwands ist nur in begrenztem Umfang zulässig (§ 24 Abs. 1 GemHVO).

Für **Baumaßnahmen** dürfen Auszahlungen und Verpflichtungsermächtigungen erst dann veranschlagt werden, wenn Pläne, Kostenberechnungen und Erläuterungen vorliegen, aus denen die Art der Ausführung, die Kosten der Maßnahme sowie die voraussichtlichen Jahresraten unter Angabe der Kostenbeteiligung Dritter und ein Bauzeitenplan im Einzelnen ersichtlich sind, § 12 Abs. 2 GemHVO. Ausnahmen hiervon sind bei unbedeutenden Maßnahmen und unabweisbaren Instandsetzungen zulässig, wobei auch hier immer eine Kostenberechnung vorliegen muss.

247 Die **Haushaltsklarheit** verlangt einen systematischen Aufbau des Haushaltsplans. § 10 Abs. 3 GemHVO schreibt die Veranschlagung der Erträge und Einzahlungen nach ihrem Entstehungsgrund und Aufwendungen und Auszahlungen nach Arten vor. Für denselben Zweck sollen Aufwendungen und Auszahlungen nicht an verschiedenen Stellen im Haushaltsplan veranschlagt werden (§ 10 Abs. 4 GemHVO).
Der Haushaltsklarheit dienen auch die Erläuterungen im Haushaltsplan (§ 17 GemHVO).

248 f) **Grundsatz der Einzelveranschlagung.** Der Grundsatz der Einzelveranschlagung hat seinen Niederschlag in **§ 10 Abs. 4 GemHVO** gefunden. Er bezieht sich sowohl auf den Ergebnishaushalt als auch auf den Finanzhaushalt. Danach sollen für denselben Zweck Aufwendungen und Auszahlungen nicht an verschiedenen Stellen im Haushaltsplan veranschlagt werden. **Ausnahmen** vom Grundsatz der Einzelveranschlagung: Verfügungsmittel des Bürgermeisters (§§ 13, 61 Nr. 43 GemHVO).

249 g) **Grundsatz der periodengerechten Abgrenzung und Kassenwirksamkeit.** Im **Ergebnishaushalt** sind nur diejenigen Aufwendungen und Erträge zu veranschlagen, die wirtschaftlich dem Haushaltsjahr zuzurechnen sind. Die Veranschlagung beschränkt sich auf die Darstellung des periodisierten Ressourcenverbrauchs und Ressourcenzuwachs (§ 80 Abs. 1 GemO i. V. m. § 10 Abs. 1 GemHVO). **Ausnahme:** § 16 Abs. 1 GemHVO.
Der Grundsatz der Kassenwirksamkeit bezieht sich auf die Veranschlagung der einzelnen Ansätze im **Finanzhaushalt.** Danach sind nur diejenigen Einzahlungen und Auszahlungen zu veranschlagen, die voraussichtlich eingehen oder zu leisten sind (§ 80 Abs. 1 GemO i. V. m. § 10 Abs. 1 GemHVO). **Ausnahme:** § 16 Abs. 1 GemHVO. Die veranschlagten Einzahlungen und Auszahlungen bewirken eine Änderung der Liquidität der Kommune.

250 h) **Bruttogrundsatz.** Die Erträge, Aufwendungen, Einzahlungen und Auszahlungen sind **in voller Höhe** und **getrennt voneinander** zu veranschlagen (§ 10 Abs. 2 GemHVO). Eine Verrechnung von Erträgen/Einzahlungen mit Aufwendungen/Auszahlungen ist danach grundsätzlich **nicht zulässig**. Das „Nettoverfahren" würde die Durchschaubarkeit der tatsächlichen Haushaltsabläufe für die kommunalen Entscheidungsträger und die interessierte Öffentlichkeit unmöglich machen. Werden der Kommune Skonto und Rabatte eingeräumt, ist

IV. Besondere Haushaltsgrundsätze **251, 252**

nur der von der Kommune geschuldete niedrigere Rechnungsbetrag als Aufwand/Auszahlung anzusetzen.
Ausnahmen hiervon sind zulässig für Abgaben, abgabenähnliche Entgelte und allgemeine Zuweisungen, welche die Gemeinde zurückzuzahlen hat. Sie sind bei den Erträgen abzusetzen, auch wenn sie sich auf Erträge der Vorjahre beziehen (§ 16 Abs. 1 S. 1 GemHVO). Umlagen aus Vorjahren, die an die Gemeinde zurückfließen, sind den Erträgen des laufenden Jahres zuzuschreiben (§ 16 Abs. 1 S. 2 GemHVO).

i) **Haushaltsausgleich.** Der Grundsatz des Haushaltsausgleichs hat eine **zentrale** **251**
Bedeutung für die kommunale Haushaltswirtschaft. Die stetige Erfüllung kommunaler Aufgaben ist nur bei einem nachhaltig ausgeglichenen Gesamtergebnishaushalt möglich.
Nach § 80 Abs. 2 GemO soll das Ergebnis aus ordentlichen Erträgen und ordentlichen Aufwendungen (ordentliches Ergebnis) unter Berücksichtigung von Fehlbeträgen aus Vorjahren ausgeglichen werden. Konkret bedeutet dies, dass **Abschreibungen** und **Rückstellungen** im Haushaltsplan nicht nur **vollständig darzustellen**, sondern auch in den **Haushaltsausgleich einzubeziehen** sind. Auf diese Weise wird dem Prinzip der intergenerativen Gerechtigkeit, wonach jede Generation die von ihr verbrauchten Ressourcen durch entsprechende Zuwächse finanzieren soll, Rechnung getragen.

Kann der Ausgleich des ordentlichen Ergebnisses trotz Ausnutzung aller Sparmöglichkeiten und Ausschöpfung aller Ertragsmöglichkeiten nicht erreicht **252**
werden, sollen Mittel der **Rücklagen** aus Überschüssen des ordentlichen Ergebnisses zum Haushaltsausgleich verwendet werden. Anstelle oder zusätzlich zur Rücklagenverwendung kann im Ergebnishaushalt auch eine pauschale Kürzung von Aufwendungen (globaler Minderaufwand) bis zu einem Betrag von 1 % der Summe der ordentlichen Aufwendungen unter Angabe der zu kürzenden Teilhaushalte veranschlagt werden. Soweit danach immer noch kein Ausgleich erreichbar ist, sollen Überschüsse des Sonderergebnisses und Mittel der Rücklagen aus Überschüssen des Sonderergebnisses aus Vorjahren zum Haushaltsausgleich verwendet werden. Für den Fall, dass ein Ausgleich des ordentlichen Ergebnisses nach Vornahme der aufgezeigten Möglichkeiten immer noch nicht erreichbar ist, kann ein verbleibender Haushaltsfehlbetrag in der mittelfristigen Finanzplanung längstens in die drei folgenden Haushaltsjahre vorgetragen werden. Ein danach verbleibender Fehlbetrag ist mit dem Basiskapital zu verrechnen, wobei dieses nicht negativ sein darf.
Die **Ausgleichspflicht** bezieht sich nur auf das **ordentliche Ergebnis**. Bei der Planaufstellung besteht für das außerordentliche Ergebnis keine Ausgleichsverpflichtung. Im Regelfall ist davon auszugehen, dass außerordentliche Erträge und außerordentliche Aufwendungen nicht bereits bei der Planaufstellung bekannt sind. Es handelt sich hierbei um außergewöhnliche, unregelmäßig auftretende und im Allgemeinen nicht planbare Aufwendungen und Erträge, weshalb sich ein Ausgleich nur zufällig ergeben würde. **Ausnahmen** sind möglich im Zusammenhang mit der Veräußerung von Vermögen und erwarteten Mehrerlösen. Für diesen Fall ist vorgesehen, dass ein evtl. Überschuss beim veranschlagten Sonderergebnis den Rücklagen aus Überschüssen des Sonderergebnisses zu-

zuführen ist. Sollte sich beim Jahresabschluss ein Fehlbetrag beim Sonderergebnis ergeben, ist dieser Fehlbetrag durch Entnahme aus der Rücklage aus Überschüssen des Sonderergebnisses aus Vorjahren zu verrechnen. Soweit dies nicht möglich ist, ist der Fehlbetrag zu Lasten des Basiskapitals zu verrechnen.

Für die **Teilergebnishaushalte** sieht das neue kommunale Haushaltsrecht keine speziellen Ausgleichsregeln vor. Der Haushaltsausgleich bezieht sich ausschließlich auf den Gesamtergebnishaushalt. Für die Teilergebnishaushalte ist – insbesondere im Hinblick auf den Haushaltsgrundsatz der sachlichen Bindung – festzulegen, wie Abweichungen zwischen dem veranschlagten und dem tatsächlichen Ressourcenbedarf behandelt werden.

Ein formaler Haushaltsausgleich für den **Gesamtfinanzhaushalt** ist **nicht** vorgesehen. Für die Aufrechterhaltung der Zahlungsfähigkeit bedarf es im Hinblick auf die Regelung in § 89 Abs. 1 GemO keiner besonderen Ausgleichsregelung. Danach sind die Kommunen verpflichtet, die notwendige Liquidität für die rechtzeitige Leistung ihrer Auszahlungen vorzuhalten bzw. sicherzustellen. Zur rechtzeitigen Leistung ihrer Auszahlungen kann die Kommune wie bisher im Rahmen der Haushaltssatzung ggf. Finanzierungskredite (nur für Investitionen und Investitionsförderungsmaßnahmen!) und/oder soweit für die Kasse keine anderen Mittel (fällige Erträge/Einzahlungen) zur Verfügung stehen, zur kurzfristigen Überbrückung von Liquiditätsschwankungen Kassenkredite aufnehmen.

2. Deckungsgrundsätze

253 a) **Grundsatz der Gesamtdeckung.** Der Grundsatz der Gesamtdeckung ist in § 18 Abs. 1 GemHVO geregelt und findet sowohl für den Ergebnishaushalt als auch den Finanzhaushalt Anwendung. Danach dienen im Ergebnishaushalt alle Erträge zur Deckung aller Aufwendungen und im Finanzhaushalt alle Einzahlungen insgesamt **zur Deckung aller Auszahlungen.** Einzahlungen aus der Aufnahme von Krediten unterliegen im Finanzhaushalt allerdings nur insoweit dem Grundsatz der Gesamtdeckung, als sie zur Deckung von Auszahlungen für Investitionen und Investitionsförderungsmaßnahmen (vgl. § 87 Abs. 1 GemO) verwendet werden.

Ausnahmeregelungen vom Grundsatz der Gesamtdeckung finden sich für den Ergebnishaushalt und den Finanzhaushalt in § 19 GemHVO.

Eine weitere wichtige **Ausnahme** von der Gesamtdeckung stellt die Bildung von Budgets dar. Nach § 4 Abs. 2 S. 1 GemHVO bildet jeder Teilhaushalt ein Budget. Merkmal der **Budgetbildung** ist, dass Erträge/Einzahlungen und Aufwendungen/Auszahlungen verbunden sind. Nach Vereinbarung (Vorgabe) entsprechender Leistungsziele werden die erforderlichen Ressourcen und Zahlungsmittel zur eigenverantwortlichen Bewirtschaftung global zugewiesen und damit die Aufgaben- und Ressourcenverantwortung in eine Hand gegeben.

254 b) **Grundsatz der sachlichen Bindung.** Der Haushaltsplan ist **für die Führung der Haushaltswirtschaft verbindlich,** § 80 Abs. 4 S. 1 GemO, d. h. die Organe der Kommune sind bei allen haushaltswirksamen Maßnahmen an die Festsetzungen (Zweckbestimmung und Höhe) des Haushaltsplans gebunden. Die sachliche Bindung (Verbindlichkeit) ist jedoch nur nach **innen** gerichtet und

IV. Besondere Haushaltsgrundsätze

entfaltet keine Außenwirkung. Im Interesse einer größeren Flexibilität der Haushaltsführung wird die sachliche Bindung mehrfach durchbrochen:

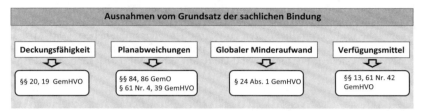

Schaubild Ausnahmen vom Grundsatz der sachlichen Bindung

c) **Grundsatz der zeitlichen Bindung.** Für die im Ergebnishaushalt und Finanzhaushalt veranschlagten Aufwendungen, Auszahlungen und Verpflichtungsermächtigungen gilt der Grundsatz der zeitlichen Bindung. Daraus ergibt sich, dass Aufwands- und Auszahlungsermächtigungen, die bis zum Jahresabschluss nicht in Anspruch genommen wurden, grundsätzlich als **erspart** gelten.

Schaubild: Ausnahmen vom Grundsatz der zeitlichen Bindung

Die **Übertragbarkeit** nach § 21 GemHVO ist nur zulässig, wenn dadurch das geplante Gesamtergebnis nicht gefährdet ist und die Kreditaufnahmevorschriften beachtet werden (§ 18 Abs. 2 GemHVO).
Verfügungsmittel des Bürgermeisters sind **nicht** übertragbar (§ 13 S. 2 GemHVO).
Die übertragenen Aufwands- und Auszahlungsermächtigungen sind in dem Haushaltsjahr auszuweisen und zu finanzieren, in dem der Ressourcenverbrauch (Aufwand) bzw. die Auszahlung tatsächlich anfällt, d. h. deckungsmäßig wird nicht mehr das laufende, sondern ein zukünftiges Haushaltsjahr belastet.

V. Vollzug der Haushaltssatzung

256 Der Haushaltsplan ist Grundlage für die Bewirtschaftung der Erträge (Einzahlungen) und Aufwendungen (Auszahlungen) sowie Verpflichtungsermächtigung. Er ist für die Führung der Haushaltswirtschaft verbindlich, ohne jedoch Ansprüche und Verbindlichkeiten zu begründen oder aufzuheben, § 80 Abs. 4 GemO. Unter **Bewirtschaftung** versteht man das Eingehen von Verpflichtungen, das Feststellen, Begründen und Geltendmachen von Forderungen und Ansprüchen.

Sachentscheidungsbefugnis	Vollzug der Sachentscheidung nach außen

• Interne Entscheidung der Gemeinde über Haushaltsansätze in Form von Grundsatz-, Ausführungs- und Vergabebeschlüssen
• **Zuständigkeit:**
  - Gemeinderat, §§ 24 Abs. 1, 39 Abs. 2 GemO
  - Beschließende Ausschüsse
  - Bürgermeister, § 44 Abs. 2 und 3 GemO
	• Recht, Verbindlichkeiten einzugehen (Bestellungen aufgeben, Verträge abzuschließen), Forderungen zu begründen und Personalstellen zu besetzen
	• **Zuständigkeit:**
	  - Bürgermeister, §§ 41 Abs. 1, 43 Abs. 1 GemO
	  - Beigeordnete, § 49 GemO
	  - Übertragung/Delegation
	    - Mitarbeiter, § 53 Abs. 1 GemO
	    - Dritte, § 53 Abs. 2 GemO
	    - Schulleiter, § 58 Schulgesetz

Schaubild: Bewirtschaftungsbefugnis

257 Von der Bewirtschaftung ist die **Anordnung** von **Einzahlungen** und **Auszahlungen** zu unterscheiden. Die Anordnung ist eine **interne Anweisung** an die Gemeindekasse, Beträge anzunehmen, auszuzahlen und zu buchen. Die Anordnungsbefugnis steht dem **Bürgermeister** zu; sie kann delegiert werden auf Ämter oder bestimmte Personen. Zu beachten ist allerdings, dass Kassenanordnung und Vollzug von verschiedenen Personen durchgeführt werden, § 7 Abs. 2 GemKVO (Trennung von Anordnung und Vollzug!).

VI. Über- und außerplanmäßige Auszahlungen und Aufwendungen

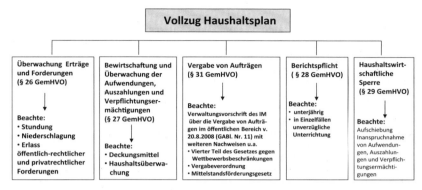

Schaubild: Haushaltsvollzug

VI. Überplanmäßige und außerplanmäßige Auszahlungen und Aufwendungen

1. Grundsatz der sachlichen Bindung

Der Haushaltsplan ist für die Führung der Haushaltswirtschaft verbindlich, d. h. die Organe der Gemeinde sind an die jeweilige Zweckbestimmung und an die Höhe des Ansatzes gebunden.

Die Kommunen sind nach § 27 Abs. 1 GemHVO verpflichtet, die Haushaltsansätze so zu verwalten, dass sie für ihren Zweck ausreichen. In der Praxis kommt es allerdings immer wieder vor, dass zusätzliche oder im Haushaltsplan überhaupt nicht vorgesehene Aufgaben wahrgenommen werden müssen; die hierfür notwendigen haushaltsrechtlichen ergebnis- und/oder zahlungswirksamen Ermächtigungen (Haushaltsansätze) nicht oder nicht in ausreichender Höhe zur Verfügung stehen.

Nach Beschlussfassung der Haushaltssatzung können Ausgabemittel durch das in der Kommune zuständige Organ entweder im Rahmen einer Nachtragshaushaltssatzung/Nachtragshaushaltsplan oder durch außerplanmäßige bzw. überplanmäßige Nachbewilligungen bereitgestellt werden.

2. Begriffe – Abgrenzung

Außerplanmäßige Aufwendungen und Auszahlungen sind Aufwendungen (vgl. § 61 Nr. 2 GemHVO) und Auszahlungen (vgl. § 61 Nr. 3 GemHVO), für deren Zweck im Haushaltsplan keine Ermächtigungen veranschlagt sind und keine aus Vorjahren übertragenen Ansätze (vgl. § 21 GemHVO) zur Verfügung stehen, § 61 Nr. 5 GemHVO.

Überplanmäßige Aufwendungen und Auszahlungen sind Aufwendungen (vgl. § 61 Nr. 2 GemHVO) und Auszahlungen (vgl. § 61 Nr. 3 GemHVO), die die im Haushaltsplan veranschlagten Beträge und die aus den Vorjahren übertragenen Ermächtigungen übersteigen, § 61 Nr. 41 GemHVO.

3. Zulässigkeit

260 **a) Überplanmäßige und außerplanmäßige Aufwendungen.** Überplanmäßige und außerplanmäßige Aufwendungen sind nach § 84 Abs. 1 GemO zulässig, wenn eine Nachtragshaushaltssatzung nach § 82 Abs. 2 GemO nicht erforderlich ist (vgl. § 84 Abs. 1 S. 4 GemO), ein dringendes Bedürfnis besteht und die Deckung gewährleistet ist (1. Alt.) **oder** die Aufwendungen unabweisbar sind und kein erheblicher Fehlbetrag entsteht (2. Alt.) oder ein geplanter Fehlbetrag sich nur unerheblich erhöht.

Der Begriff des **Fehlbetrags** ist in § 61 Nr. 14 GemHVO definiert als Unterschiedsbetrag, um den die ordentlichen **und** außerordentlichen Aufwendungen im Ergebnishaushalt oder im Jahresabschluss der Ergebnisrechnung höher sind als die ordentlichen und außerordentlichen Erträge.

Ein **dringendes Bedürfnis** liegt vor, wenn eine kommunale Aufgabe und der mit ihr zusammenhängende Aufwand nicht ohne Nachteil für die Gemeinde auf einen späteren Zeitpunkt (Erlass einer Nachtragshaushaltssatzung oder Haushaltssatzung für das folgende Jahr) verschoben werden kann. Die Aufgabe und der damit einhergehende Aufwand (Ressourcenverbrauch) sind zeitlich und sachlich dringend. Das Vorliegen eines dringenden Bedürfnisses alleine genügt nicht; die Deckung der Aufwendungen muss außerdem gewährleistet sein. Als **Deckungsmittel** kommen dabei vor allem in Frage: zusätzliche ordentliche Erträge (tatsächliche oder erkennbare) sowie in der Planung nicht vorgesehene außerordentliche Erträge (z. B. Veräußerungsgewinne) oder Minderaufwendungen (Reduzierung des Verfügungsrahmens bei einer oder mehreren anderen Aufwandspositionen) sowie geringere als geplante außerordentliche Aufwendungen. Die Deckung könnte aber auch dadurch nachgewiesen werden, dass die übertragenen Aufwandsermächtigungen des Vorjahres (§ 61 Nr. 18, § 21 GemHVO) wegfallen oder reduziert werden, weil Aufgaben nicht mehr wahrgenommen werden oder Aufwendungen unter dem gebildeten Haushaltsrest liegen.

Überplanmäßige und außerplanmäßige Aufwendungen sind nach § 84 Abs. 1 2. Alt. GemO auch dann zulässig, wenn der Aufwand unabweisbar ist und kein erheblicher Fehlbetrag entsteht oder ein geplanter Fehlbetrag sich nur unerheblich erhöht. **Unabweisbarkeit** liegt dann vor, wenn eine gesetzliche oder vertragliche Verpflichtung zum Verbrauch von Ressourcen (Aufwand) besteht und die Aufgabe nicht aufschiebbar ist. Die Kommune hat weder sachlich noch zeitlich eine Handlungsalternative. Hinzukommen muss allerdings, dass durch den Mehraufwand kein erheblicher Fehlbetrag entsteht oder ein geplanter Fehlbetrag sich nur unerheblich erhöht. Die Erheblichkeitsgrenze dürfte je nach Gemeindegröße zwischen 1 % und 3 % des Haushaltsvolumens liegen.

Führt der Mehraufwand zu einem erheblichen Fehlbetrag, hat die Gemeinde **unverzüglich** eine Nachtragshaushaltssatzung zu erlassen, § 82 Abs. 2 Nr. 1 GemO.

261 **b) Überplanmäßige und außerplanmäßige Auszahlungen.** Überplanmäßige und außerplanmäßige Auszahlungen sind nur dann **zulässig**, wenn ein dringendes Bedürfnis besteht und die Finanzierung gewährleistet ist oder wenn sie unabweisbar sind. Die Ausführungen in Rn. 260 zum dringenden Bedürfnis und zur Unabweisbarkeit finden uneingeschränkt Anwendung auch auf Auszahlungen.

Der Begriff der **Auszahlungen** ist in § 61 Nr. 3 GemHVO als Barzahlung und/
oder bargeldlose Zahlung, die die liquiden Mittel vermindert, definiert. Die
Finanzierung der Mehrauszahlungen ist dann gewährleistet und damit zulässig,
wenn die notwendige Liquidität zur Verfügung steht, z. B. Liquiditätsüber-
schüsse in Form zusätzlicher nicht geplanter Einzahlungen bzw. geringere Li-
quiditätsabflüsse aufgrund aufgeschobener Maßnahmen bzw. nicht in Anspruch genommener haushaltsrechtlicher Ermächtigungen.
Der Haushaltsgrundsatz der Liquiditätssicherung darf durch die Regelung in
§ 84 GemO nicht unterlaufen werden. Die Gemeinde hat nach § 89 Abs. 1
GemO die rechtzeitige Leistung der Auszahlungen sicherzustellen, ggf. können
bis zu dem in der Haushaltssatzung festgesetzten Höchstbetrag Kassenkredite
aufgenommen werden, § 89 Abs. 2 GemO.

> **Beachten:** Überplanmäßige und außerplanmäßige Aufwendungen und/oder
> Auszahlungen bedürfen der **Zustimmung des Gemeinderats**, wenn sie nach
> Umfang (ca. 10 % eines Ansatzes bzw. vergleichbaren Ansatzes) und Bedeu-
> tung (kommunalpolitische Bedeutung, unabhängig von der finanzwirt-
> schaftlichen Größenordnung) **erheblich** sind. Die Zustimmung des Gemein-
> derats ist **unverzüglich** einzuholen.

c) **Überplanmäßige Auszahlungen für Investitionen, die im Folgejahr fortgesetzt werden.** § 84 Abs. 2 GemO stellt eine spezielle Regelung für Fortsetzungs-
investitionen dar. Sie hat Vorrang vor § 84 Abs. 1 GemO und vor § 82 Abs. 2
GemO. Danach sind für Investitionen, die im folgenden Jahr fortgesetzt werden, überplanmäßige (**keine außerplanmäßigen**) Auszahlungen auch dann **zulässig**, wenn ihre Finanzierung im folgenden Jahr gewährleistet ist. Sie bedürfen
allerdings der vorherigen **Zustimmung des Gemeinderats**. Ein evtl. dadurch
im laufenden Haushaltsjahr entstehender Finanzierungsmittelfehlbetrag ist im
folgenden Jahr abzudecken bzw. die notwendige Liquidität durch Inanspruchnahme eines kurzfristigen Kassenkredits, der im Folgejahr zurückzuzahlen ist,
sicherzustellen.

> **Beachten:** Die Zustimmung des Gemeinderats ist **immer** vor Eingehen einer
> Verpflichtung einzuholen, die zu einem/r überplanmäßigen oder außerplan-
> mäßigen Aufwand/Auszahlung führt bzw. führen kann.

VII. Gemeindevermögen

1. Begriff, Einteilung und Vermögenserwerb

Zum Gemeindevermögen zählen alle der Gemeinde gehörenden **unbeweglichen**
und **beweglichen Sachen** sowie alle ihr zustehenden **geldwerten Rechte** (Aktiv-
werte).
Es steht nicht im Belieben der Gemeinde, ob, in welchem Umfang und zu welchem Zweck sie Vermögen erwirbt. Nach § 91 Abs. 1 GemO soll die Gemeinde
Vermögensgegenstände nur erwerben, wenn dies **zur Erfüllung ihrer Aufgaben**
erforderlich ist (weite Auslegung). Die Sachentscheidung liegt grundsätzlich

beim Gemeinderat, §§ 24 Abs. 1, 39 Abs. 2 Nr. 10 GemO. **Ausnahmen:** Geschäfte der laufenden Verwaltung (§ 44 Abs. 2 GemO) und solche Geschäfte, die durch den Gemeinderat auf beschließende Ausschüsse oder den Bürgermeister übertragen wurden.

Erklärungen, durch welche die Gemeinde verpflichtet werden soll, bedürfen der **Schriftform** und sind vom **Bürgermeister** handschriftlich zu unterzeichnen, § 54 GemO. Der Erwerb von Vermögen ist stets mit einer Verpflichtung – Vertragserfüllung – verbunden. Eine Besonderheit gilt für Grundstücksgeschäfte. Sie bedürfen der notariellen Beurkundung (§ 311b BGB); evtl. besteht ein Genehmigungserfordernis nach dem Grundstücksverkehrsgesetz. Daneben ist die Auflassung und der Eintrag ins Grundbuch (§ 925 BGB) für den Erwerb eines Grundstücks erforderlich.

Beschlüsse über Verträge der Gemeinde mit einem Gemeinderat oder dem Bürgermeister sind der **Rechtsaufsichtsbehörde vorzulegen.** Dies gilt allerdings nicht für Beschlüsse, die nach feststehendem Tarif abgeschlossen wurden oder für die Gemeinde nicht von erheblicher wirtschaftlicher Bedeutung sind, § 126 Abs. 2 GemO.

2. Verwaltung und Nachweis des Vermögens

264 Die Gemeinde ist verpflichtet, ihre Vermögensgegenstände **pfleglich** und **wirtschaftlich** zu verwalten und ordnungsgemäß nachzuweisen, § 91 Abs. 2 S. 1 GemO. Zur pfleglichen Verwaltung gehört auch, dass das Vermögen ordnungsgemäß unterhalten (erhalten) wird. Wirtschaftliche Verwaltung bedeutet, dass die Vermögenswerte so eingesetzt werden, dass sie den größten Nutzen für die Gemeinde erbringen.

Anders ist es mit **Geldanlagen:** Hier ist ausdrücklich vorgeschrieben, dass sie unter Beachtung einer ausreichenden Sicherheit einen **angemessenen Ertrag** erbringen sollen, § 91 Abs. 2 S. 2 GemO. Liquide Mittel sollen also so angelegt werden, dass eine gute Rendite zu erzielen ist. Allerdings hat die Sicherheit dabei stets Vorrang. Als Geldanlagen kommen in Frage: Einlagen bei Sparkassen, Genossenschafts- und Privatbanken (Tagesgelder, Termingelder, Sparanlagen), Erwerb von Wertpapieren (Kommunalobligationen, Staatsanleihen, Pfandbriefe), Darlehen gegen Hypotheken-, Grund- oder Rentenschuld (dingliche Sicherung, Beleihungsgrenze 60 %, Schuldschein regelt Darlehensbedingungen), Bauspareinlagen (im Vordergrund steht nicht der Zinserlös, sondern ein zinsgünstiges Darlehen durch die Bausparkasse an die Gemeinde). Nach § 18 Abs. 3 GemKVO regelt der **Bürgermeister** u. a. die Bewirtschaftung des Kassenbestandes und damit auch, ob – und in welcher Form – vorübergehend nicht benötigte Kassenmittel oder Rücklagen angelegt werden. Da er darüber nicht in jedem Falle selbst entscheiden muss, ist eine Delegation dieser Aufgabe, z. B. auf den Fachbediensteten für das Finanzwesen, zulässig. Bei größeren Geldanlagen hat der Bürgermeister den Gemeinderat über diese „wichtige Angelegenheit" zu unterrichten, § 43 Abs. 5 GemO.

Wie der Vermögensnachweis nach § 91 Abs. 2 S. 1 GemO im Einzelnen zu führen ist, regeln die §§ 37 ff. GemHVO.

3. Vermögensveräußerung

265 Die Gemeinde darf Vermögen **nur** veräußern, wenn es zur Aufgabenerfüllung nicht mehr benötigt wird, § 92 Abs. 1 GemO. Dadurch soll sichergestellt werden, dass die Gemeinde sich nicht leichtfertig von Teilen ihres Vermögens trennt, z. B. um aus dem Veräußerungserlös andere Aufgaben finanzieren zu können. Andererseits ist es ein Gebot der Wirtschaftlichkeit, dass die Gemeinde Vermögen, das für sie ohne Nutzen ist, aussondert.

Wenn Vermögen veräußert wird, so muss dafür i. d. R. der **volle Wert**, d. h. der am Markt zu erzielende Verkaufspreis erlöst werden. Nur in **Ausnahmefällen**, wenn es im Interesse der Aufgabenerfüllung zu vertreten ist, z. B. zur Förderung des sozialen Wohnungsbaus, darf eine Veräußerung unter dem tatsächlichen (vollen) Wert erfolgen. Anhaltspunkte für den vollen Wert sind: der Schätzwert, §§ 192 ff. BGB, die Kaufpreissammlung, §§ 195 ff. BauGB und der Verkehrswert.

Die gleichen Voraussetzungen gelten sinngemäß für die Überlassung der Nutzung eines Vermögensgegenstandes, § 92 Abs. 2 GemO.

266 Die **Rechtsaufsichtsbehörde** wirkt bei bestimmten Veräußerungsgeschäften der Gemeinde mit: So ist der Beschluss über die Veräußerung eines Vermögensgegenstandes unter seinem vollen Wert, der Rechtsaufsichtsbehörde vorzulegen, § 92 Abs. 3 S. 1 GemO. Beschlüsse über die Veräußerung von Vermögensgegenständen unter ihrem vollen Wert müssen der Rechtsaufsichtsbehörde nicht vorgelegt werden, wenn bewegliche Sachen veräußert werden sollen oder ein Grundstück oder grundstücksgleiches Recht aufgrund gesetzlicher Veräußerungspflicht veräußert werden soll oder in den vorangegangenen fünf Jahren erworben worden ist oder zur Förderung des Wohnungsbaus veräußert werden soll oder aufgrund geänderter Verkehrs-, Versorgungs- und Entsorgungsflächen sowie Fluss- und Bachläufe entbehrlich wurde. Die Freistellung gilt allerdings **nicht** für Rechtsgeschäfte zwischen einer Körperschaft, Anstalt oder Stiftung und Mitgliedern ihrer Organe sowie zwischen einer kommunalen Körperschaft oder Anstalt und einer von ihnen verwalteten kommunalen Stiftung.

Beschlüsse über Verträge der Gemeinde mit einem Gemeinderat oder dem Bürgermeister sind der Rechtsaufsichtsbehörde vorzulegen, wenn sie nicht nach feststehendem Tarif abgeschlossen wurden oder für die Gemeinde von erheblicher wirtschaftlicher Bedeutung sind, § 126 Abs. 2 GemO.

VIII. Kommunale Schulden

1. Begriffsbestimmungen

267 a) **Schulden.** Schulden sind nach § 61 Nr. 38 GemHVO **Rückzahlungsverpflichtungen aus Kreditaufnahmen** und ihnen wirtschaftlich **gleichkommenden Vorgängen** sowie aus der Aufnahme von Kassenkrediten. Das Gemeindewirtschaftsrecht unterscheidet zwischen Schulden im **Deckungsbereich** (Kredite für Investitionen und Investitionsförderungsmaßnahmen) und Schulden im **Kassenbereich** (Kassenkredite).

268 b) **Haushaltsrechtlicher Kreditbegriff.** Der haushaltsrechtliche Kreditbegriff ist mit dem privatrechtlichen Kreditbegriff (§ 607 BGB) **nicht** identisch. Haushaltsrechtlich ist ein Kredit das unter der Verpflichtung zur Rückzahlung von Dritten (z. B. Banken), von langfristigen Rückstellungen oder von Sondervermögen mit Sonderrechnung (z. B. Eigenbetrieb, Krankenhaus) aufgenommene Kapital mit **Ausnahme** der Kassenkredite, vgl. § 61 Nr. 28 GemHVO.

269 c) **Umschuldungen.** § 61 Nr. 43 GemHVO definiert als Umschuldung die **Ablösung** von Krediten und innere Darlehen **durch andere Kredite.**

270 d) **Kassenkredite.** Kassenkredite sind **kurzfristige Kredite** (Darlehen im zivilrechtlichen Sinne bei Dritten oder Sondervermögen mit Sonderrechnung) zur Überbrückung des verzögerten oder späteren Eingangs von Deckungsmitteln, soweit keine anderen liquiden Mittel eingesetzt werden können, § 61 Nr. 24 GemHVO.

2. Zulässigkeit von Kreditaufnahmen

271 Die Gemeinden haben die zur Erfüllung ihrer Aufgaben erforderlichen Finanzierungsmittel aus Entgelten für ihre Leistungen und aus Steuern zu beschaffen, soweit die sonstigen Erträge und Einzahlungen nicht ausreichen (Grundsätze der Erzielung von Erträgen und Einzahlungen, § 78 GemO). Kreditaufnahmen sind **nachrangige Finanzierungsmittel** und im Hinblick auf eine geordnete gemeindliche Finanzwirtschaft nur unter den Voraussetzungen der §§ 78 Abs. 3 und 87 Abs. 1 GemO zulässig.

Kredite dürfen nur im Finanzhaushalt und nur für Investitionen (§ 61 Nr. 21 GemHVO), Investitionsförderungsmaßnahmen (Förderung von Investitionen Dritter, z. B. Gemeinde gewährt der Kirchengemeinde einen Zuschuss zum Bau eines Kindergartens) und zur Umschuldung (§ 61 Nr. 42 GemHVO) aufgenommen werden. Für andere Zwecke, z. B. zur Finanzierung von Auszahlungen aus laufender Verwaltungstätigkeit (Ergebnishaushalt), zur Tilgung von Schulden, zur Finanzierung von Rücklagenansammlungen und zum Ausgleich von Fehlbeträgen aus Vorjahren, ist eine Kreditaufnahme **nicht** zulässig. Hier unterscheidet sich das kommunale Haushaltsrecht wesentlich vom Haushaltsrecht des Bundes und des Landes Baden-Württemberg.

272 Kreditaufnahmen sind **nur** dann **zulässig,** wenn sie mit der dauernden Leistungsfähigkeit der Gemeinde in Einklang stehen. Dies dürfte immer dann der Fall sein, wenn die Gemeinde voraussichtlich in der Lage sein wird
- ihre Aufgaben stetig zu erfüllen (Orientierung Haushaltsausgleich, mittelfristige Finanzplanung),
- bestehenden Verpflichtungen nachzukommen,
- ihr Vermögen pfleglich und wirtschaftlich zu verwalten und
- die Finanzierungs- und Folgelasten notwendiger Investitionen zu tragen.

Einzahlungen aus Krediten sind im Gesamtfinanzhaushalt nach dem Bruttoprinzip (§ 10 Abs. 2 GemHVO) in Höhe der Rückzahlungsverpflichtung zu veranschlagen. Der Gesamtbetrag der Kreditaufnahmen für Investitionen und Investitionsförderungsmaßnahmen ist in die Haushaltssatzung aufzunehmen, § 79 Abs. 2 Nr. 2a GemO.

Der Gesamtbetrag der vorgesehenen Kreditaufnahmen bedarf im Rahmen der Haushaltssatzung der **Genehmigung** durch die **Rechtsaufsichtsbehörde,** § 87 Abs. 2 GemO. Dadurch soll verhindert werden, dass eine Gemeinde durch un-

VIII. Kommunale Schulden

wirtschaftliche, vermeidbare und unzulässige Verschuldung Schaden erleidet und dadurch ihre gegenwärtigen bzw. zukünftigen Aufgaben nicht mehr erfüllen kann.

3. Kreditbedingungen

Aus § 77 Abs. 2 GemO ergibt sich, dass dem Kreditangebot der Vorzug zu geben ist, das den finanzwirtschaftlichen Belangen der Gemeinde am ehesten entspricht. Die im folgenden Schaubild dargestellten Faktoren (Kriterien) sollten bei der Entscheidung angemessen berücksichtigt werden:

Kreditbedingungen						
Zinsbelastung	Verwaltungskosten	Tilgungsform	Auszahlungskurs	Zinstermine	Laufzeit	Kündigungsrecht

4. Kreditähnliche Rechtsgeschäfte

Neben dem Kredit, bei dem von einem Dritten Geldkapital aufgenommen wird und eine Verpflichtung zur Rückzahlung besteht, gibt es Rechtsgeschäfte (Zahlungsverpflichtungen), die der Auswirkung eines Kredits gleichkommen, aber haushaltsrechtlich nicht die Begriffsmerkmale des Kredits erfüllen. Sie werden als sog. kreditähnliche Rechtsgeschäfte bezeichnet. Die wirtschaftlich einer Kreditaufnahme gleichkommenden Zahlungsverpflichtungen zählen haushaltsrechtlich zu den Schulden (§ 61 Nr. 37 GemHVO) und sind daher in die Schuldenübersicht (§ 1 Abs. 3 Nr. 5 GemHVO) sowie in die Vermögensrechnung aufzunehmen (§ 52 Abs. 4 Nr. 4.3 GemHVO).

Kreditähnliche Rechtsgeschäfte			
Kaufpreisschulden	Rentenschulden	Lieferanten- und Unternehmerstundungen	Leasinggeschäfte
Beispiel: Kommune erwirbt ein Grundstück und vereinbart die Zahlung des Kaufpreises in Jahresraten.	**Beispiel:** Kommune erwirbt ein Grundstück und vereinbart, nur einen bestimmten Kaufpreis sofort und den Restbetrag in Form einer Rente zu bezahlen.	**Beispiel:** Die Zahlungstermine für ein kommunales Bauvorhaben sind fixiert; das Vorhaben ist im Finanzhaushalt nicht abgesichert. Der Unternehmer stundet der Kommune den Zahlungsbetrag.	**Beispiel:** Die Kommune (Leasingnehmer) schließt einen Vertrag mit dem Leasinggeber über die mietweise Überlassung beweglicher oder unbeweglicher Vermögensgegenstände zum Gebrauch und zur Nutzung in Verbindung mit weiteren vertraglichen Leistungen des Leasinggebers.

Schaubild: Kreditähnliche Rechtsgeschäfte

5. Kassenkredite

Kassenkredite sind Kredite i. S. v. § 607 BGB. Sie können von der Gemeinde zur **Verstärkung der Kassenliquidität** vorübergehend bis zu dem in der Haushaltssatzung festgesetzten Höchstbetrag bei einem Dritten oder einem Sondervermögen mit Sonderrechnung aufgenommen werden. Haushaltsrechtlich sind Kassenkredite keine Kredite (vgl. § 61 Nr. 24 GemHVO), jedoch Schulden (vgl. § 61 Nr. 37 GemHVO).

Zulässigkeit Kassenkredite
Grundsatz: Die Gemeinde hat die rechtzeitige Leistung der Auszahlungen sicherzustellen
Ausnahme: Kassenkredite

Materielle Voraussetzungen	Formelle Voraussetzungen			
• Liquidität wird benötigt zur Leistung von Auszahlungen • Andere liquide Mittel stehen nicht zur Verfügung	Höchstbetrag Haushaltssatzung (§ 79 Abs. 2 Ziff. 1 Buchst. b GemO)	Evtl. Genehmigung Rechtsaufsichtsbehörde (§ 89 Abs. 2 GemO)	Zuständigkeit innerhalb der Gde. (u.a. § 18 Abs. 3 GemKVO)	Vereinbarung mit Kreditinstitut, evtl. Abschluss Kreditvertrag

Schaubild: Überblick Zulässigkeit von Kassenkrediten

Der Kassenkredit hat die Aufgabe, Liquiditätsschwierigkeiten der Gemeindekasse so lange zu überbrücken bis die im Haushaltsplan veranschlagten Deckungsmittel eingehen. Insofern handelt es sich um eine Art **Vorfinanzierung** der im Haushaltsplan veranschlagten Einzahlungen, wenngleich es sich bei Kassenkrediten haushaltsrechtlich nicht um Einzahlungen handelt.

276 Ursachen für Liquiditätsprobleme der Gemeindekasse können sein: Auszahlungen fallen an, bevor Einzahlungen eingehen, z. B. Auszahlungen Gehälter, Energie- und Bewirtschaftungskosten für den Monat Januar und Februar sind zu leisten; die Grund- und Gewerbesteuer wird erst zum 15.2. fällig. Ein Liquiditätsengpass könnte sich auch dadurch ergeben, dass die Gemeindekasse nicht alle fälligen Einzahlungen rechtzeitig eingezogen hat, mit der Folge hohe Außenstände (Kasseneinnahmereste). Aufgeschobene Kreditaufnahmen können ebenfalls zu einem Liquiditätsengpass führen.

Kassenkredite werden **im Haushaltsplan nicht** veranschlagt; Zinsen für Kassenkredite sind ggf. im Ergebnishaushalt zu veranschlagen und in der Ergebnisrechnung auszuweisen.

IX. Jahresabschluss

1. Gesetzliche Verpflichtung

277 Die Gemeinde hat nach **§ 95 GemO zum Schluss** eines **jeden Haushaltsjahres** einen Jahresabschluss aufzustellen. Der Jahresabschluss ist nach den Grundsätzen ordnungsgemäßer Buchführung unter Berücksichtigung der besonderen gemeindehaushaltsrechtlichen Bestimmungen aufzustellen und muss **klar** und **übersichtlich** sein. Er hat sämtliche Vermögensgegenstände, Schulden, Rückstellungen, Rechnungsabgrenzungsposten, Erträge, Aufwendungen, Einzahlungen und Auszahlungen zu enthalten und muss die tatsächliche Vermögens-, Ertrags- und Finanzlage der Gemeinde darstellen. Mit dem Jahresabschluss wird gegenüber dem Gemeinderat, der Öffentlichkeit und der Rechtsaufsichtsbehörde Rechenschaft über den Vollzug des Haushaltsplans sowie die Zielerreichung im abgelaufenen Haushaltsjahr berichtet.

Der Jahresabschluss ist innerhalb von **sechs Monaten** nach Ende des Haushaltsjahres aufzustellen, vom Bürgermeister unter Angabe des Datums zu unterzeichnen und vom Gemeinderat innerhalb eines Jahres festzustellen, § 95b GemO. Der Beschluss über die Feststellung ist der Rechtsaufsichtsbehörde un-

IX. Jahresabschluss

verzüglich mitzuteilen und ortsüblich bekannt zu geben. Gleichzeitig ist der Jahresabschluss mit dem Rechenschaftsbericht an sieben Tagen öffentlich auszulegen; in der Bekanntgabe ist auf die Auslegung hinzuweisen.

2. Bestandteile des Jahresabschlusses

Der Jahresabschluss besteht aus der **Ergebnisrechnung**, der **Finanzrechnung** und der **Bilanz**. Er ist um einen **Anhang** (§ 53 GemHVO) zu erweitern und durch einen **Rechenschaftsbericht** (§ 54 GemHVO) zu erläutern. Dem Anhang sind die Vermögensübersicht, die Schuldenübersicht und eine Übersicht über die in das folgende Jahr zu übertragenden Haushaltsermächtigungen beizufügen.

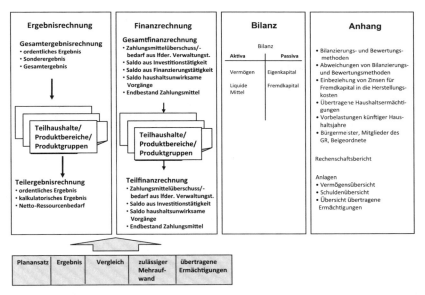

Schaubild: Bestandteile Jahresabschluss

3. Ergebnisrechnung

Die Ergebnisrechnung ist nach Arten gegliedert in **Staffelform** aufzustellen. Sie gibt Auskunft über die Art, die Höhe und die Quellen der Erträge (Ressourcenzuwächse) und Aufwendungen (Ressourcenverbräuche). Das Jahresergebnis wird ermittelt, in dem die **Plansätze des Ergebnishaushalts** den **Wertansätzen der Ergebnisrechnung gegenübergestellt** werden. Erhebliche Abweichungen sind im Rechenschaftsbericht zu erläutern. Der Planvergleich findet sowohl auf der Ebene der Gesamtergebnisrechnung als auch der Teilergebnisrechnungen statt. Die Teilergebnisrechnungen liefern wichtige Informationen für den Gemeinderat über die Bewirtschaftung der Budgets. Im Rahmen des internen Berichtswesens stehen die Teilrechnungen im Mittelpunkt. Sie sind Entscheidungsgrundlage für Leistungsanreize bzw. Sanktionen gegenüber den Budgetverantwortlichen. Durch den Planvergleich werden daneben die nicht in Anspruch genommenen Ermächtigungen ermittelt, die nach Vorliegen der Voraussetzungen des § 21 GemHVO ganz oder teilweise ins Folgejahr übertragen werden können.

Gesamtergebnisrechnung (§ 49 GemHVO) Ertrags- und Aufwandsarten	Planansatz 2017 EUR	Ergebnis 2017 EUR	Vergleich Ansatz/ Ergebnis 2017 EUR	Zulässiger Mehraufwand 2017 EUR	Übertragene Ermächtigungen nach 2018 EUR

| Verbindliche Gliederung Ertrags- und Aufwandsarten (§§ 49, 51 GemHVC) | Lt. Haushaltsplan bzw. Nachtragsplan | Fällige Erträge und Aufwendungen | §51 GemHVO | Apl./üpl. Aufwendungen --------- Sperren | §21 GemHVO |

Schaubild: Gesamtergebnisrechnung

Muster: Gesamtergebnisrechnung

Gesamtergebnisrechnung Ertrags- und Aufwandsarten	Planansatz 2017 EUR	Ergebnis (SOLL) 2017 EUR	Vergleich Ansatz/ Ergebnis 2017 EUR	zulässiger Mehraufwand 2017 EUR	übertragene Ermächtigungen nach 2018 EUR
Steuern und ähnliche Abgaben	49715710	57643433,16	7927723	0	0,00
Zuweisungen und Zuwendungen	11051260	12890497,00	1839237	0	0,00
Auflösung Zuschüsse (nicht zahlungswirksam)	678874	796601,26	117727	0	0,00
Öffentlich-rechtliche Entgelte	6302050	5747318,69	554731-	6000	0,00
Auflösung Beiträge (nicht zahlungswirksam)	774620	774443,47	177-	0	0,00
Privatrechtliche Leistungsentgelte	1604370	1850892,14	246522	0	0,00
Kostenerstattungen und Kostenumlagen	943220	1590676,83	647457	0	0,00
Zinsen und ähnliche Erträge	2828000	1658689,50	1169310-	0	0,00
Aktivierte Eigenleistungen (nicht zahlungswirksam)	0	146312,75	146313	0	0,00
Sonstige ordentliche Erträge	4946940	2401234,22	2545706-	6000-	0,00

IX. Jahresabschluss

Gesamtergebnisrechnung Ertrags- und Aufwandsarten	Planansatz 2017 EUR	Ergebnis (SOLL) 2017 EUR	Vergleich Ansatz/ Ergebnis 2017 EUR	zulässiger Mehraufwand 2017 EUR	übertragene Ermächtigungen nach 2018 EUR
Auflösung Rückstellungen Altersteilzeit u. a. (nicht zahlungswirksam)	1394505	1029476,66	365028-	0	0,00
Ordentliche Erträge	**80239549**	**86529575,78**	**6290026**	**0**	**0,00**
Personalaufwendungen	19031971-	19462385,20-	430414-	0	0,00
Pensionsrückstellungen (nicht zahlungswirksam)	961760-	1705307,00-	743547-	0	0,00
Versorgungsaufwendungen	1394505-	0,00	1394505	0	0,00
Aufwendungen für Sach- und Dienstleistungen	16169870-	16916069,91-	746200-	2008452-	1450619,22
Planmäßige Abschreibungen (nicht zahlungswirksam)	7362102-	7758334,11-	396232-	0	0,00
Zinsen und ähnliche Aufwendungen	1120000-	898503,58-	221496	0	0,00
Transferaufwendungen	36163670-	39783439,85-	3619770-	45259-	3824,58
Sonstige ordentliche Aufwendungen	3238540-	2440329,02-	798211	38513	152428,19
Ordentliche Aufwendungen	**85442418-**	**88964368,67-**	**3521950-**	**2016198-**	**1606871,99**
Ordentliches Ergebnis	**5202869-**	**2434792,89-**	**2768076**	**2015198-**	**1606871,99**
Veranschlagtes ordentliches Ergebnis	**5202869-**	**2434792,89-**	**2768076**	**2016198-**	**1606871,99**
Voraussichtliche außerordentliche Erträge	1300000	3439338,91	2139339	0	0,00
Voraussichtliche außerordentliche Aufwendungen	822600-	1253577,27-	430977-	0	0,00
Veranschlagtes Sonderergebnis	**477400**	**2186761,64**	**1708362**	**0**	**0,00**
Veranschlagtes Gesamtergebnis	**4725469-**	**249031,25-**	**4476438**	**2015198-**	**1606871,99**

Ein **Überschuss** beim ordentlichen Ergebnis ist der Rücklage aus Überschüssen des ordentlichen Ergebnisses, ein Überschuss beim Sonderergebnis der Rücklage aus Überschüssen des Sonderergebnisses zuzuführen, § 49 Abs. 3 S. 2 GemHVO.

Ein **Fehlbetrag** beim ordentlichen Ergebnis soll unverzüglich gedeckt werden. Er kann durch Entnahme aus der Rücklage aus Überschüssen des ordentlichen Ergebnisses aus Vorjahren verrechnet werden. Ein danach noch verbleibender Fehlbetrag kann mit einem Überschuss beim Sonderergebnis oder durch Entnahme aus der Rücklage aus Überschüssen des Sonderergebnisses verrechnet werden. Verbleibt auch danach noch ein Fehlbetrag, ist dieser nach drei Jahren auf das Basiskapital (Eigenkapital) zu verrechnen, soweit er nicht mit Ergebnisüberschüssen in einem vorangegangenen Haushaltsjahr durch Veranschlagung und Vollzug im Ergebnishaushalt oder durch Verrechnung in einem vorausgehenden Jahresabschluss gedeckt werden kann; § 49 Abs. 3 S. 3 und 4 GemHVO.

Außerordentliche Erträge und **außerordentliche Aufwendungen** (z. B. Gewinn aus Vermögensveräußerungen) sind im Anhang zum Jahresabschluss zu erläutern, soweit sie nicht von untergeordneter Bedeutung sind. Ein Überschuss beim Sonderergebnis ist der Rücklage aus Überschüssen des Sonderergebnisses zuzuführen. Ein Fehlbetrag beim Sonderergebnis ist im Jahresabschluss durch Entnahme aus der Rücklage aus Überschüssen des Sonderergebnisses aus Vorjahren zu verrechnen. Soweit dies nicht möglich ist, ist der Fehlbetrag zu Lasten des Basiskapitals zu verrechnen.

4. Finanzrechnung

281 In der Gesamtfinanzrechnung sind **sämtliche Einzahlungen** und **Auszahlungen** eines Haushaltsjahres **nach Arten** gegliedert auszuweisen. Die Finanzrechnung gibt Auskunft darüber, welche finanziellen Mittel die Gemeinde eingenommen und welche Auszahlungen sie geleistet hat. Dabei werden Einzahlungen und Auszahlungen aus laufender Verwaltungstätigkeit, aus Investitions- und Finanzierungstätigkeit sowie aus haushaltsunwirksamen Vorgängen unterschieden. Der Bestand an Zahlungsmitteln zum Ende des Haushaltsjahres ergibt sich unter Berücksichtigung des Zahlungsmittelbestands zu Beginn des Haushaltsjahres (Kassenbestand des Vorjahres) und dem Saldo der Zu- und Abflüsse von Geldmitteln. Die Veränderung des Zahlungsmittelbestands beeinflusst die Bilanzposition „liquide Mittel" auf der Aktivseite der Bilanz.

Sowohl in der Gesamtfinanzrechnung als auch in den Teilfinanzrechnungen sind die Planansätze im Gesamthaushalt und den Teilhaushalten den Werten der Finanzrechnung gegenüberzustellen, §§ 50, 51 GemHVO.

Gesamtfinanzrechnung (§ 50 GemHVO) Einzahlungs- und Auszahlungsarten	Planansatz 2017 EUR	Ergebnis 2017 EUR	Vergleich Ansatz/ Ergebnis 2017 EUR	Zulässiger Mehraufwand 2017 EUR	Übertragene Ermächtigungen nach 2018 EUR
⬇	⬇	⬇	⬇	⬇	⬇
Verbindliche Gliederung Einzahlungs-/Auszahlungsarten (§§ 50, 51 GemHVO)	Lt. Haushaltsplan bzw. Nachtragsplan	Kassenmäßige Einzahlungen bzw. Auszahlungen	§ 51 GemHVO	Apl./üpl. Auszahlungen --------- Sperren	§ 21 GemHVO

Schaubild: Gesamtfinanzrechnung

IX. Jahresabschluss 281

Muster: Gesamtfinanzrechnung

Gesamtfinanzrechnung Einzahlungs- und Auszahlungsarten	Planansatz 2017 EUR	Ergebnis (IST) 2017 EUR	Vergleich Ansatz/Ergebnis 2017 EUR	zulässiger Mehraufwand 2017 ERU	übertragene Ermächtigungen nach 2018 EUR
Steuern und ähnliche Abgaben	49715710	56266594,10	6550884	0	0,00
Zuweisungen und Zuwendungen (nicht für Investitionen) und allgemeine Umlagen	11051260	12898794,54	1847535	0	0,00
Öffentlich-rechtliche Entgelte (ohne Investitionsbeiträge)	6302050	5682538,26	619512-	0	0,00
Privatrechtliche Leistungsentgelte	1604370	1694482,27	90112	0	0,00
Kostenerstattungen und Kostenumlagen	943220	1149599,53	206380	0	0,00
Zinsen und ähnliche Einzahlungen	2828000	1654686,51	1173313-	0	0,00
Sonstige haushaltswirksame Einzahlungen	4946940	3650850,46	1296090-	0	0,00
Einzahlungen aus laufender Verwaltungstätigkeit	**77391550**	**82997545,67**	**5605996**	**0**	**0,00**
Personalauszahlungen	19031971-	19488781,07-	456810-	0	0,00
Versorgungsauszahlungen	1394505-	0,00	1394505	0	0,00
Auszahlungen für Sach- und Dienstleistungen	16169870-	15315624,80-	824245	0	1450619,22
Zinsen und ähnliche Auszahlungen	1120000-	724414,41-	398586	0	0,00
Transferauszahlungen (ohne Investitionszuschüsse)	36163670-	35854391,70-	309278	0	3824,58
Sonstige haushaltswirksame Auszahlungen	3238540-	4432024,90-	1193485-	0	152428,19
Auszahlungen aus laufender Verwaltungstätigkeit	**77118556-**	**75815236,88-**	**1303319**	**0**	**1606871,99**
Zahlungsmittelüberschuss/-bedarf aus laufender Verwaltungstätigkeit	**272994**	**7182308,79**	**6090315**	**0**	**1606871,99**

281 Finanzwirtschaft der Kommunen

Gesamtfinanzrechnung Einzahlungs- und Auszahlungsarten	Planansatz 2017 EUR	Ergebnis (IST) 2017 EUR	Vergleich Ansatz/Ergebnis 2017 EUR	zulässiger Mehraufwand 2017 ERU	übertragene Ermächtigungen nach 2018 EUR
Einzahlungen aus Investitionszuwendungen	1439500	1174366,24	265134-	0	0,00
Einzahlungen aus Investitionsbeiträgen und ähnlichen Entgelten für Investitionstätigkeit	904550	92681,46	811869-	0	0,00
Einzahlungen aus der Veräußerung von Sachvermögen	2255006	2828525,83	573520	0	0,00
Einzahlungen aus der Veräußerung von Finanzvermögen	0	5303,76	5304	0	0,00
Einzahlungen für sonstige Investitionstätigkeit	0	200212,05	200212	0	0,00
Einzahlungen aus Investitionstätigkeit	4599056	4301089,34	297967-	0	0,00
Auszahlungen für den Erwerb von Grundstücken und Gebäuden	4745000-	3580423,92-	1164576	0	60000,00
Auszahlungen für Baumaßnahmen	5001000-	2732749,22-	2269251	0	2882693,29
Auszahlungen für den Erwerb von beweglichem Sachvermögen	934450-	966054,48-	31604-	0	280918,11
Auszahlungen für den Erwerb von Finanzvermögen	0	89187,37	89187	0	0,00
Auszahlungen für Investitionsförderungsmaßnahmen	1841600-	147171,09-	1694429	0	0,00
Auszahlungen aus Investitionstätigkeit	12522050-	7336211,34-	5185839	0	3223611,40
Saldo aus Investitionstätigkeit	7922994-	3035122,00-	4887872	0	3223611,40
Finanzierungsmittelüberschuss/-bedarf	7650000-	4147188,79	11797187	0	4830483,39
Einzahlungen aus der Aufnahme von Krediten und inneren Darlehen für Investitionen	9000000	2279665,20	6720335-	0	0,00

IX. Jahresabschluss

Gesamtfinanzrechnung Einzahlungs- und Auszahlungsarten	Planansatz 2017 EUR	Ergebnis (IST) 2017 EUR	Vergleich Ansatz/Ergebnis 2017 EUR	zulässiger Mehraufwand 2017 ERU	übertragene Ermächtigungen nach 2018 EUR
Auszahlungen für die Tilgung von Krediten und inneren Darlehen für Investitionen	1350000-	3253530,35-	1903530-	0	0,00
Saldo aus Finanzierungstätigkeit	7650000	973865,15-	8623865-	0	0,00
Finanzierungsmittelbestand	0	3173321,64	3173322	0	4830483,39
Haushaltsunwirksame Einzahlungen (u. a. durchlaufende Gelder, Geldanlagen, Liquiditätskredite)	9	860930,04	860930	0	0,00
Haushaltsunwirksame Auszahlungen (u. a. durchlaufende Gelder, Geldanlagen, Liquiditätskredite)	0	1008314,50-	1008315-	0	0,00
Saldo aus haushaltsunwirksamen Vorgängen	0	147384,46-	147384-	0	0,00
Anfangsbestand an Zahlungsmitteln	0	522090,68-	522091-	0	0,00
Endbestand an Zahlungsmitteln	0	2503846,50	2503847	0	4830483,39

5. Bilanz

Die **Bilanz** ist die dritte Säule im Dreikomponentensystem des neuen Haushaltsrechts und gibt einen Überblick über die Vermögens- und Finanzierungssituation der Gemeinde. Auf der **Aktivseite** wird die Kapital- bzw. Mittelverwendung ausgewiesen (Wofür hat die Gemeinde ihr Kapital verwendet?); auf der **Passivseite** wird die Mittelherkunft dokumentiert (Wie hat die Gemeinde ihr Vermögen finanziert?) Die Bilanz wird in Kontenform aufgestellt und weist sämtliche Vermögensgegenstände, die Kapitalpositionen (Basiskapital, Rücklagen, Ergebnis und Sonderposten) sowie die Verbindlichkeiten der Gemeinde zum Eröffnungs- und Abschlusszeitpunkt aus. Die Gliederung der Aktiv- und Passivseite der Vermögensrechnung ist in § 52 GemO verbindlich vorgegeben. Ergebnisrechnung und Finanzrechnung sind mit der Bilanz verknüpft. Das Ergebnis der Gesamtergebnisrechnung geht in die Passivseite der Bilanz ein; ein Überschuss erhöht, ein Fehlbetrag mindert das Eigenkapital der Gemeinde. Der Endbestand an Zahlungsmitteln ist, soweit er positiv ist, auf der Aktivseite der Bilanz (liquide Mittel); ein negativer Endbestand (Kassenkredit) auf der Passivseite als Verbindlichkeit auszuweisen.

Bilanz

Aktivseite
1.1 Immaterielle Vermögensgegenstände
1.2 Sachvermögen
1.3 Finanzvermögen
2. Abgrenzungsposten
3. Nettopositionen
  (nicht gedeckter Fehlbetrag)

Passivseite
1.1 Basiskapital
1.2 Rücklagen
1.3 Ergebnis
1.4 Sonderposten
2. Rückstellungen
3. Verbindlichkeiten
4. Passive Rechnungsabgrenzung

Mittelverwendung

Mittelherkunft

Schaubild: Bilanz

6. Anhang

283 Der Anhang ist neben Ergebnisrechnung, Finanzrechnung und Vermögensrechnung **Teil des Jahresabschlusses**. Seine Aufgabe besteht in der Erläuterung dieser Rechnungen durch zusätzliche Angaben zu einzelnen Rechnungspositionen. Im Anhang sind anzugeben: Bilanzierungs- und Bewertungsmethoden, Angaben über die Einbeziehung von Zinsen für Fremdkapital in die Herstellungskosten, die in das folgende Haushaltsjahr übertragenen Ermächtigungen, die eingegangenen Vorbelastungen künftiger Haushaltsjahre sowie die Namen der Bürgermeister, Beigeordneten und Mitglieder des Gemeinderats.

7. Rechenschaftsbericht

284 Die Aussagen im Rechenschaftsbericht beschränken sich auf die Darstellung des **Verlaufs der Haushaltswirtschaft** und der **Lage der Gemeinde** unter dem Gesichtspunkt der Sicherung der stetigen Aufgabenerfüllung. Er soll ein den tatsächlichen Verhältnissen entsprechendes Bild vermitteln. Die wichtigsten Ergebnisse des Jahresabschlusses und erhebliche Abweichungen des Jahresergebnisses von den Haushaltsansätzen sind zu erläutern und die Abschlussrechnung zu bewerten. Im Rechenschaftsbericht sollen auch Aussagen getroffen werden zu den kommunalen Zielen und Strategien, über den Stand der Aufgabenerfüllung sowie Vorgänge von besonderer Bedeutung, die nach dem Schluss des Haushaltsjahres eingetreten sind. Daneben sollen mögliche positive Entwicklungen und Risiken beleuchtet und auf die Entwicklung und Deckung der Fehlbeträge eingegangen werden. Außerdem ist die Finanzlage der Gemeinde anhand von Kennzahlen zu beurteilen, vgl. Anlage 29 zu § 54 Abs. 2 Nr. 6 GemO.

8. Vermögensübersicht, Verbindlichkeitenübersicht

285 In der Vermögensübersicht sind der **Stand des Vermögens** zu Beginn und zum Ende des Haushaltsjahres, die **Zu- und Abgänge** sowie **die Zu- und Abschreibungen** darzustellen, § 55 Abs. 1 GemHVO. In der Verbindlichkeitenübersicht sind die Verbindlichkeiten der Gemeinde nachzuweisen. Anzugeben sind der Gesamtbetrag zu Beginn und Ende des Haushaltsjahres, die Restlaufzeit unterteilt in Laufzeiten bis zu einem Jahr, von einem bis fünf Jahren und von mehr als fünf Jahren, § 55 Abs. 2 GemHVO.

9. Gesamtabschluss

In den vergangenen Jahren haben viele Gemeinden bedeutende Aufgabenbereiche ihres Haushalts (z. B. Abwasserbeseitigung, Wasserversorgung, Wohnungsbauunternehmen) aus dem Gemeindehaushalt ausgegliedert und in Sonderrechnungen überführt. Dadurch ist der Überblick über die tatsächliche Vermögens-, Ertrags- und Finanzlage der Gemeinde verloren gegangen. Ziel des in § 95a GemO sowie §§ 56 ff. GemHVO geregelten Gesamtabschlusses der Gemeinde ist, diese ausgegliederten Bereiche mit dem Jahresabschluss der Kernverwaltung wieder zusammenzuführen und dadurch einen **Überblick** über die **Gesamtfinanzsituation der Gemeinde** zu erhalten. Die Gemeinden ist verpflichtet ihren Jahresabschluss mit den Jahresabschlüssen ihrer „Töchter" zu konsolidieren (§ 95a GemO)[6].

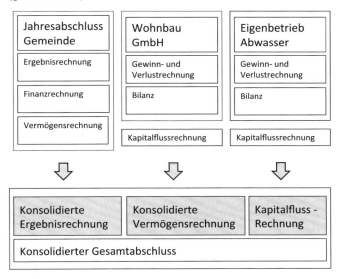

Schaubild: Konsolidierung

Grundlage für die Erstellung des konsolidierten Gesamtabschlusses sind die Einzelabschlüsse der Aufgabenträger. Die Bilanzwerte sowie die Gewinn- und Verlustrechnungsposten können jedoch nicht unkorrigiert übernommen werden. Zunächst sind sie unter einheitlichen Gesichtspunkten zu modifizieren und anschließend zu einem einzigen Abschluss zusammenzufassen. Wegen weiterer Einzelheiten, insbesondere zur Fragestellung, welche Einrichtungen der Gemeinde zu konsolidieren sind bzw. wie die Konsolidierung im Einzelnen zu

---

[6] Die Kommunen müssen spätestens im Jahr 2022 ihren ersten kommunalen Gesamtabschluss erstellen, mit dem Rechnung über alle ihre Aktivitäten gelegt wird und in der die Vermögens-, Finanz- und Ertragslage der gesamten kommunalen Betätigung dargestellt wird.

X. Unternehmen und Beteiligungen

1. Allgemeines

287 Aus Gründen des öffentlichen Wohls und zur Sicherung der Marktversorgung haben sich die Gemeinden schon frühzeitig nicht nur als Nachfrager, sondern auch als **Anbieter wirtschaftlicher Leistungen** betätigt. Als **bevorzugte Sektoren** kommunaler Wirtschaftstätigkeit lassen sich die Bereiche Verkehr (öffentlicher Personennahverkehr, Häfen, Flughäfen), Wohnungswirtschaft und Versorgung (elektrische Energie, Fernwärme, Gas und Wasser) ausmachen.

2. Zulässigkeit wirtschaftlicher Betätigung

288 Eine wirtschaftliche Betätigung liegt dann vor, wenn sich die Gemeinde am **Produktions- und sonstigen Wirtschaftsprozess beteiligt,** wobei die Beteiligung Wertschöpfung voraussetzt, d. h. Tätigkeiten, die in der Erzeugung, der Bereitstellung oder dem Verkauf von Gütern und Dienstleistungen zur Befriedigung materieller Bedürfnisse liegen. Die wirtschaftliche Betätigung ist nach § 102 Abs. 1 GemO nur dann **zulässig,** wenn ein **öffentlicher Zweck** die Betätigung rechtfertigt und diese nach Art und Umfang in einem **angemessenen Verhältnis zur Leistungsfähigkeit** der Gemeinde und zum voraussichtlichen **Bedarf** steht. Bei einer Tätigwerden außerhalb der kommunalen Daseinsvorsorge – also außerhalb der Grundversorgung mit öffentlichen Einrichtungen für die Allgemeinheit – (z. B. Gas, Wasser, Elektrizität, Ver- und Entsorgung, Bildung usw.), ist eine wirtschaftliche Betätigung nur dann zulässig, wenn der Zweck nicht ebenso gut und wirtschaftlich durch einen privaten Anbieter erfüllt wird oder erfüllt werden kann.

289 Ausgangspunkt jeder wirtschaftlichen Betätigung muss die **Gemeinwohlbindung** sein, d. h. das wirtschaftliche Unternehmen muss ein Instrument zur Erfüllung einer gemeindlichen Aufgabe sein. Es muss also eine gemeindliche Aufgabe (§ 1 Abs. 2, § 2 Abs. 2, 3 GemO) vorliegen, die **nur** durch ein wirtschaftliches Unternehmen erfüllt werden kann.

1. Öffentlicher Zweck (§ 102 Abs. 1 Nr. 1 GemO)	2. Leistungsfähigkeit (§ 102 Abs. 1 Nr. 2 GemO)
Wirtschaftliche Betätigung	
4. Aufgabe der Daseinsvorsorge (§ 102 Abs. 1 Nr. 3 GemO)	3. Bedarf (§ 102 Abs. 1 Nr. 2 GemO)

Schaubild: Zulässigkeit wirtschaftlicher Betätigung

> **Beachten:** Die Betätigung außerhalb des Gemeindegebiets ist zulässig, wenn bei wirtschaftlicher Betätigung die Voraussetzungen des Absatzes 1 vorliegen und die berechtigten Interessen der betroffenen Gemeinden gewahrt sind. Bei der Versorgung mit Strom und Gas gelten nur die Interessen als berechtigt, die nach den maßgeblichen Vorschriften eine Einschränkung des Wettbewerbs zulassen.

Der öffentliche Zweck ist dann gegeben, wenn ein **öffentliches Bedürfnis für die wirtschaftliche Betätigung** besteht. Ein öffentlicher Zweck setzt grundsätzlich voraus, dass eine Leistung erbracht wird, die einen Bedarf befriedigt, der im öffentlichen Interesse der Einwohner geboten ist. Das wirtschaftliche Unternehmen muss unmittelbar durch seine Leistungen und nicht nur mittelbar durch seine Gewinne und Erträge dem Wohl der Gemeindeeinwohner dienen. Der öffentliche Zweck ist ein unbestimmter Rechtsbegriff, wobei der Gemeinde allerdings ein beachtlicher Beurteilungsspielraum zukommt.
Als **Kriterien** bzw. Indizien, die für das Vorliegen eines öffentlichen Zwecks i. S. v. § 102 GemO sprechen, sind zu nennen:
- Sicherung des Eigenbedarfs der Gemeinde sowie des Bedarfs ihrer Einwohner, des ortsansässigen Gewerbes und der Industrie mit öffentlichen Versorgungs- und Dienstleistungen;
- Unterstützung der gemeindlichen Entwicklungs- und Bauleitplanung, der Siedlungspolitik und der Wirtschaftsförderung;
- Berücksichtigung sozialer Belange und Bedürfnisse der Leistungsempfänger;
- Wahrung des gemeindlichen Einflusses auf die örtliche Versorgung gegenüber Großunternehmen u. a.;
- Beseitigung sozialer und sonstiger unzuträglicher Missstände;
- neutrale Aufgabenwahrnehmung;
- Geheimhaltungsbedürftigkeit;
- Kontrolle örtlicher Monopole zur Verhinderung von Missständen durch überhöhte Preise und ungünstige Bedingung;
- Sicherung eines angemessenen Tarifgefüges zwischen Kleinverbrauchern und Großabnehmern ohne Rücksicht auf die Marktstellung der Abnehmer.

Der öffentliche Zweck schließt es aber nicht aus, dass ein Gemeindeunternehmen auch Nachbargemeinden mitversorgt (z. B. Nahverkehrsunternehmen, Energieversorgungsunter-nehmen, Kurbäder, Fremdenverkehrseinrichtungen u. a.).

3. Errichtung, Übernahme und Erweiterung wirtschaftlicher Unternehmen

Die Gemeinde darf ein wirtschaftliches Unternehmen nur unter den Voraussetzungen des § 102 GemO errichten, übernehmen oder wesentlich erweitern. Eine **Errichtung** liegt vor, wenn die Gemeinde ein Unternehmen neu erstellt und einrichtet. Von einer **Übernahme** spricht man dann, wenn die Gemeinde ein bestehendes Unternehmen aus fremdem Besitz in ihre eigene Trägerschaft überführt. Dies erfolgt i. d. R. durch Kauf, Tausch oder Pacht einer entsprechenden Einrichtung. Werden Maßnahmen vorgenommen, die dazu dienen, den Umfang und die Leistung des Unternehmens auszuweiten oder zu verbessern, handelt es sich um eine **wesentliche Erweiterung**.

> **Beachten:** Bankunternehmen darf die Gemeinde nicht betreiben, § 102 Abs. 5 GemO.

Beispiele wirtschaftlicher Unternehmen:
- Versorgungsbetriebe (Wasser-, Gas-, Elektrizitäts- und Heizkraftwerke)
- Verkehrsbetriebe (Straßenbahnen, Autobusse, Fähren, Hafenbetriebe, Flughäfen, Parkhäuser)
- Sonstige Betriebe (Messe- und Stadthallen, Hotels und Gaststätten, Reklamebetriebe)

292 Die Entscheidung über die Errichtung, Übernahme oder Erweiterung von wirtschaftlichen Unternehmen fällt nach §§ 24 Abs. 1, 39 Abs. 2 Nr. 11 GemO in die alleinige Zuständigkeit des **Gemeinderats**. Eine **Übertragung** auf beschließende **Ausschüsse** oder den **Bürgermeister** ist **nicht** möglich. Beschlüsse über Maßnahmen und Rechtsgeschäfte nach §§ 103, 103a, 105a, 106a GemO, § 106 GemO (Veräußerung von wirtschaftlichen Unternehmen und Beteiligungen) und § 107 GemO (Energieverträge) sind der Rechtsaufsichtsbehörde unter Nachweis der gesetzlichen Voraussetzungen vorzulegen, § 108 GemO. Wegen der Bedeutung der Vorlagepflicht wird auf § 121 Abs. 2 GemO verwiesen.

Bei einem Tätigwerden außerhalb der kommunalen Daseinsvorsorge entscheidet der Gemeinderat nach Anhörung der örtlichen Selbstverwaltungsorganisationen von Handwerk, Handel und Industrie, § 102 Abs. 1 Nr. 3 GemO.

4. Ziele wirtschaftlicher Betätigung

293 Die wirtschaftlichen Unternehmen sind so zu führen, dass ihr öffentlicher Zweck nachhaltig und stetig erfüllt wird (**Primärfunktion**). Daneben sollen sie für den Gemeindehaushalt noch einen Ertrag abwerfen (**Sekundärfunktion**). Die **Sollvorschrift** des § 102 Abs. 3 GemO verlangt von den Unternehmen keinesfalls eine Gewinnmaximierung, sondern unter Beachtung der öffentlichen Zweckerfüllung nach Möglichkeit die Erzielung eines angemessenen Gewinns. In besonderen Einzelfällen können unter eng begrenzten Voraussetzungen auch Verluste zulässig sein. Dies ist i. d. R. dann zu rechtfertigen, wenn sonst das Hauptziel Erfüllung öffentlicher Zweck gefährdet oder tragbare Entgelte (vgl. § 78 GemO) nicht erreicht werden könnten (z. B. Nahverkehr).

5. Verbot des Missbrauchs von Monopolstellungen – kommunale Konkurrenz

294 § 102 Abs. 6 GemO **verbietet** den örtlichen Monopolbetrieben den Anschluss und die Belieferung davon abhängig zu machen, dass auch andere Leistungen oder Lieferungen vom Unternehmen abgenommen werden (sog. **Koppelungsgeschäfte**). Abgesehen von der speziellen Vorschrift des § 102 Abs. 6 GemO unterliegen die Gemeinden und ihre wirtschaftlichen Unternehmen, soweit sie privatrechtlich tätig werden, ganz allgemein den Vorschriften des BGB, UWG und GWB.

Eine Verletzung von Art. 2, 12, 14 GG durch privatwirtschaftliche Tätigkeit der Kommunen liegt nach der Rechtsprechung des BVerwG nur dann vor, wenn die Wettbewerbsfreiheit des Handels in unerträglichem Maße eingeschränkt wird, eine Auszehrung der Konkurrenz vorliegt oder eine Monopolstellung besteht. Art. 14 GG schützt zwar das Eigentum der Privatwirtschaft, nicht aber das Auftreten neuer Konkurrenz, und sei sie öffentlich. Die privaten Anbieter haben keinen Anspruch darauf, dass sich die Gemeinde aus dem Wettbewerb zurückzieht. Sie darf sich nur nicht in einen Verdrängungs-, Erdrosselungs- und Vernichtungswettbewerb oder ein sonstiges wettbewerbswidriges Verhalten einlassen (§ 1 UWG).

6. Organisations- und Rechtsformen

295 Die Gemeinde entscheidet im Rahmen ihrer verfassungsrechtlich garantierten **Organisationshoheit** im Rahmen der Gesetze in welcher **Organisationsform** das wirtschaftliche Unternehmen geführt wird.

```
                    Kommunale Unternehmensformen
                              |
                              v
          +-------------------+-------------------+
          |                                       |
  Öffentlich-rechtliche                   Privatrechtliche
  Organisationsform                       Organisationsform
          |
          v
  +-------+-------+
  |               |
Rechtlich       Rechtlich
unselbstständige selbstständige
Organisationsform Organisationsform
```

- Öffentlich-rechtliche Organisationsform
  - Rechtlich unselbstständige Organisationsform
    - Regiebetrieb
    - Eigenbetrieb
  - Rechtlich selbstständige Organisationsform
    - Zweckverband
    - örtliche Stiftung
    - öffentliche Anstalten
- Privatrechtliche Organisationsform
  - BGB-Gesellschaft
  - OHG
  - Kommanditgesellschaft
  - rechtsfähiger Verein
  - eingetragene Genossenschaft
  - Stiftung des Privatrechts
  - Gesellschaft mit beschränkter Haftung
  - Aktiengesellschaft

Übersicht: Kommunale Unternehmensformen

296 a) **Regiebetrieb.** Der Regiebetrieb ist in haushaltsrechtlicher, rechnungstechnischer und organisatorischer sowie personeller Hinsicht ein **unselbstständiger Bestandteil der Gemeindeverwaltung**. Er wird im Haushalt der Gemeinde mit seinen Erträgen und Aufwendungen nach dem Grundsatz der Periodisierung und Bruttoprinzip nachgewiesen und in die Regelungen des Haushaltsausgleichs einbezogen. Der Betrieb unterliegt in vollem Umfang den allgemeinen kommunalrechtlichen und haushaltswirtschaftsrechtlichen Bestimmungen. Das Vermögen des Regiebetriebs wird in der Bilanz der Gemeinde abgebildet.

297 b) **Eigenbetrieb.** Der Eigenbetrieb ist ein von der Gemeinde nach dem Eigenbetriebsrecht geführtes wirtschaftliches Unternehmen i. S. v. § 102 GemO **oder** ein nichtwirtschaftliches Unternehmen nach § 102 Abs. 4 Ziffer 1 bis 3 GemO. Er ist organisatorisch selbstständig, besitzt jedoch **keine** eigene Rechtspersönlichkeit. Die Gründung eines Eigenbetriebs ist u. a. nur **zulässig**, wenn seine Art und der Umfang eine selbstständige Wirtschaftsführung rechtfertigen, § 1

EigBG. Die Entscheidung über die Gründung eines Eigenbetriebs trifft der **Gemeinderat**, §§ 24 Abs. 1, 39 Abs. 2 Nr. 11 und Nr. 12 GemO. Aus der Sicht des Verwaltungsrechts stellt er eine nichtrechtsfähige Anstalt dar. Für den Eigenbetrieb ist eine **Betriebssatzung** durch den Gemeinderat zu erlassen, § 3 Abs. 2 EigBG (bedingte Pflichtsatzung der Gemeinde).

298 Der Eigenbetrieb ist finanzwirtschaftlich als **Sondervermögen** der Gemeinde zu **verwalten** und nachzuweisen, vgl. § 96 Abs. 1 Nr. 3 GemO und § 12 Abs. 1 EigBG. Für ihn gelten nach § 12 Abs. 1 EigBG die Bestimmungen der §§ 77, 78, 81 Abs. 2, 85 bis 89, 91, 92 GemO entsprechend. Daneben sind gem. § 3 Abs. 1 EigBG u. a. auch die Bestimmungen der GemHVO (vgl. § 60 GemHVO) besonders zu beachten.
Für die Angelegenheiten des Eigenbetriebs sind die Organe der Gemeinde zuständig.

299 **Organe des Eigenbetriebs** **Obligatorische Organe**
• Gemeinderat
• Bürgermeister **Fakultative Organe**
• Betriebsausschuss
• Betriebsleitung

Schaubild: Organe des Eigenbetriebs

Das Eigenbetriebsgesetz sieht in den §§ 4, 5 und §§ 7, 8 EigBG die Möglichkeit vor, für den Eigenbetrieb eine **Betriebsleitung** und/oder einen beratenden oder beschließenden **Betriebsausschuss** zu bilden und diese mit bestimmten Kompetenzen auszustatten.
Der **Gemeinderat** ist auch beim Eigenbetrieb **oberstes Organ**. Seiner Entscheidung unterliegen die Grundsatzfragen des Eigenbetriebs sowie die Angelegenheiten, die von erheblicher wirtschaftlicher Bedeutung für die Gemeinde sind. In § 39 Abs. 2 GemO und § 9 EigBG sind die ausschließlich dem Gemeinderat vorbehaltenen Zuständigkeiten bzw. Aufgaben genannt. Außerdem hat der Gemeinderat die Möglichkeit, im Einzelfall Angelegenheiten aufgrund ihrer Bedeutung an sich zu ziehen (sog. Rückholrecht), § 39 Abs. 3 GemO. Voraussetzung ist allerdings, dass die Hauptsatzung eine entsprechende Regelung enthält und der Beschluss noch nicht vollzogen ist. Zur Entlastung des Gemeinderats kann durch Hauptsatzung ein beratender (§ 41 GemO) oder beschließender (§§ 39, 40 GemO) Betriebsausschuss gebildet werden, § 7 Abs. 1 EigBG.
Für mehrere Eigenbetriebe derselben Gemeinde (z. B. Strom, Abwasser, Wasser) kann ein gemeinsamer Betriebsausschuss gebildet werden. Der Betriebsausschuss hat nach § 8 EigBG sowohl beratende als auch entscheidende Aufgaben.
Für den Eigenbetrieb kann eine **Betriebsleitung** bestellt werden. Die Bildung ist in § 4 EigBG, die Aufgaben sind in § 5 EigBG geregelt.
Die Stellung des **Bürgermeisters** im Eigenbetrieb ist in § 10 EigBG geregelt. Er kann der Betriebsleitung **Weisungen erteilen**, um die Einheitlichkeit der Gemeindeverwaltung zu wahren, die Erfüllung der Aufgaben des Eigenbetriebs zu sichern und um Missstände zu beseitigen. Der Bürgermeister hat gegenüber der Betriebsleitung ein **Anordnungsrecht** und zwar dann, wenn er Maßnahmen für gesetzwidrig oder nachteilig für die Gemeinde hält. Sofern für den Eigenbetrieb keine Betriebsleitung bestellt ist (vgl. § 4 Abs. 1 EigBG), nimmt der Bür-

germeister auch die nach dem EigBG der Betriebsleitung zugewiesenen Aufgaben wahr. Nach § 9 Abs. 2 S. 2 EigBG können Aufgaben nach § 8 Abs. 2 Nr. 1 bis 3 EigBG durch Betriebssatzung auf den Bürgermeister übertragen werden, wenn kein beschließender Ausschuss gebildet wurde.
Ansonsten ist der Bürgermeister in die gesetzliche Verteilung der Entscheidungsbefugnisse beim Eigenbetrieb nur bzgl. seines Einvernehmens in Personalangelegenheiten, § 11 Abs. 1 und Abs. 2 EigBG i. V. m. § 24 Abs. 2 S. 1 GemO einbezogen. Seine Stellung nach § 10 EigBG umfasst im Prinzip nur eine Überwachungs- und allgemeine Koordinierungsfunktion.

300 Innerhalb der Gemeinde nimmt der Eigenbetrieb eine **Sonderstellung** ein. Die Gemeinde ist zwar juristisch Eigentümerin des Eigenbetriebs und haftet unbegrenzt für alle Verbindlichkeiten; verwaltungsmäßig wird das Betriebsvermögen jedoch vom übrigen Gemeindevermögen abgegrenzt.

301 Der Eigenbetrieb ist nach § 12 Abs. 2 EigBG mit einem angemessenen **Stammkapital** auszustatten. Das Stammkapital ist das nominell gebundene Kapital. Ihm entspricht das Grundkapital der AG oder das Stammkapital der GmbH. Es wird dadurch gebildet, dass die dem Betrieb dienenden Vermögensgegenstände (z. B. Grundstücke, Betriebsanlagen, Vorräte) aus dem allgemeinen Gemeindevermögen ausgesondert und nach einer angemessenen Bewertung (nach dem jeweiligen Zeitwert, vgl. § 6 Abs. 1 Nr. 5 EStG) in einer Eröffnungsbilanz nachgewiesen werden. Die Gemeinde kann dem Eigenbetrieb aber auch Geldkapital als Stammkapital überlassen. Die Höhe des Stammkapitals ist in der Betriebssatzung festzusetzen; dies setzt einen Beschluss des Gemeinderats voraus, § 39 Abs. 2 Nr. 3 GemO. Das Stammkapital ist Teil des Eigenkapitals (vgl. Anlage 1 zu § 8 Abs. 1 S. 1 EigBVO, Bilanz Passivseite A I). Bei Eigenbetrieben nach § 1 Nr. 2 EigBG kann auf die Festsetzung eines Stammkapitals verzichtet werden, § 12 Abs. 2 EigBG.
Eine exakte Aussage über das **Verhältnis Eigenkapital: Fremdkapital** gibt es nicht. In der Praxis hat sich herausgebildet, dass als angemessene Eigenkapitalausstattung ein Verhältnis zum Fremdkapital von mindestens 1:2 angesehen wird. Das Eigenkapital sollte also i. d. R. mindestens ein Drittel der Bilanzsumme ausmachen.
Auch für den Eigenbetrieb gilt die sog. „**goldene Bilanzregel**", die verlangt, dass das langfristig gebundene Anlagevermögen durch langfristiges Kapital (Eigenkapital und langfristiges Fremdkapital) gedeckt wird und das Umlaufvermögen das kurzfristige Fremdkapital überdeckt. Besonders wichtig ist hier ein ausgewogenes Verhältnis zwischen kurzfristigen Forderungen und kurzfristigen Verbindlichkeiten.

302 Nach § 12 Abs. 1 EigBG gelten auch für das Sondervermögen die Vorschriften der GemO über den Erwerb, die Verwaltung und die Veräußerung von Gemeindevermögen (§§ 91, 92 GemO) entsprechend. § 12 Abs. 3 EigBG verlangt allgemein, auf die Erhaltung des Sondervermögens Bedacht zu nehmen; die §§ 14 Abs. 3, 16 Abs. 3 Satz 2 Nr. 1 und 2 EigBG sowie § 13 EigBVO konkretisieren dieses Verlangen mit dem Ziel, das Sondervermögen in seinem Wert zu erhalten. Insbesondere ist dort geregelt, dass auf die Erhaltung des Sondervermögens Bedacht zu nehmen ist (Instandsetzung, Erneuerung, Bildung von

Rücklagen) und dass bestimmte Finanzierungsmittel des Eigenbetriebs nur dann nach entsprechendem Beschluss des Gemeinderats dem Gemeindehaushalt zur Verfügung gestellt werden können, wenn sie u. a. nicht für bevorstehende notwendige Investitionen des Eigenbetriebs benötigt werden.

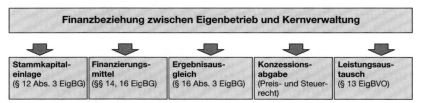

Schaubild: Finanzbeziehungen zwischen Eigenbetrieb und Gemeinde

Die **Entnahme** von Eigenkapital ist nur dann **zulässig**, wenn dadurch die dauernde Erfüllung der Aufgaben des Eigenbetriebs nicht gefährdet wird. Bei einer Herabsetzung des Stammkapitals ist die Betriebssatzung zu ändern. Zu beachten ist bei Betrieben gewerblicher Art die steuerrechtlich vorgesehene Eigenkapitalausstattung von 30 %. Sie sollte nicht unterschritten werden (evtl. Problem verdeckter Gewinnausschüttung bei Darlehen des Gemeindehaushalts an den Eigenbetrieb).

303 Der **Wirtschaftsplan** tritt für den Bereich der Betriebe und Einrichtungen an die Stelle des Haushaltsplanes. Nach § 14 Abs. 1 EigBG besteht der Wirtschaftsplan beim Eigenbetrieb aus dem **Erfolgsplan**, dem **Vermögensplan** und der **Stellenübersicht**. Der Erfolgsplan entspricht dem Ergebnishaushalt der Gemeinde und muss alle voraussehbaren Erträge und Aufwendungen des Wirtschaftsjahres enthalten und ist mindestens wie die Gewinn- und Verlustrechnung zu gliedern, § 1 Abs. 1 EigBVO. Weichen die veranschlagten Erträge und Aufwendungen sowie Zuweisungen an Rücklagen von den Vorjahreszahlen erheblich ab (Anhaltspunkt: 10 %), sind diese zu begründen. Zum Vergleich sind deshalb die Zahlen des Erfolgsplans für das laufende Jahr und das Ergebnis der Gewinn- und Verlustrechnung darzustellen.

304 Für die Einhaltung des **Erfolgsplans** ist die Betriebsleitung verantwortlich. Der Erfolgsplan ist zu ändern, wenn sich im Laufe des Wirtschaftsjahres zeigt, dass trotz Ausnutzung von Sparmöglichkeiten sich das Jahresergebnis erheblich verschlechtern wird. Die Frage der Erheblichkeit ist ein unbestimmter Rechtsbegriff; in der Betriebssatzung sollte er definiert werden. Das Jahresergebnis kann sich verschlechtern durch Erfolg gefährdende Mehraufwendungen oder Mindererträge, wobei Mehraufwendungen nicht in jedem Falle zu einer Verschlechterung des Jahresergebnisses führen und zwar dann nicht, wenn sie durch Mehrerträge oder Wenigeraufwand bei anderen Positionen ausgeglichen werden können. In diesem Fall hat die Betriebsleitung den Bürgermeister rechtzeitig zu unterrichten und ggf. dem Fachbediensteten für das Finanzwesen alle Maßnahmen mitzuteilen, welche die Finanzwirtschaft der Gemeinde berühren. Im Übrigen bedürfen Erfolg gefährdende Mehraufwendungen der Zustimmung des Betriebsausschusses, sofern sie nicht unabweisbar sind. Unabweisbarkeit

liegt dann vor, wenn faktisch und (oder) rechtlich keine Möglichkeit besteht, die Mehraufwendungen zu vermeiden.
Obwohl eine ausdrückliche Regelung im EigBG und der EigBVO fehlen, sind alle Ansätze im Erfolgsplan gegenseitig deckungsfähig. Dies ergibt sich aus der Gesamtkonzeption des Eigenbetriebsrechts.

305 Der **Vermögensplan** entspricht dem Finanzhaushalt und muss alle vorhandenen Finanzierungsmittel sowie die voraussehbaren Finanzierungsmittel, den Finanzierungsbedarf des Wirtschaftsjahres sowie die notwendigen Verpflichtungsermächtigungen enthalten. Finanzierungsmittel, die aus dem Haushalt der Gemeinde vorgesehen sind, und der vorgesehene Abfluss von Mitteln an diesen, müssen mit den Ansätzen im Haushaltsplan der Gemeinde übereinstimmen. Die Ausgaben und die Verpflichtungsermächtigungen für Anlageänderungen sind nach Vorhaben getrennt zu veranschlagen und zu erläutern. Die einzelnen Vorhaben sind nach dem Anlagenachweis, die Ausgabeansätze soweit möglich nach Anlagenteilen zu gliedern. Die Mittel für die einzelnen Vorhaben sind übertragbar; die Ansätze für verschiedene Vorhaben gegenseitig deckungsfähig. Für die Einhaltung des Vermögensplans ist die Betriebsleitung verantwortlich. Der Vermögensplan ist dann zu ändern, wenn zu seinem Ausgleich höhere Zuschüsse der Gemeinde oder höhere Kredite erforderlich werden oder wenn im Vermögensplan weitere Verpflichtungsermächtigungen vorgesehen werden sollen.

306 Die **Stellenübersicht** muss die im Wirtschaftsjahr erforderlichen Stellen für Angestellte und Arbeiter enthalten. Beamte, die beim Eigenbetrieb beschäftigt werden, sind im Stellenplan der Gemeinde zu führen und in der Stellenübersicht nachrichtlich anzugeben. Die Stellenübersicht soll nach Betriebszweigen gegliedert werden. Zum Vergleich sind die Zahlen der im laufenden Wirtschaftsjahr vorgesehenen und tatsächlich besetzten Stellen anzugeben. Erhebliche Abweichungen von der Stellenübersicht des laufenden Wirtschaftsjahres sind zu begründen. Für die Einhaltung der Stellenübersicht ist die Werkleitung verantwortlich.

307 Für die Bewirtschaftung der im Wirtschaftsplan zur Verfügung gestellten Mittel gelten die Bestimmungen der GemHVO sinngemäß (§ 3 Abs. 1 EigBG i. V. m. §§ 26 ff. GemHVO).

308 Für den **Vollzug der Beschlüsse** des Gemeinderats bzw. des Betriebsausschusses und der Entscheidungen des Bürgermeisters ist die **Betriebsleitung** zuständig. Sie vertritt die Gemeinde. Mit der Vertretung können auch Beamte und Angestellte beauftragt bzw. rechtsgeschäftliche Vollmacht erteilt werden.

309 Die Betriebsleitung hat nach § 16 EigBG für den Schluss eines jeden Wirtschaftsjahres einen aus der Bilanz, der Gewinn- und Verlustrechnung und dem Anhang bestehenden Jahresabschluss sowie einen Lagebericht (§ 289 HGB) aufzustellen und diese Unterlagen innerhalb von sechs Monaten nach Ende des Wirtschaftsjahres dem Bürgermeister vorzulegen.
Der **Bürgermeister** leitet den **Jahresabschluss** und den **Lagebericht** in Gemeinden mit einer örtlichen Prüfung (§ 109 GemO) unverzüglich dem Rechnungs-

prüfungsamt zur örtlichen Prüfung (§ 111 GemO) zu, § 16 Abs. 2 S. 2 EigBG. Unterliegt das Unternehmen der Pflicht zur Jahresabschlussprüfung (§§ 115, 144 S. 1 Nr. 22 GemO i. V. m. § 23 GemPrO) leitet der Bürgermeister diese Unterlagen ferner unverzüglich der Gemeindeprüfungsanstalt zur Jahresabschlussprüfung zu (§ 16 Abs. 2 S. 3 EigBG). Der Bürgermeister hat den Jahresabschluss und den Lagebericht zusammen mit den Prüfungsberichten zunächst dem Betriebsausschuss zur Vorberatung und dann mit diesem Vorberatungsergebnis dem Gemeinderat zur Feststellung zuzuleiten. Der Gemeinderat stellt den Jahresabschluss innerhalb eines Jahres nach Ende des Wirtschaftsjahres fest und beschließt über die Verwendung des Jahresgewinns oder die Behandlung des Jahresverlustes, die Verwendung der für das Wirtschaftsjahr für den Haushalt der Gemeinde eingeplanten Finanzierungsmittel sowie über die Entlastung der Betriebsleitung. Der Beschluss über die Feststellung des Jahresabschlusses (nicht der Jahresabschluss selbst) ist ortsüblich bekannt zu geben. Dabei sind im Falle einer Jahresabschlussprüfung der Prüfungsvermerk des Abschlussprüfers und ein etwaiger abschließender Vermerk der Gemeindeprüfungsanstalt zum Jahresabschluss sowie die vom Gemeinderat beschlossene Behandlung des Jahresergebnisses anzugeben. Gleichzeitig sind der Jahresabschluss und der Lagebericht an sieben Tagen öffentlich auszulegen.

310 Nach § 2 EigBG können mehrere Unternehmen und Einrichtungen i. S. d. § 1 EigBG zu einem Eigenbetrieb zusammengefasst werden. Eigenbetriebe mit mehr als einem Betriebszweig (z. B. Wasser und Abwasser) haben zum Ende eines jeden Wirtschaftsjahres eine Erfolgsübersicht aufzustellen, die mindestens nach Formblatt 5 zu gliedern ist. Dabei sind die gemeinsamen Aufwendungen und Erträge sachgerecht auf die Betriebszweige aufzuteilen. Die **Zusammenfassung von Betrieben** kann sich in vielen Fällen sehr **vorteilhaft** auswirken und zwar in organisatorischer, betriebswirtschaftlicher und steuerlicher Hinsicht. **Negativ** könnte sich die Zusammenfassung recht großer Unternehmen auswirken und zwar dann, wenn die optimale Betriebsgröße überschritten wird. Der Gesamtbetrieb wird dadurch unübersichtlich; der Apparat schwerfällig. Unter Umständen kommt die Frage der Wirtschaftlichkeit zu kurz. Steuerrechtlich können Betriebe gewerblicher Art (§ 4 KStG) und Hoheitsbetriebe, mit dem Ziel einer Steuerersparnis durch Gewinn- und Verlustausgleiche, nicht zusammengefasst werden.

311 c) **Selbstständige Kommunalanstalt.** Durch das Gesetz zur Änderung der Gemeindeordnung, des Gesetzes über kommunale Zusammenarbeit und anderer Gesetze vom 15. Dezember 2015 (GBl. S. 1147) hat der Gesetzgeber den Kommunen mit der **selbstständigen Kommunalanstalt** (§§ 102a bis 102d GemO) eine weitere Organisationsform für ihre Aufgabenwahrnehmung zur Verfügung gestellt. Diese ist im Vergleich zum Eigenbetrieb durch eine weitergehende Selbstständigkeit gekennzeichnet. Durch die öffentlich-rechtliche Form soll, bei flexibler Steuerungsmöglichkeit, eine engere Bindung an die Kommune gewährleistet werden, als bei einem Unternehmen in Privatrechtsform.

312 Rechtspersönlichkeit, Rechtsverhältnis
Im Gegensatz zum Eigenbetrieb (rechtlich unselbstständiges Sondervermögen; § 96 GemO) ist die Kommunalanstalt rechtlich selbstständig und besitzt eine

X. Unternehmen und Beteiligungen

eigene Rechtspersönlichkeit. Sie ist juristische Person des öffentlichen Rechts (rechtsfähige Anstalt des öffentlichen Rechts nach § 102a Abs. 1 Satz 1 GemO), während es sich bei der GmbH um eine juristische Person des Privatrechts handelt (§ 13 Abs. 1 GmbHG).
Die Rechtsverhältnisse der Kommunalanstalt werden von der Gemeinde durch die Anstaltssatzung geregelt (§ 102a Abs. 3 S. 1 GemO). Über den Erlass der Anstaltssatzung entscheidet unmittelbar die Gemeinde. Dasselbe gilt für etwaige Änderungen. Sie muss mindestens Bestimmungen über den Namen, den Sitz und die Aufgaben der Kommunalanstalt, die Zahl der Mitglieder des Vorstands und des Verwaltungsrats, die Höhe des Stammkapitals und die Abwicklung im Falle der Auflösung der Anstalt enthalten (§ 102a Abs. 3 S. 2 GemO).

Beteiligung an anderen Unternehmen

Eine Beteiligung der Kommunalanstalt an anderen Unternehmen ist nach Maßgabe der Anstaltssatzung und in entsprechender Anwendung der für die Gemeinde geltenden Vorschriften zulässig, wenn das dem Anstaltszweck dient (§ 102a Abs. 1 S. 3 GemO). Somit sind auch die für die Beteiligung kommunaler Unternehmen in Privatrechtsform an anderen Unternehmen (mittelbare Beteiligung der Gemeinde) maßgeblichen Voraussetzungen des § 105a GemO zu beachten. Außerdem müssen Art und Umfang der zulässigen Beteiligungen in der Anstaltssatzung festgeschrieben sein. Nach § 102b Abs. 3 S. 7 GemO bedarf die Beteiligung der vorherigen Zustimmung der Gemeinde, entsprechend § 105a GemO. Nach den inhaltlichen Voraussetzungen des § 105a Abs. 1 S. 1 Nr. 1 GemO muss das Unternehmen durch den öffentlichen Zweck gerechtfertigt sein und es darf der Zweck bei einem Tätigwerden außerhalb der Daseinsvorsorge nicht ebenso gut durch einen privaten Anbieter erfüllt werden können. Bei einer Beteiligung an dem anderen Unternehmen von mehr als 50 % sind nach § 105a Abs. 1 S. 1 Nr. 2 GemO außerdem diverse Anforderungen an den Gesellschaftsvertrag dieses Unternehmens (Sicherstellung der Erfüllung des öffentlichen Zwecks; angemessener Einfluss der Gemeinde im Aufsichtsrat oder in einem entsprechenden Überwachungsorgan des Unternehmens; Begrenzung der Haftung der Gemeinde auf einen ihrer Leistungsfähigkeit angemessenen Betrag; Mindestzuständigkeiten der Gesellschafterversammlung, sofern es sich bei dem anderen Unternehmen um eine GmbH handelt) und der Nachrang der Rechtsform einer Aktiengesellschaft zu beachten. Bei Beteiligung einer GmbH an einem anderen Unternehmen kommt § 105a Abs. 1 GemO nur zur Anwendung, wenn die Gemeinde an der GmbH alleine oder zusammen mit anderen Gemeinden unmittelbar oder mittelbar mit mehr als 50 % beteiligt ist. Da eine Beteiligung Dritter an der Kommunalanstalt nicht vorgesehen ist, ist bei dieser § 105a Abs. 1 GemO immer anwendbar. § 24a GKZ sieht zwar die Möglichkeit vor, dass Gemeinden und Landkreise eine gemeinsame Kommunalanstalt errichten, einer bestehenden Kommunalanstalt beitreten oder ein Unternehmen in der Rechtsform einer Kapitalgesellschaft, an dem ausschließlich Gemeinden und Landkreise beteiligt sind, durch Formwechsel in eine gemeinsame Kommunalanstalt umwandeln können. Aber auch in diesen Fällen ist die (gemeinsame) Kommunalanstalt ausschließlich in kommunaler Hand, so dass die in § 105a Abs. 1 GemO genannte kommunale Mehrheit stets gegeben ist.

314 Aufgabenübertragung, Wirtschaftsführung, Jahresabschluss, Haftung
Nach § 102a Abs. 2 S. 1 GemO kann die Gemeinde der Kommunalanstalt einzelne oder alle mit einem bestimmten Zweck zusammenhängenden Aufgaben übertragen.
Die Kommunalanstalt besitzt das Recht Beamte zu haben (§ 102a Abs. 7 S. 1 GemO). Hauptamtliche Beamte dürfen nur ernannt werden, wenn die Anstaltssatzung dies entsprechend vorsieht (§ 102a Abs. 7 S. 2 GemO).
Die Gemeinde kann der Kommunalanstalt in der Anstaltssatzung das Recht einräumen, an ihrer Stelle Satzungen zu erlassen (§ 102a Abs. 5 Satz 1 GemO). Außerdem kann die Gemeinde der Kommunalanstalt das Recht übertragen, Kommunalabgaben festzusetzen, zu erheben und zu vollstrecken (§ 102a Abs. 5 Satz 4 GemO).
Nach § 102a Abs. 6 Satz 1 GemO gelten für die Wirtschaftsführung und das Rechnungswesen der Kommunalanstalt die Vorschriften des Handelsrechts sinngemäß. In sinngemäßer Anwendung der für die Eigenbetriebe geltenden Vorschriften ist für jedes Wirtschaftsjahr ein Wirtschaftsplan aufzustellen und der Wirtschaftsführung eine fünfjährige Finanzplanung zugrunde zu legen (§ 102a Abs. 6 S. 2 GemO). Außerdem gelten § 77 Abs. 1 und 2 sowie die §§ 78 und 87 GemO entsprechend (§ 102a Abs. 6 Satz 4 GemO). Der Jahresabschluss und der Lagebericht der Kommunalanstalt werden nach § 102d Abs. 1 S. 1 GemO in entsprechender Anwendung der Vorschriften des Dritten Buchs des Handelsgesetzbuchs (HGB) für große Kapitalgesellschaften aufgestellt. Die obere Rechtsaufsichtsbehörde kann für kleine Kommunalanstalten, die kleinen Kapitalgesellschaften nach § 267 Abs. 1 HGB oder Kleinstkapitalgesellschaften nach § 267a Abs. 1 HGB entsprechen, Ausnahmen von den Erfordernissen der Rechnungslegung zulassen (§ 102d Abs. 1 S. 2 GemO).
Nach § 102d Abs. 4 S. 2 GemO gilt bei der Kommunalanstalt für die Offenlegung des Jahresabschlusses und den Beteiligungsbericht § 105 Abs. 1 Nr. 2 und Abs. 2 GemO entsprechend. Die dort für kommunale Unternehmen in Privatrechtsform normierten Bekanntmachungs- und Auslegungsvorschriften für den Jahresabschluss, den Lagebericht und die Verwendung von Jahresüberschuss oder die Behandlung des Jahresfehlbetrags gelten somit auch für die Kommunalanstalt. Diese ist zudem in den Beteiligungsbericht der Gemeinde aufzunehmen.
Die Anstaltssatzung muss u.a. Bestimmungen über die Höhe des Stammkapitals enthalten (§ 102a Abs. 3 S. 2 GemO). Somit ist bei der Kommunalanstalt, unabhängig von ihrem Gegenstand, stets ein Stammkapital festzusetzen. Die angemessene Höhe ist von der Ertragskraft und dem Unternehmensrisiko der Kommunalanstalt abhängig. Sie kann insbesondere bei Unternehmen, Einrichtungen und Hilfsbetrieben i.S.d. § 102 Abs. 4 S. 1 Nr. 1 bis 3 GemO ggf. sehr niedrig ausfallen.
Eine Verpflichtung zum Verlustausgleich bzw. zu weiteren Kapitalzuführungen kann sich bei der Kommunalanstalt aus § 102a Abs. 8 S. 2 GemO ergeben. Danach ist die Gemeinde verpflichtet, die Kommunalanstalt mit den zur Aufgabenerfüllung notwendigen finanziellen Mitteln auszustatten und für die Dauer ihres Bestehens funktionsfähig zu halten. Beihilferechtliche Regelungen sind dabei zu beachten (§ 102a Abs. 8 S. 3 GemO). Die Gemeinde behält für die der Kommunalanstalt übertragenen Aufgaben die finanzielle Verantwortung

X. Unternehmen und Beteiligungen

und trägt die Anstaltslast umfassend. Sie ist verpflichtet, etwaige finanzielle Lücken auszugleichen. Dies kann von der Kommunalanstalt auch eingefordert werden. Ein jährlicher Ausgleich ergibt sich daraus nicht zwingend. Etwaige Liquiditätslücken, die zur Zahlungsunfähigkeit führen würden, müssen aber von der Gemeinde behoben werden.
Eine Haftung der Gemeinde für Verbindlichkeiten der Kommunalanstalt Dritten gegenüber besteht nicht (§ 102a Abs. 8 S. 4 GemO). Da die Gemeinde die Anstaltslast umfassend trägt (§ 102a Abs. 8 S. 2 GemO), ist die Insolvenz einer Kommunalanstalt praktisch ausgeschlossen. Unabhängig davon wäre ein Insolvenzverfahren über das Vermögen einer Kommunalanstalt nach § 12 Abs. 1 Nr. 2 InsO i. V. m. § 45 S. 1 AGGVG rechtlich ohnehin nicht zulässig.

Organe 315
Organe der Kommunalanstalt sind der Vorstand und der Verwaltungsrat (§ 102b Abs. 1 GemO). Der Vorstand leitet die Kommunalanstalt nach § 102b Abs. 2 S. 1 GemO in eigener Verantwortung, soweit nicht gesetzlich oder durch die Anstaltssatzung etwas anderes bestimmt ist. Seine Mitglieder vertreten einzeln oder gemeinsam entsprechend der Anstaltssatzung die Kommunalanstalt nach außen (§ 102b Abs. 2 S. 4 GemO). Der Verwaltungsrat überwacht die Geschäftsführung des Vorstands (§ 102b Abs. 3 Satz 1 GemO). Er entscheidet nach § 102b Abs. 3 S. 2 GemO über den Erlass von Satzungen, die Feststellung des Wirtschaftsplans und des Jahresabschlusses, Kreditaufnahmen, die Übernahme von Bürgschaften und Gewährleistungen, die Festsetzung allgemein geltender Tarife und Entgelte für die Leistungsnehmer, die Beteiligung der Kommunalanstalt an anderen Unternehmen und die Ergebnisverwendung. Die Anstaltssatzung kann weitere Entscheidungszuständigkeiten des Verwaltungsrats vorsehen (§ 102b Abs. 3 S. 3 GemO).
Die Öffentlichkeit von Sitzungen ist bei der Kommunalanstalt nur für Entscheidungen über den Erlass von Satzungen vorgeschrieben (§ 102b Abs. 3 S. 5 GemO). Die Anstaltssatzung kann vorsehen, dass auch in bestimmten anderen Fällen öffentlich zu verhandeln ist (§ 102b Abs. 3 S. 6 GemO).

Steuerung 315a
Die Gemeinde hat die Kommunalanstalt so zu steuern und zu überwachen, dass der öffentliche Zweck nachhaltig erfüllt und das Unternehmen wirtschaftlich geführt wird (§ 102a Abs. 6 S. 4 i. V. m. § 103 Abs. 3 GemO). Bei Entscheidungen über den Erlass von Satzungen unterliegen die Mitglieder des Verwaltungsrats nach § 102b Abs. 3 S. 5 GemO den Weisungen des Gemeinderats. Die Anstaltssatzung kann vorsehen, dass der Gemeinderat den Mitgliedern des Verwaltungsrats auch in bestimmten Fällen Weisungen erteilen kann (§ 102b Abs. 3 S. 6 GemO). Ein umfassendes Weisungsrecht gegenüber den Mitgliedern des Verwaltungsrats ist somit nicht vorgesehen und kann auch nicht durch die Anstaltssatzung begründet werden. Unabhängig von einem etwaigen satzungsrechtlichen Weisungsrecht bedarf die Entscheidung des Verwaltungsrats über die Beteiligung der Kommunalanstalt an anderen Unternehmen der vorherigen Zustimmung der Gemeinde (§ 102b Abs. 3 S. 7 GemO). Auf den Umfang der Beteiligung kommt es dabei nicht an. In bestimmten Angelegenheiten der Anstalt entscheidet die Gemeinde unmittelbar selbst. Dies gilt

für den Erlass der Anstaltssatzung (§ 102a Abs. 3 S. 1 GemO), deren Änderung und die Auflösung der Kommunalanstalt. Da die Aufgaben der Kommunalanstalt nach § 102a Abs. 3 S. 2 GemO in der Anstaltssatzung zu bestimmen sind, setzt eine Änderung oder Erweiterung der Aufgaben eine Änderung der Anstaltssatzung voraus. Die Gemeinde entscheidet somit auch über diesen Fall.

315b Rechtsaufsicht
Bei der Kommunalanstalt sind die §§ 118–129 GemO entsprechend anwendbar (§ 102d Abs. 5 S. 1 GemO). Die Kommunalanstalt untersteht somit, wie die Gemeinde selbst, der Rechtsaufsicht. Rechtsaufsichtsbehörde ist die für die Gemeinde zuständige Rechtsaufsichtsbehörde (§ 102d Abs. 5 S. 2 GemO). Neben der Kommunalanstalt selbst unterliegen auch bestimmte Handlungen der Gemeinde im Zusammenhang mit der Kommunalanstalt der Rechtsaufsicht. Die Anstaltssatzung, Änderungen der Aufgaben der Kommunalanstalt und die Auflösung der Kommunalanstalt bedürfen der Genehmigung der Rechtsaufsichtsbehörde (§ 102a Abs. 4 S. 1 GemO).

315c Besonderheiten der gemeinsamen selbstständigen Kommunalanstalt
§ 24a GKZ sieht die Möglichkeit vor, dass Gemeinden und Landkreise eine gemeinsame Kommunalanstalt errichten, einer bestehenden Kommunalanstalt beitreten oder ein Unternehmen in der Rechtsform einer Kapitalgesellschaft, an dem ausschließlich Gemeinden und Landkreise beteiligt sind, durch Formwechsel in eine gemeinsame Kommunalanstalt umwandeln können. Auch Zweckverbände können gemeinsame Kommunalanstalten gründen, da sie nach § 29 GKZ den Gemeinden bei der Anwendung des GKZ gleichstehen. Für die gemeinsame Kommunalanstalt gelten nach § 24a Abs. 1 S. 3 GKZ die für Kommunalanstalten maßgeblichen gemeindewirtschaftsrechtlichen Vorschriften der §§ 102a, 102b und 102d GemO entsprechend. Da sich die gemeinsame Kommunalanstalt in der Trägerschaft mehrerer Kommunen befindet, sind insbesondere folgende ergänzende bzw. abweichende Vorgaben zu beachten:

- Die Anstaltssatzung muss mindestens die nach § 6 Abs. 2 GKZ (für Verbandssatzungen) erforderlichen Bestimmungen enthalten (§ 24b Abs. 1 S. 1 GKZ). Gegenüber den Vorgaben des § 102a Abs. 3 S. 2 GemO sind somit zusätzliche Regelungen bzw. Angaben über die an der gemeinsamen Kommunalanstalt Beteiligten, die Verfassung und Verwaltung (insbesondere die Zuständigkeit der Organe und deren Geschäftsgang), den Maßstab zur Verteilung der Anstaltslast auf die Beteiligten und die Form der öffentlichen Bekanntmachungen aufzunehmen. Hinsichtlich der bereits nach § 102a Abs. 3 S. 2 GemO erforderlichen Regelungen über die Abwicklung im Falle der Auflösung ist zu beachten, dass § 24b Abs. 3 S. 3 GKZ eine Verteilung des Vermögens auf die Beteiligten im Verhältnis der geleisteten Stammeinlagen vorsieht. Es empfiehlt sich außerdem, bereits in der Satzung zu regeln, wer freiwerdende Bedienstete ggf. zu übernehmen hat.
- Außerdem muss die Anstaltssatzung nach § 24b Abs. 1 S. 2 GKZ Angaben enthalten, über den Betrag der von jedem Beteiligten auf das Eigenkapital zu leistenden Einlage (Stammeinlage), den räumlichen Wirkungsbereich im Falle der Übertragung hoheitlicher Rechte oder der Satzungshoheit sowie die Sitz- und Stimmverteilung im Verwaltungsrat.

X. Unternehmen und Beteiligungen

– Änderungen der Anstaltssatzung und die Auflösung der gemeinsamen Kommunalanstalt bedürfen der Genehmigung der Rechtsaufsichtsbehörde, im Übrigen entscheidet nach § 24b Abs. 3 S. 1 GKZ der Verwaltungsrat. Die Änderung der Anstaltsaufgabe, die Aufnahme und das Ausscheiden eines Beteiligten, die Erhöhung des Eigenkapitals, die Verschmelzung und die Auflösung bedürfen der Zustimmung aller Beteiligten (§ 24b Abs. 3 S. 2 GKZ). Zudem haben die Beteiligten die Möglichkeit, nach Maßgabe des § 24a Abs. 1 S. 3 GKZ i. V. m. § 102b Abs. 3 S. 6 GemO in der Anstaltssatzung festzulegen, dass bei bestimmten Entscheidungen den Mitgliedern des Verwaltungsrats Weisungen erteilt werden können.

315d Dadurch, dass der Kommunalanstalt hoheitliche Befugnisse (Dienstherrenfähigkeit, Satzungs- und Abgabenhoheit) und kommunale Pflichtaufgaben übertragen werden können, bietet sie gegenüber einer GmbH weitere Gestaltungsmöglichkeiten. Ob sich die Kommunalanstalt gegenüber der GmbH auch durch eine engere Bindung an die Gemeinde und die Rechtsaufsicht auszeichnet, ist dagegen differenziert zu beurteilen. Hinsichtlich der Rechtsaufsicht und der Prüfungspflichten kann dies ohne Weiteres bejaht werden. Für eine engere Bindung an die Gemeinde spricht die finanzielle Verantwortung der Gemeinde (Verpflichtung zum Tragen der Anstaltslast), die partielle Öffentlichkeit von Sitzungen, das Zustimmungserfordernis bei Beteiligungen an anderen Unternehmen und die unmittelbare Entscheidungszuständigkeit der Gemeinde beim Erlass bzw. bei der Änderung der Anstaltssatzung (betrifft auch Abgabenhöhe und Änderungen der Aufgaben) und bei der Auflösung der Kommunalanstalt. Bei der GmbH kann die Gemeinde nur im Rahmen ihres Weisungsrechts gegenüber den gemeindlichen Vertretern in der Gesellschafterversammlung einwirken, sofern die Angelegenheiten in die Zuständigkeit der Gesellschafterversammlung fallen. Andererseits ist bei der Kommunalanstalt ein umfassendes Weisungsrecht der Gemeinde gegenüber ihren Vertretern im Verwaltungsrat nicht vorgesehen. Insofern ist bei der GmbH (bei entsprechender Ausgestaltung der Zuständigkeiten im Gesellschaftsvertrag) eine stärkere Steuerung möglich. Es wird daher empfohlen, von der Möglichkeit Gebrauch zu machen, über das gesetzliche Weisungsrecht bei Entscheidungen über den Erlass von Satzungen hinaus, in der Anstaltssatzung auch für bestimmte andere Fälle ein Weisungsrecht vorzusehen.
Im Vergleich zum Eigenbetrieb ist bei der Kommunalanstalt die Bindung an die Gemeinde naturgemäß geringer ausgeprägt. Dies liegt letztendlich an der rechtlichen Selbstständigkeit der Kommunalanstalt und der damit erhofften höheren Flexibilität. Bei der Ausgestaltung der Anstaltssatzung ist ein angemessenes Verhältnis zwischen Flexibilität der Kommunalanstalt und Steuerungsmöglichkeiten der Gemeinde zu finden.

315e d) **Unternehmen und Einrichtungen in Privatrechtsform.** Erfüllt eine Kommune eine öffentliche Aufgabe mit einem Unternehmen oder einer Einrichtung in Privatrechtsform, ist sie an die bundesgesetzlichen Vorgaben für die jeweilige Unternehmensform gebunden. Nach § 103 Abs. 1 GemO darf die Gemeinde ein Unternehmen in einer Rechtsform des privaten Rechts nur **errichten, übernehmen, wesentlich erweitern** oder sich **daran beteiligen**, wenn die in § 103 Abs. 1 GemO genannten Voraussetzungen erfüllt sind.

Schaubild: Zulässigkeit Privatrechtsform

Neben der GmbH und der ausnahmsweise nach § 103 Abs. 2 GemO zulässigen Aktiengesellschaft (wenn der öffentliche Zweck des Unternehmens nicht ebenso gut in einer anderen Rechtsform erfüllt wird oder erfüllt werden kann, § 103 Abs. 2 GemO) kommen unter dem Gesichtspunkt der Haftungsbegrenzung z. B. auch die Erwerbs- und Wirtschaftsgenossenschaft, die Kommanditgesellschaft auf Aktien (Gemeinde als Kommanditaktionär) oder die GmbH & Co. KG grundsätzlich in Betracht, sofern die Zulässigkeitsvoraussetzungen erfüllt sind. Die zuletzt genannten Unternehmensformen spielen in der kommunalen Praxis nur eine untergeordnete Rolle.

315f Die **Entscheidung** über die Errichtung, Übernahme oder wesentliche Erweiterung von Unternehmen sowie die Beteiligung an solchen, fällt nach §§ 24 Abs. 1, 39 Abs. 2 Nr. 11 GemO in die alleinige Zuständigkeit des **Gemeinderats** (Organkompetenz). Eine **Übertragung** auf beschließende Ausschüsse oder den Bürgermeister ist **nicht** möglich (§§ 39 Abs. 2 Nr. 11, 44 Abs. 2 GemO). Beschlüsse der Gemeinde über Maßnahmen und Rechtsgeschäfte nach § 103 Abs. 1 und 2, §§ 103a, 105a Abs. 1 und § 106 GemO sind der Rechtsaufsichtsbehörde (§ 119 GemO) unter Nachweis der gesetzlichen Voraussetzungen vorzulegen. Der Beschluss bzw. das Rechtsgeschäft darf erst vollzogen werden, wenn die Rechtsaufsichtsbehörde die Gesetzmäßigkeit bestätigt oder den Beschluss nicht innerhalb eines Monats beanstandet hat, § 121 Abs. 2 GemO.

315g aa) **Unternehmen in der Rechtsform einer GmbH.** Die Gemeinde darf unbeschadet des § 103 Abs. 1 GemO in der Rechtsform einer Gesellschaft mit beschränkter Haftung nur errichten, übernehmen, wesentlich erweitern oder sich daran beteiligen, wenn im **Gesellschaftsvertrag** sichergestellt ist, dass die Gesellschafterversammlung auch beschließt über

X. Unternehmen und Beteiligungen 315g

- den Abschluss und die Änderung von Unternehmensverträgen i. S. v. §§ 291, 292 Abs. 1 des AktG,
- die Übernahme neuer Aufgaben von besonderer Bedeutung im Rahmen des Unternehmensgegenstands,
- die Errichtung, den Erwerb und die Veräußerung von Unternehmen und Beteiligungen, sofern dies im Verhältnis zum Geschäftsumfang der Gesellschaft wesentlich ist,
- die Feststellung des Jahresabschlusses und die Verwendung des Ergebnisses.

Die GmbH ist eine juristische Person mit **eigener Rechtspersönlichkeit**, für deren Verbindlichkeiten grundsätzlich nur das Gesellschaftsvermögen haftet. Die Gesellschaft kann Eigentum erwerben, vor Gericht klagen und verklagt werden. Über ihr Eigentum kann das Insolvenzverfahren eröffnet werden, § 11 Abs. 1 InsO und zur Zwangsvollstreckung in ihr Vermögen ist ein gegen die Gesellschaft gerichteter vollstreckbarer Schuldtitel erforderlich.

Die GmbH hat ein im Gesellschaftsvertrag festgesetztes **Stammkapital**, das der Summe der von den Gesellschaftern zu leistenden Stammeinlagen entspricht und mindestens 25000 Euro betragen muss. Nach der jeweiligen Stammeinlage bestimmt sich der Geschäftsanteil, der veräußerlich, vererbbar und teilbar ist. Die Gewinnverteilung erfolgt entsprechend dem Verhältnis der Geschäftsanteile oder nach Gesellschafterbeschluss.

Übersicht: Organe und Aufgabenverteilung bei der GmbH

Gesellschafter-versammlung	Geschäftsführung	Aufsichtsrat
§§ 45 ff. GmbHG (Pflichtorgan der GmbH)	§§ 6, 35 ff. GmbHG (Pflichtorgan der GmbH)	§ 52 GmbHG i. V. m. AktG (fakultatif) →Pflichtorgan bei mehr als 500 Arbeitnehmern (nach BetrVerfG) bei mehr als 2000 Beschäftigten (nach MitbestG)
Zusammensetzung	**Zusammensetzung**	**Zusammensetzung**
Bürgermeister als Vertreter der Gemeinde (§ 104 GemO) als Vertreter des Gesellschafters Evtl. Entsendung weiterer Vertreter der Gemeinde nach § 104 Abs. 1 GemO	Eine oder mehrere Personen Bestellung durch Gesellschafterversammlung oder im Gesellschaftsvertrag	Bei fakultativem Aufsichtsrat mindestens 3 Mitglieder; Bestellung durch Gesellschafter Bei obligatorischem Aufsichtsrat ⅔ der Mitglieder durch Gesellschafterversammlung oder Entsendung durch Gesellschafter; ⅓ nach BetrVerfG/MitbestG durch Arbeitnehmer
Aufgaben	**Aufgaben**	**Aufgaben**
Allzuständigkeit nach dem GmbHG, allerdings sollten die Aufgaben weitgehend delegiert werden. Ziel: Nur Grundsatzentscheidungen zum Bestand und zur Wirtschaftslenkung bei der Gesellschafterversammlung	Selbstständige Leitung der Gesellschaft und Führung des Betriebs (durch Übertragung im Gesellschaftsvertrag) Bei wichtigen Angelegenheiten Beteiligung des Aufsichtsrats oder der Gesellschafterversammlung (Abgrenzung im Gesellschaftsvertrag) Vertretung der Gesellschaft	Aufsichtsorgan gegenüber Geschäftsführung Zustimmungspflicht bei wichtigen Angelegenheiten gem. Gesellschaftsvertrag, z. B. auch Mitbestimmung der Geschäftspolitik Beim Inhalt des Gesellschaftsvertrags auf die Sicherstellung des öffentlichen Zwecks und die Einflussrechte der Gemeinde achten (vgl. §§ 103 Abs. 1, 104 Abs. 1 GemO)

315h bb) **Unternehmen in der Rechtsform einer Aktiengesellschaft.** Die Gemeinde darf unbeschadet des § 103 Abs. 1 GemO ein Unternehmen in der Rechtsform einer Aktiengesellschaft nur errichten, übernehmen oder sich daran beteiligen, wenn der öffentliche Zweck des Unternehmens nicht eben so gut in einer anderen Rechtsform erfüllt wird oder erfüllt werden kann (z. B. Vorrang der GmbH).

Der **Bürgermeister** vertritt die Gemeinde in der Gesellschafterversammlung oder in dem entsprechenden Organ der Unternehmen in einer Rechtsform des privaten Rechts, an denen die Gemeinde beteiligt ist, § 104 GemO.

Übersicht: Organe und Aufgabenverteilung bei der Aktiengesellschaft

Hauptversammlung §§ 118 ff. AktG	Aufsichtsrat §§ 95 ff. AktG	Vorstand §§ 76 ff. AktG
Zusammensetzung	**Zusammensetzung**	**Zusammensetzung**
Bürgermeister als Vertreter der Gemeinde (§ 105 GemO) als Vertreter des Gesellschafters Evtl. Entsendung weiterer Vertreter der Gemeinde nach § 105 Abs. 1 GemO	Wahl der Mitglieder durch Hauptversammlung oder Entsendung durch Gesellschafter (lt. Satzung) Evtl. 1/3 der Mitglieder durch Arbeitnehmer (nach BetrVerfG/MitbestG)	Eine oder mehrere Personen Wahl durch Aufsichtsrat
Aufgaben	**Aufgaben**	**Aufgaben**
Entscheidungen in Angelegenheiten von grundsätzlicher Bedeutung zur Organisation, Verfassung und Kapitalausstattung, § 119 AktG Wahl und ggf. Abberufung von Aufsichtsratsmitgliedern § 119 AktG Vertrauensentzug (Abberufung) des Vorstandes, § 119 AktG Gewinnverwendung u. a., § 119 AktG Entlastung der Mitglieder des Vorstandes und des Aufsichtsrates, § 119 AktG	Bestellung und Abberufung des Vorstandes, § 84 Abs. 1 AktG Überwachung und Kontrolle der Geschäftsführung, § 111 Abs. 1 AktG Prüfung und Bericht des Jahresabschlusses, § 111 Abs. 2 AktG Einberufung der Hauptversammlung, § 111 Abs. 3 AktG Vertretung der AG gegenüber dem Vorstand, § 112 AktG Zustimmungspflicht bei bestimmten Geschäften (lt. Satzung), § 111 Abs. 4 AktG Beim Inhalt der Satzung auf die Sicherstellung des öffentlichen Zwecks und die Einflussrechte der Gemeinde achten (vgl. §§ 103 Abs. 1, 104 Abs. 1 GemO)	Leitung der Gesellschaft, Führung des Betriebs (Allzuständigkeit des Vorstandes in der AG), § 76 AktG Zustimmungsvorbehalt durch Aufsichtsrat für bestimmte Geschäfte können in der Satzung festgelegt werden, § 111 Abs. 4 AktG Vertretung der Gesellschaft, § 78 AktG Vorbereitung und Ausführung der Beschlüsse der Hauptversammlung, § 83 AktG Aufstellung, Vorlage des Geschäftsberichts und des Jahresabschlusses, § 148 AktG Berichterstattung an den Aufsichtsrat, § 90 AktG

315i Die **Veräußerung** von Unternehmen, Beteiligungen und Einrichtungen der Gemeinde ist in § 106 GemO geregelt. § 106 GemO geht als Spezialregelung der Regelung über die Veräußerung von Gemeindevermögen nach §§ 92 Abs. 1 S. 2, 108 GemO vor. Nach § 106 GemO ist eine Veräußerung eines Unternehmens, von Teilen eines solchen oder eine Beteiligung an einem Unternehmen sowie andere Rechtsgeschäfte, durch welche die Gemeinde ihren Einfluss verliert oder vermindert nur zulässig, wenn die Erfüllung der Aufgaben der Gemeinde nicht beeinträchtigt wird.

Dritter Teil **Baurecht**

I. Grundlagen des Baurechts

1. Öffentliches und privates Baurecht

Das Baurecht umfasst alle rechtlichen Vorschriften aus dem öffentlichen und aus dem privaten Recht, die einen Bezug zum Bauen haben. Während es sich bei dem privaten Baurecht insbesondere um Fragen zwischen dem Bauherrn und dem Architekten oder um nachbarliche Regelungen untereinander (z. B. die vertraglichen Beziehungen oder Mängel bei der Planerstellung für den Bauherrn, Mängel bei der Erstellung eines Gebäudes, Regelungen aus dem Bürgerlichen Gesetzbuch oder dem Nachbarrechtsgesetz) handelt, sind die **Vorschriften des öffentlichen Baurechts** für den **Gemeinderat** von besonderer Relevanz. Das öffentliche Baurecht gibt den öffentlichen Institutionen besondere Befugnisse aber auch Pflichten. So erteilt die zuständige Stelle (Landratsamt, Stadt) eine Baugenehmigung oder die Gemeinderäte haben im Rahmen der Bauleitplanung wichtige Mitwirkungsrechte. **316**

Ziel des öffentlichen Baurechts ist die Herstellung eines **Interessenausgleiches** zwischen den Grundstückseigentümern und den Allgemeininteressen. Der Grundsatz der Baufreiheit und die Schranken für den Einzelnen aus übergeordneten Gemeinschaftsinteressen versucht das öffentliche Baurecht herzustellen (Einschränkungen i. S. v. Art. 14 GG). **317**

Zu unterscheiden sind im öffentlichen Baurecht das **Bauplanungsrecht** (vor allem im Baugesetzbuch geregelt mit der Ordnung der städtebaulichen Entwicklung) und das Bauordnungsrecht (vor allem in der Landesbauordnung kodifiziert mit einem besonderen Anliegen zur Gefahrenabwehr). Die Vorschriften des öffentlichen Baurechts sind für den Gemeinderat entscheidend, da sie die Grundlagen der Rechte und Pflichten in der Funktion als „Teil der Gemeinde" regeln. Die privatrechtlichen Regelungen spielen indes „nur" eine Rolle bei Vertragsgestaltungen oder wenn die Gemeinde als Bauherr tätig wird.

Übersicht: Öffentliches und privates Baurecht

Öffentliches Baurecht	Privates Baurecht
Ein Hoheitsträger wird tätig durch Satzungen, Verwaltungsakte etc.	Vertragliche Regelungen zwischen Bauherrn und Planer (Architekt, Bauingenieur u. a.)
Bundesrecht – allgemeines und besonderes Städtebaurecht, geregelt vor allem im Baugesetzbuch – Rechtsverordnungen wie Baunutzungsverordnung, Planzeichenverordnung	Bundesrecht – zivilrechtliche Vereinbarungen zwischen dem Bauherren (das ist häufig die Gemeinde) und dem Planer (z. B. nach Regelungen des Bürgerlichen Gesetzbuches) – Bauvertragsrecht, d. h. Rechtsbeziehungen der an der Planung und Durchführung eines Bauvorhaben Beteiligten, dazu wird z. B. auch die Vergabe- und Vertragsordnung für Bauleistungen (VOB) gezählt

Öffentliches Baurecht	Privates Baurecht
Landesrecht Landesbauordnung Baden-Württemberg	Landesrecht Nachbarschaftsgesetz des Landes Baden-Württemberg (enthält z. B. Vorschriften zu Abständen bei Baumpflanzungen)
Hier liegen die Rechte und Pflichten der Gemeinden als Bauleitplaner (Planungshoheit der Gemeinde)	Kann die Gemeinde als „privaten" Bauherrn betreffen.

2. Rechtliche Grundlagen des öffentlichen Baurechts

318 Beim öffentlichen Baurecht sind Gesetze, untergesetzliche Vorschriften des Bundes und des Landes Baden-Württemberg (die Vorschriften sind z. T. abrufbar unter www.baurecht.de) sowie Satzungen (der Gemeinden) zu beachten. Auch wenn der **Grundsatz der Baufreiheit** besteht, wird dieses Recht durch die entsprechenden Rechtsvorschriften konkretisiert oder „inhaltlich beschränkt". Etwa werden durch **Vorgaben** der Bauleitplanung, d. h. dem Flächennutzungsplan und dem Bebauungsplan, Nutzungsmöglichkeiten zugelassen oder auch ausgeschlossen.

Die Vorschriften des Bundes zielen auf die städtebauliche Relevanz. Es soll – bezogen auf die Gemeinde – eine vorbereitende und leitende **städtebauliche Entwicklung** (s. auch Rn. 392) stattfinden. Dazu enthält das **Baugesetzbuch** (BauGB) die wichtigsten Vorgaben. Ergänzt wird das Gesetz durch zwei wesentliche Verordnungen, die bei jedem Bauleitplan zu beachten sind, nämlich der **Baunutzungsverordnung** und der **Planzeichenverordnung**. Während sich die Baunutzungsverordnung (BauNVO) mit der Art (Welche Nutzung soll auf dem Grundstück zulässig sein?) und dem Maß (z. B. Wie groß darf eine Bebauung in Relation zur Grundstücksgröße sein?) der baulichen Anlage befasst, zielt die Planzeichenverordnung auf eine Einheitlichkeit zum Lesen von Plänen ab (z. B. Farbangabe für Baugrenzen).

> **Hinweis:** Schwerpunkt für den Gemeinderat beim öffentlichen Baurecht ist das Bundesrecht.

319 Die städtebauliche Entwicklung und die Befugnisse des Gemeinderats liegen insbesondere im Bereich des Bundesrechts. Das Baugesetzbuch weist den Gemeinden die Aufgaben im Rahmen des öffentlichen Baurechts zu. Neben dem Bundesrecht spielen die Vorgaben des **Bauordnungsrechts**, dem **Landesrecht**, eine Rolle, die an dieser Stelle kurz angesprochen werden sollen: Die Regelungen der **Landesbauordnung** (LBO) sind hier einschlägig. Beim Landesrecht geht es inhaltlich grundsätzlich um die Abwehr von Gefahren durch Bauten (z. B. Verhinderung des Einstürzens von Dächern auf Grund von Schneelast, also Fragen der Statik) oder um soziale Aspekte (z. B. Vorgaben für behindertengerechtes Bauen) oder ästhetische Gesichtspunkte (z. B. durch eine Außengestaltung eines Gebäudes darf keine städtebauliche Verunstaltung erfolgen). Außerdem regelt die LBO formelle Fragen wie die der Genehmigungsverfahren. Die Vorschriften der LBO werden durch eine Reihe von Verordnungen ergänzt, z. B. der Verordnung der Landesregierung über das baurechtliche Verfahren

(Verfahrensverordnung zur Landesbauordnung – LBOVVO), mit der für die Planer u. a. vorgeschrieben wird, welche Unterlagen bei Genehmigungsverfahren vorzulegen sind.

II. Bauleitplanung

1. Bedeutung für die Gemeinderäte (Verantwortung und Gestaltungsmöglichkeiten)

Das BauGB gibt den Kommunen das Recht aber auch die Pflicht, entsprechend der gesetzlichen Vorgaben die städtebauliche Entwicklung voranzutreiben. Dieser politisch-rechtliche Auftrag gibt in der Praxis dem Gemeinderat die **Verantwortung für die Grundsatzentscheidungen** in der baulichen Entwicklung des Gemeindegebietes. Das Recht konkretisiert auch die verfassungsmäßig geschützte **Planungshoheit** der Gemeinden (Art. 28 GG, Art. 71 LVerf). Daraus resultiert die Verantwortlichkeit für eine geordnete Entwicklung der Gemeinde und damit für das Gemeinwohl. Deutlich wird das durch die Formulierung in § 1 Abs. 3 BauGB: „Die Gemeinden haben die Bauleitpläne auszustellen, sobald und soweit es für die städtebauliche Entwicklung und Ordnung erforderlich ist." Allerdings können die Bürgerinnen und Bürger diese Aufgabe der Gemeinde nur „politisch einfordern", denn ein Rechtsanspruch auf Aufstellung von Bauleitplänen besteht nicht.

Der Gemeinderat hat bei der Aufstellung der Pläne auch **überörtliche Planungen** zu beachten. Beispiele solcher Planungen sind zum einen die Vorgaben der Raumordnung und Landesplanung, zum anderen eventuelle Fachplanungen, z. B. Straßenbau – etwa Vorgaben des Bundesverkehrswegeplans, Hochwasserschutz. Außerdem gibt es viele fachliche Gesichtspunkte, die im Rahmen der Aufstellung von Plänen zu beachten sind. Hierzu ist die in § 1 Abs. 6 BauGB vorhandene Aufzählung diverser Gesichtspunkte Ausgangspunkt; die Liste ist nicht abschließend, sondern jeweils auf die konkrete Situation vor Ort zu prüfen.

Die Gemeinde muss die Vorgaben der **Raumordnung** und somit vor allem die des **Regionalplans** beachten.

Die Bürgerschaft ist bei der Aufstellung der Bauleitpläne eingebunden. Die Kenntnisse und Wünsche sollen schon frühzeitig in das Verfahren eingebracht werden. Hingegen ist bei der Regionalplanung (Landesentwicklungsplan und Regionalpläne) eine direkte Bürgerbeteiligung nicht vorgesehen.

Ebene der Planungen

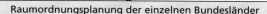

Übersicht: Raumordnung/Bauleitpläne

2. Arten der Bauleitpläne

322 Von der Regionalplanung, die durch das zuständige Ministerium und die Regionalverbände durchgeführt wird, liegt die **Bauleitplanung** in der **Zuständigkeit der Kommunen**. Bei der Aufstellung der Pläne müssen aber die Vorgaben der Regionalplanung berücksichtigt werden. Der Oberbegriff Bauleitpläne steht für zwei Kategorien, nämlich eine „Grob-" und für eine „Feinplanung." Der **Flächennutzungsplan** also sog. vorbereitender Bauleitplan enthält eine grobe Planung, z. B. die Einteilung in Bauflächen wie Wohnflächen oder gewerbliche Bauflächen, während der verbindliche Bauleitplan, nämlich der **Bebauungsplan**, die Feinplanung wiedergibt. Um die Pläne auch lesen zu können, sind neben dem Baugesetzbuch insbesondere die Baunutzungsverordnung (BauNVO) und die Planzeichenverordnung (PlanzV) als die wichtigsten „untergesetzlichen" Vorschriften zu nennen.

323 a) **Flächennutzungsplan.** Der Flächennutzungsplan (FNP) enthält Darstellungen für die ganze Gemeinde (Zeithorizont in der Praxis ca. 10 Jahre). Dabei ist die **Art der Bodennutzung** nach den prognostizierten Bedürfnissen der Kommune in ihren Grundzügen niederzulegen. Hierzu gehören vor allem die Darstellung der Bauflächen, Einrichtungen und Versorgungsanlagen für die Allgemeinheit (z. B. kirchliche und sozialen Zwecken dienenden Einrichtungen, etwa Schulen), überörtliche Verkehrsflächen (z. B. Straßen, Bahnlinien etc.), Versorgungsanlagen, Grünflächen, Sportplätze, Friedhöfe, um nur einige Beispiele zu nennen (vgl. § 5 BauGB). Der Grundgedanke des Gesetzes ist, dass aus dem Flächennutzungsplan ein konkreter Plan, der Bebauungsplan, entwickelt wird.

II. Bauleitplanung

Dieser Grundsatz ist jedoch „löchrig", da auch beide Pläne parallel erarbeitet bzw. fortgeschrieben werden können oder der Flächennutzungsplan sogar nur korrigiert werden muss.

b) Bebauungsplan. Der Bebauungsplan (BP) konkretisiert die Planung in der Gemeinde. Es wird (allein schon wegen der Lesbarkeit der Pläne) i. d. R. nicht nur einen Plan geben, sondern viele solcher Pläne für kleinere oder größere Teile des Gemeindegebietes geben. **324**

Übersicht: Möglichkeiten der Bebauungspläne

qualifizierter Bebauungsplan	vorhabenbezogener Bebauungsplan	einfacher Bebauungsplan	Bebauungsplan der Innenentwicklung
§ 30 Abs. 1 BauGB	§§ 30 Abs. 2, 12 BauGB	§ 30 Abs. 3 BauGB ggf. zusätzlich §§ 34, 35 BauGB	§ 13a BauGB

Das Verfahren zur Aufstellung der Pläne ist sehr förmlich und aufwendig. Hier werden die Bürgerschaft und Fachstellen, die sog. Träger öffentlicher Belange (TöB), z. B. Denkmalschutz, Natur- und Artenschutz, Fachverbände umfänglich eingebunden (siehe auch Rn. 338). Insbesondere die §§ 2–4 BauGB sind hier einschlägig. Zur Änderung oder Ergänzung eines bestehenden Bebauungsplans kann das vereinfachte Verfahren nach § 13 BauGB gewählt werden. Voraussetzung ist, dass die Grundzüge der Planung nicht berührt werden bzw. sich im Falle des bisherigen Innenbereiches nach § 34 BauGB die Planung an die schon vorhandene Eigenart der Umgebung anpasst oder nur eine Festsetzung nach § 9 Abs. 2a oder 2b BauGB gewählt wird (insbesondere „verbrauchernahe Versorgung", städtebauliches Entwicklungskonzept bzw. Steuerung von Vergnügungsstätten).

Hinweis: Festlegung im Gemeinderat, was städtebaulich gewünscht ist, und im Bebauungsplan festhalten, dabei die Informationen der Bürgerschaft und TöB prüfen.

Ein **Konfliktpotenzial** zwischen der kommunalen Planung und der Regionalplanung tritt dann ein, wenn die Gemeinde ein Vorhaben realisieren möchte, die Vorgaben des Regionalplans aber entgegenstehen. Beispielsweise soll eine gewerbliche Nutzung angesiedelt werden, die Restriktion des Regionalplans ist aber z. B. Grünzäsur. Gibt es tatsächlich keine Alternative stellt sich die Frage der Änderung des Regionalplans (was eine nicht unerhebliche Zeit in Anspruch nimmt) oder die Möglichkeit eines Zielabweichungsverfahrens durch das zuständige Regierungspräsidium. **325**

Ausgangsvorschrift für den Bebauungsplan ist § 30 BauGB. Danach gibt es **verschiedene Arten** von **Bebauungsplänen**, was u. a. vom **Regelungsinhalt** abhängt. **326**

– **Qualifizierter Bebauungsplan,** § 30 Abs. 1 BauGB. Der qualifizierte Bebauungsplan hat als Minimum der notwendigen Festsetzungen Art und Maß der baulichen Nutzung, die überbaubare Grundstücksfläche und die örtlichen

Verkehrsflächen. Hierbei handelt es sich um „den Klassiker" der Bebauungspläne. Er stellt für die Bauwilligen „quasi" das Angebot der Gemeinde dar.

327 – **Vorhabenbezogener Bebauungsplan,** §§ 30 Abs. 2 und 12 BauGB. Hiermit kann die Gemeinde einen „maßgeschneiderten" Plan aufstellen, um ein konkretes Projekt städtebaulich umzusetzen. Es muss kommunalpolitisch der Wunsch nach einer entsprechenden städtebaulichen Entwicklung beschlossen werden (hoheitliche Aufgabe der Gemeinde). Als weiteres wird ein Vertrag mit dem Investor geschlossen, in dem sich dieser zur Durchführung der Maßnahme und der Erschließung innerhalb einer bestimmten Frist verpflichtet. Der Durchführungsvertrag ist für die Umsetzungsverpflichtung des Vorhabenträgers wichtig. Änderungen müssen auch im Durchführungsvertrag eingearbeitet werden, § 12 Abs. 3a BauGB.

328 – **Einfacher Bebauungsplan,** § 30 Abs. 3 BauGB. Dieser Plan enthält weniger Festsetzungen als ein qualifizierter Bebauungsplan. Der Gesetzgeber weist zur Ergänzung des einfachen Bebauungsplans auf die rechtlichen Vorgaben des Innenbereichs (§ 34 BauGB) oder Außenbereichs (§ 35 BauGB) hin.

329 – **Bebauungsplan der Innenentwicklung,** § 13a BauGB: Ziel ist es, in einem schnelleren (beschleunigten) Verfahren freie bzw. freigewordene Flächen im Gemeindegebiet bebauen zu können und so den Außenbereich vor Bebauung zu schützen. Insbesondere an Konversionsflächen oder nicht mehr genutzte Industrieflächen wird hier gedacht oder z. B. Bauen in „2. Reihe" im innerörtlichen Bereich. Der Gesetzgeber spricht in § 13a Abs. 1 BauGB von der Wiedernutzbarmachung von Flächen, der Nachverdichtung oder anderen Maßnahmen der Innenentwicklung. Wichtig bei der Regelung dieser Vorschrift ist, dass bei Plänen mit einer Fläche von unter 20000 Quadratmetern keine Umweltprüfung notwendig ist und Eingriffe in den Naturschutz als „erfolgt und zulässig" erachtet werden. Das entbindet aber nicht von der Pflicht, zu prüfen, ob Artenschutzbelange berührt sind (falls ja, müssen diese bei der Planung beachtet werden). Bei Plänen zwischen 20000 und 70000 Quadratmetern bedarf es aber einer Vorprüfung des Einzelfalls hinsichtlich der Umweltauswirkungen. Sonderregelungen gibt es im Falle der Durchführung des beschleunigten Verfahrens auch für den Flächennutzungsplan. Der Bebauungsplan der Innenentwicklung kann unter den gesetzlichen Voraussetzungen vor Änderung des Flächennutzungsplans beschlossen werden, wenn die städtebauliche Entwicklung der Kommune nicht beeinträchtigt wird. Der Flächennutzungsplan muss dann nachträglich nur korrigiert werden.
§ 13b BauGB: zeitlich bis Ende 2019 gibt es Erleichterungen für Bebauungspläne, die der Wohnraumplanung dienen, wenn die Flächen an eine vorhandene Bebauung anschließen.

> **Beachten:** Beim Bebauungsplan der Innenentwicklung kann es Erleichterungen bei der Umweltprüfung geben – eventuelle Fragen zum Thema Artenschutz müssen aber immer geprüft werden.

II. Bauleitplanung **330–333**

- **Vereinfachtes Verfahren:** Häufig werden Bebauungspläne nur unwesentlich verändert oder ein Gebiet, das noch nicht beplant ist, soll über einen Bebauungsplan „abgesichert" werden. In solchen Fällen, wo die Grundzüge der Planung nicht berührt werden oder keine wesentliche Veränderung erfolgt oder nur Festsetzungen i. S. d. § 9 Abs. 2a BauGB (u. a. Sicherung zentraler Versorgungsbereiche/verbrauchernahe Versorgung) bzw. i. S. d. § 9 Abs. 2b BauGB (Steuerung der Ansiedlung von Vergnügungsstätten) umgesetzt werden sollen, kann ein vereinfachtes Verfahren nach § 13 BauGB durchgeführt werden. Da Verfahrensschritte hierbei entfallen können (z. B. keine frühzeitige Unterrichtung der Bürgerschaft) kann das bauleitplanerische Ziel der Gemeinde zügiger erreicht werden. Die Rechte der Bürgerschaft werden aber weiterhin durch die „normale" Beteiligung am Verfahren gesichert. **330**

> **Hinweis:** Die Änderung der Bauleitplanung – dem Flächennutzungsplan und dem Bebauungsplan – kann auch gleichzeitig erfolgen, man spricht dann vom sog. **Parallelverfahren**. Zu beachten ist auch, dass der Flächennutzungsplan anders als der Bebauungsplan keine Parzellenschärfe hat. Daher gibt es beim Lesen des Flächennutzungsplans geringfügige „Grenzbereiche", die in der Praxis im Einzelfall gelöst werden (Abweichungen um einige Meter sind denkbar). **331**

3. Die Baunutzungsverordnung

Für die Aufstellung der Bauleitpläne ist die Baunutzungsverordnung (BauNVO) eine **zentrale Rechtsverordnung**. Sie enthält Vorgaben zur möglichen **Nutzung der Bauflächen**, grob eingeteilt für die Flächennutzungspläne (vgl. § 1 Abs. 1 BauNVO) und detaillierter für die Bebauungspläne (vgl. § 1 Abs. 2 BauNVO). Die einzelnen Baugebiete gehen von folgender Systematik bei der **Art der baulichen Nutzung** aus: allgemeine Umschreibung des jeweiligen Gebietes, was ist typischerweise zulässig und welche Ausnahmen sind denkbar. Bsp.: Reine Wohngebiete: Das Gebiet ist allgemein dem Wohnen dienend, typische Vorhaben sind Wohngebäude und ausnahmsweise sind z. B. kleine Betriebe des Beherbergungsgewerbes zulässig. Die Novellierung der BauNVO im Jahr 2013 lässt nun allgemein auch „Anlagen zur Kinderbetreuung, die den Bedürfnissen der Bewohner des Gebiets dienen" zu. Damit ist jetzt klargestellt, dass Kinderlärm kein „gebietsunverträglicher" Lärm ist. Der Zweck der diversen Baugebiete ist es, das Störpotenzial „zu steuern". Vereinfacht: Wo gewohnt wird, soll es ruhiger sein als in Gebieten mit z. B. gewerblicher oder industrieller Nutzung. **332**

Seit 2017 gibt es den neuen Gebietstypus des „urbanen Gebiets" in § 6a BauNVO. Hier ist eine störungsintensivere Mischung von Wohnen und anderen Nutzungen möglich, was u. a. eine innerstädtische Hilfe beim Bedürfnis Wohnen, Berufsausübung und Freizeitnutzung auf engerem Raum ermöglichen soll.

> **Hinweis:** Bei der Planung zur Art der baulichen Nutzung bedenken, dass es für **freiberuflich Tätige** Erleichterungen über § 13 BauNVO gibt, da die von der Berufsausübung entstehenden Störungen geringer sind. **333**

Eine weitere, wichtige Regelung der BauNVO sind die Vorgaben zum **Maß** (vereinfacht: die Größe der Bauflächen) **der baulichen Nutzung.** Die in § 17 BauNVO genannten Obergrenzen können nun auch aus städtebaulichen Gründen überschritten werden.
Es gilt i. d. R. die Baunutzungsverordnung, die zum Zeitpunkt des Beschlusses über den Bauleitplan in Kraft ist.

> **Hinweis:** Durch die **gezielten Festsetzungen** von Art und Maß der baulichen Nutzung kann eine städtebauliche Entwicklung – wie sie vom Gemeinderat gewünscht wird – gut gesteuert werden. Dadurch können auch typische Problemfälle im Vorfeld ausgeschlossen werden – z. B. Wohnen in einem Gewerbegebiet (mit Problemen für die Wohnnutzung und für das Gewerbe durch z. B. Lärm) oder Fragen der Ansiedlung von großflächigem Einzelhandel (bis zu welcher Größe ist der Einzelhandel zur Versorgung der Bevölkerung nötig und ab wann bedarf es der Ausweisung eines Sondergebietes – hier unter Umständen mit Problemen der Regionalplanung, da entsprechende Betriebe z. B. in Oberzentren angesiedelt sein sollten).

4. „Schlanke Bebauungspläne"

334 In der Praxis wird in den Gemeinden häufig ein Bebauungsplan viele Festsetzungen haben, um städtebauliche Fehlentwicklungen zu vermeiden. Neben den Festsetzungen zur Art der baulichen Nutzung (z. B. Wohngebiet), dem Maß bzw. der überbaubaren Fläche (insbesondere wie groß darf die Bebauung bezogen auf das Grundstück sein, wie groß sind die „Baufenster") und den Erschließungsflächen kommt es noch zu einer **Vielzahl** von **weiteren Festsetzungen,** z. B. soll in einer Schwarzwaldgemeinde ein typisch regionales Bauen verwirklicht werden und nicht die Bauweise etwa von Nordseeinseln. Insoweit können z. B. auch örtliche Bauvorschriften nach der LBO (vgl. § 74) ergänzend zu den Festsetzungen im Bebauungsplan relevant werden. Es sollte unbedingt beachtet werden: Was will die Gemeinde städtebaulich, wie soll ein Plangebiet aussehen? Was muss geregelt werden, um das Ziel zu erreichen und worauf kann man verzichten. Jede spätere Abweichung von den Festsetzungen des Plans bedarf eines entsprechenden Dispenses (Ausnahme oder Befreiung). Das bringt es mit sich, dass der Gemeinderat bzw. eingesetzte Ausschüsse jedes Vorhaben erneut beraten, die Baurechtsbehörde abschließend entscheiden muss und für die Bürger damit verbundene Kosten (Genehmigungsgebühren) entstehen können.
Ein typisches **Beispiel** aus früherer Zeit: Ein Bebauungsplan lässt die Errichtung von Dachgauben nicht zu. Inzwischen wünschen viele Bürgerinnen und Bürger aber Dachgauben. Es muss nun im Einzelfall über jeden Antrag entschieden werden oder aber der Bebauungsplan muss insgesamt verändert werden.

> **Hinweis:** Bei der Bauleitplanung Einigkeit suchen, was soll städtebaulich erreicht werden, wie kann dies ohne eine übertriebene Einengung für den Einzelnen abgesichert werden? Ein Baugebiet muss auch angenommen werden und sich „im Rahmen" entwickeln können. Ein Plan soll nicht ständig geändert werden müssen.

Eventuell **genügt** es, sich auf wenige Festsetzungen beim Maß der baulichen Nutzung zu beschränken. So kann z. B. die Grundflächenzahl kombiniert werden mit nur einer weiteren Regelung unter dem Gedanken der städtebaulichen Entwicklung. Wird etwa die Grundflächenzahl mit der maximal zulässigen Firsthöhe festgesetzt, muss die Zahl der Vollgeschosse nicht zusätzlich festgeschrieben werden. Solche Überlegungen sind hilfreich, um die Planungsgrundzüge zu sichern, gleichzeitig aber flexibel zu sein.

5. Formaler Ablauf zur Aufstellung der Bauleitpläne

Aufstellung von Bauleitplänen

Die nachfolgende Übersicht zeigt die wichtigsten Schritte bei der Aufstellung der Bauleitpläne. Paragrafen sind solche des BauGB, FNP = Flächennutzungsplan, BP = Bebauungsplan.

Der demografische Wandel aber auch das Ziel der Reduzierung der Flächeninanspruchnahme führten zu den Hinweisen des zuständigen Ministeriums, die für die Gemeinden eine große Bedeutung haben, da sie Einschränkungen mit sich bringen können hinsichtlich der Ausweisung von Bauflächen. Die „Plausibilitätsprüfung der Bauflächennachweise im Rahmen des Genehmigungsverfahrens nach §§ 6 und 10 Abs. 2 BauGB vom 15.2.2017" sind für die Kommunen und Genehmigungsbehörden in Baden-Württemberg von praktischer Relevanz bei der Bauleitplanung. Die „Hinweise" sind auf der Homepage des Ministeriums für Wirtschaft, Arbeit und Wohnungsbau hinterlegt.

Das Bauleitplanverfahren ist ein stark **formalisiertes Verfahren** mit vorgegebenen Fristen. Hintergrund ist, dass sowohl die Bürgerinnen und Bürger als auch Fachbehörden ihre Vorstellungen („Anregungen") zu der Planung abgeben können und sollen. Daher muss sich die planende Gemeinde auch mit den Anregungen auseinandersetzen, die Prüfung dieser dokumentieren und den Betroffenen bekannt geben. Natürlich besteht auch die Möglichkeit in einer Informationsveranstaltung ein Vorhaben vorzustellen und zu diskutieren. Der formale Ablauf für die Bauleitplanung ist im BauGB in den §§ 2 bis 4c konkret beschrieben, insgesamt sind die Vorschriften der §§ 1 bis 13b BauGB für die Kommunen hinsichtlich der Verfahrensschritte und der Inhalte zu den Bauleitplänen bedeutsam.

Das Verfahren zur Aufstellung der Bauleitpläne beginnt mit dem **Aufstellungsbeschluss**, in dem die Grundsatzentscheidung für einen Plan gelegt wird. Der Beschluss ist **ortsüblich bekannt zu machen** (Angaben dazu enthält üblicherweise die Hauptsatzung der Gemeinde). Nach dem Aufstellungsbeschluss kann eine Gemeinde auch Sicherungsmaßnahmen für die anstehende Planung ergreifen. Das sind zum einen die Möglichkeit der **Veränderungssperre** nach §§ 14, 16 ff. BauGB (diese ist als Satzung zu beschließen) oder zum anderen auf ein konkretes Baugesuch bezogen die **Zurückstellung** desselben (§ 15 BauGB, dies ist ein Verwaltungsakt).

337   Baurecht

```
┌─────────────────────────────────────┐
│        Aufstellungsbeschluss        │
│               § 2 I                 │
│       Begründungspflicht, § 2a      │
└─────────────────────────────────────┘
                  ↓
┌─────────────────────────────────────┐
│   ortsübliche Bekanntmachung, § 2 I │
└─────────────────────────────────────┘
                  ↓
┌─────────────────────────────────────┐
│ Ausarbeitung des Planentwurfs durch │
│ Gemeinde oder beauftragten          │
│ (Stadt-)Planer                      │
└─────────────────────────────────────┘
                  ↓
┌─────────────────────────────────────┐
│ Frühzeitige Unterrichtung der       │
│ Öffentlichkeit, § 3 I               │
│ (Sonderregelungen des beschleu-     │
│ nigten Verfahrens beachten,         │
│ §§ 13a, 13 II, III)                 │
└─────────────────────────────────────┘
                  ↓
┌─────────────────────────────────────┐
│ Unterrichtung und Aufforderung zur  │
│ Stellungnahme der Behörden und      │
│ Träger öffentlicher Belange,        │
│ § 4 I, II (Frist grundsätzlich      │
│ 1 Monat)                            │
└─────────────────────────────────────┘
                  ↓
┌─────────────────────────────────────┐
│         Auslegungsbeschluss         │
│       (nicht in § 3 II genannt)     │
└─────────────────────────────────────┘
                  ↓
┌─────────────────────────────────────┐
│ Ortsübliche Bekanntmachung –        │
│ Bekanntgabe mind. 1 Woche zuvor;    │
│ Hinweis auf Stellungnahme während   │
│ der Auslegungsfrist und mögl.       │
│ Präklusion, § 3 II 2                │
└─────────────────────────────────────┘
                  ↓
┌─────────────────────────────────────┐
│ Auslegung mit Begründung und bereits│
│ vorliegenden Stellungnahmen zum     │
│ Umweltschutz für 1 Monat, § 3 II    │
└─────────────────────────────────────┘
                  ↓
┌─────────────────────────────────────┐
│   Behandlung der Stellungnahmen     │
└─────────────────────────────────────┘
                  ↓
┌─────────────────────────────────────┐
│ Mitteilung der Ergebnisse der       │
│ Prüfung der Stellungnahmen; § 3 II  │
│ (Möglichkeit der Vereinfachung bei  │
│ mehr als 50 Personen mit            │
│ vergleichbaren Äußerungen)          │
└─────────────────────────────────────┘
                  ↓
┌─────────────────────────────────────┐
│          Beschlussfassung:          │
│     FNP = Feststellungsbeschluss    │
│     BP = Satzungsbeschluss, § 10 I  │
└─────────────────────────────────────┘
                  ↓
┌─────────────────────────────────────┐
│     Genehmigung und Bekanntgabe     │
│ FNP: § 6 und Bekanntgabe derselbigen,│
│ eventuell nur FNP-Berichtigung in   │
│ Fällen des § 13a, 13b               │
│ BP: nur erforderlich, wenn nicht aus│
│ FNP entwickelt, § 10 II, III        │
└─────────────────────────────────────┘
```

Übersicht zu den wichtigsten Schritten bei der Aufstellung der Bauleitpläne

II. Bauleitplanung

338 Mit dem ersten **Entwurf** der Planung (durch das Bauamt oder Dritte erstellt) wird die sog. **frühzeitige Öffentlichkeitsbeteiligung** und die der Fachbehörden (allgemein als TöB, Träger öffentlicher Belange bezeichnet) eingeleitet. Träger öffentlicher Belange sind Facheinrichtungen, die sich um spezielle Aufgaben kümmern, z. B. Post, Energieversorgungsunternehmen, Bahn, Kirchen, Naturschutzeinrichtungen, Denkmalschutz u. a.
Zweck ist eine Information über die Ziele der Planung zum frühestmöglichen Zeitpunkt. Es besteht die Möglichkeit, sich zur Planung zu äußern.
Diese frühzeitige Beteiligung kann entsprechend der rechtlichen Vorgaben ggf. entfallen, vgl. insbesondere beim Bebauungsplan der Innenentwicklung, §§ 13a Abs. 2, 13 Abs. 2 Nr. 1 BauGB.

339 Im nächsten Schritt erfolgt die **Offenlage des Entwurfs**, die öffentlich für die Dauer **eines Monats** erfolgen muss. Sowohl der Ort als auch die Dauer der Offenlage müssen mindestens eine Woche zuvor ortsüblich bekannt gegeben werden. Zusammen mit der Offenlage findet die Beteiligung der Behörden und sonstigen Träger öffentlicher Belange statt. Gab es bereits Äußerungen zum Entwurf, so genügt es, die Einrichtungen zu hören, deren Aufgabenbereich konkret betroffen ist. Auch angrenzende Gemeinden (deren Planungshoheit betroffen sein kann) sind anzuhören, damit frühzeitig eventuell städtebauliches Störpotenzial unterbunden wird, z. B. Lärmprobleme bei Planung eines Wohngebietes in einer Gemeinde, wenn eine andere angrenzend ein Gewerbe-/Industriegebiet hat. Die Fristeinhaltung für die Stellungnahme ist unbedingt zu beachten. Andernfalls kann – worauf bei der Bekanntgabe der Offenlage ausdrücklich hingewiesen werden muss – der Vortrag unberücksichtigt bleiben und gar zum **Ausschluss der Einwendungen (Präklusion)** führen, § 3 Abs. 2 S. 2 BauGB. Die eingehenden Stellungnahmen werden aufgenommen und geprüft. Je nach Rückmeldung kann es zu einer erneuten Offenlage kommen, die dann verkürzt (zwei Wochen) sein kann.

340 Die **Anregungen der Bürgerschaft** und der **Träger öffentlicher Belange** muss die Gemeinde nun **prüfen**. Dabei wird es regelmäßig Äußerungen geben, die nicht im Einklang zueinander stehen. Es ist nun die wichtige Aufgabe der Gemeinde, eine Abwägung der Interessen vorzunehmen. Alle Argumente müssen aufgenommen, (richtig) gewichtet und bei Fragen nachgeforscht werden. Die **Abwägung** der öffentlichen und privaten Belange, die in § 1 Abs. 7 BauGB festgeschrieben ist, ist ein Schwerpunkt für die abschließende Entscheidung über einen Bauleitplan. Zwar hat die Gemeinde einen planerischen Gestaltungsspielraum, dennoch muss sie die vorgetragenen Gesichtspunkte prüfen, gewichten und endgültig bewerten.

341 Je nach Fall kann es sein, dass die vorgetragenen Gesichtspunkte eine (**nochmalige**) **Veränderung** des Planes bedingen. Dann muss dies eingearbeitet und erneut eine Abwägungsentscheidung getroffen werden. Nach der (endgültigen) Abwägungsentscheidung steht der **Beschluss** für den Bauleitplan an. Über den Flächennutzungsplan wird „beschlossen", über den **Bebauungsplan** wird ein **Satzungsbeschluss** gefasst, § 10 BauGB. Der Bebauungsplan bindet nun die Verwaltung und die Bürgerschaft. Der **Flächennutzungsplan** als vorbereitender

Bauleitplan wird **nicht** als Satzung beschlossen. Er bindet die Verwaltung, seine Rechtsqualität ist aber von „besonderer Art".

342 Für beide Bauleitpläne gilt, dass sie ggf. einer **Genehmigung** (des Landratsamtes oder des Regierungspräsidiums) bedürfen (nicht aber der Bebauungsplan, der aus dem Flächennutzungsplan entwickelt wurde) und, dass sie erst nach ihrer Bekanntmachung wirksam werden. Der Bebauungsplan kann im Normenkontrollverfahren binnen einer Jahresfrist angefochten werden, der Flächennutzungsplan jedoch nicht, da er nicht als Satzung beschlossen wird.

Da Bebauungspläne für die Bürgerschaft bindend sind, gilt aber auch, dass sie sich auf die Festsetzungen verlassen können. Wird ein Bebauungsplan innerhalb von sieben Jahren nach Inkraftsetzung geändert und dadurch die Begünstigung für den Bauwilligen eingeschränkt oder aufgehoben, so kann dies zu Entschädigungsansprüchen für den Eigentümer des Baugrundstücks führen (§ 42 BauGB).

343 Auch schon während der Planaufstellung kann es das Bedürfnis geben, ein Bauvorhaben umzusetzen, das den städtebaulichen Vorgaben des Plans entsprechen soll. Hier kennt das Gesetz die Möglichkeit der **Zulassung** des Vorhabens schon **während der Planaufstellung**. In § 33 BauGB sind die entsprechenden Voraussetzungen aufgeführt. Die Vorgaben dieser Erleichterung können aber nicht „weiter vorverlegt" werden, d. h. die Öffentlichkeits- und Behördenbeteiligung ist zwingend notwendig.

6. Inhalt der Bauleitpläne

344 Während der mögliche Inhalt des Flächennutzungsplans in § 5 BauGB geregelt wird, enthält § 9 BauGB die möglichen Festsetzungen für einen Bebauungsplan. Ergänzungen können allenfalls über örtliche Bauvorschriften nach § 74 Landesbauordnung (LBO) erfolgen.

345 Das **BauGB** enthält die möglichen inhaltlichen **Festsetzungen des Bebauungsplans** aufgrund der städtebaulichen Überlegungen der Gemeinde. Neben den traditionellen Regelungen zur Art und dem Maß der baulichen Nutzung sind auch das Thema Hochwasserschutz oder mit der BauGB-Gesetzesnovelle von 2013 die Möglichkeit der Steuerung der Ansiedlung von Vergnügungsstätten als zwei Beispiele zu inhaltlichen Festsetzungen zu nennen. Um Einzelheiten (für den Planleser) erkennen zu können, muss aber die Baunutzungsverordnung und die Planzeichenverordnung herangezogen werden. Im Prinzip gilt, dass jeder Bebauungsplan Aussagen zur Art der baulichen Nutzung (z. B. reines Wohngebiet) trifft. Was ein solches Gebiet aber charakterisiert, was generell und nur ausnahmsweise zulässig ist, ergibt sich aus der Baunutzungsverordnung. Zu jedem Bebauungsplan gehört daher die Baunutzungsverordnung, die zur Inkraftsetzung des Planes eine Rolle spielt(e). Zu beachten ist, dass in früheren Baunutzungsverordnungen z. T. Vorhaben hinsichtlich der Größe zulässig waren, dies nach aktuellem Recht aber nicht mehr der Fall ist. Etwa bei der Ansiedlung von großen Einzelhandelsbetrieben kann das eine Rolle spielen. Es gilt der Grundsatz, dass die Bauleitplanung dann dem aktuellen Recht anzupassen ist.

II. Bauleitplanung

346 Bei jeder Planung ist zu berücksichtigen, dass **Störpotenziale** schon während der Planung ermittelt und beachtet werden. Das gilt sowohl hinsichtlich des Plangebiets zur Umgebung (z. B. Industriegebiet und angrenzendes Wohngebiet vertragen sich nicht), als auch für das Plangebiet selbst (z. B. Gewerbegebiete dienen nicht dem Wohnen und Betriebswohnungen sind die Ausnahme).
Neben der Art der baulichen Nutzung enthält die BauNVO auch Angaben zum Maß der baulichen Nutzung, z. B. wie viel Quadratmeter der Grundstücksfläche dürfen überbaut werden; vgl. §§ 16 ff. BauNVO und zur Bauweise. Die Planzeichenverordnung (PlanzV) soll gewährleisten, dass eine einheitliche Lesbarkeit der Pläne sichergestellt wird, z. B. Baulinien; vgl. § 23 Abs. 2 BauNVO und Anlage Nr. 3.4 PlanzV.
Mit der inhaltlichen Festsetzung im Bebauungsplan bindet sich die Gemeinde an diese Planung und der **Bürger** hat einen **Rechtsanspruch**, entsprechend der Festsetzungen des Bebauungsplans ein Vorhaben realisieren zu können. Zugelassen werden können aber auch Abweichungen, die schon im Bebauungsplan selbst festgelegt sind (**Ausnahmen**). Dies regelt § 31 BauGB. Weiterhin regelt diese Vorschrift die Zulässigkeit von Bebauungsplanabweichungen, die im Plan nicht selbst geregelt sind. Diese sog. **Befreiungen** können nur zugelassen werden, wenn für die Nachbarschaft keine unzumutbaren Verhältnisse entstehen und die Gründe des Wohls der Allgemeinheit eine Befreiung erfordern oder die Befreiung städtebaulich vertretbar ist oder die Umsetzung des Plans eine offenbar nicht beabsichtigte Härte ist; vgl. im Einzelnen § 31 Abs. 2 BauGB.

347 **Hinweis:** Bei Art und Maß der baulichen Nutzung Störpotenziale auch hinsichtlich möglicher zukünftiger Entwicklungen vermeiden. Ein Bebauungsplan gilt viele Jahre und soll darauf achten, dass er den gegenwärtigen wie auch künftigen Bedürfnissen der Stadtentwicklung und der Bevölkerung gerecht wird. So können Befreiungsanträge, die für die Verwaltung und den Bürger viel Aufwand bedeuten, vermieden werden.

7. Einzelhandelserlass

348 Die Verwaltungsvorschrift zum sog „Einzelhandelserlass" bindet die Verwaltung bzgl. **Einzelhandelsgroßprojekten** und befasst sich mit **Vorgaben** der Raumordnung, Bauleitplanung und dem Einzelfall. Dabei wird auch auf die Regelungen der früheren Baunutzungsverordnungen eingegangen. Wegen der vielfältigen Probleme, die bei großen Vorhaben in der Praxis entstehen können, ist die Vorschrift sehr **praxisrelevant** – auch für die Bauleitplanung. Hingewiesen sei ergänzend auf die aktuelle Rechtsprechung, wonach bei Einzelhandelsbetrieben von einer Großflächigkeit auszugehen ist, wenn eine Verkaufsfläche von 800 m^2 überschritten wird.
Kommen mehrere selbstständige nicht großflächige Einzelhandelsbetriebe zusammen, stellt sich die Frage, ob diese zusammen betrachtet werden müssen. Diese sog. **Agglomeration** wird nach der Rechtsprechung abgelehnt, da der Wortlaut (des § 11 Abs. 3 Nr. 2 BauNVO) auf den einzelnen Betrieb abstelle. Sofern baulich und funktional eigenständige Betriebe gegeben sind, ist keine gemeinsame Betrachtung möglich, es sei denn in einem Gebäude ist die Betriebsfläche zwar in selbstständig nutzbare Betriebseinheiten unterteilt, diese

zusammen ergeben aber den Einzelhandelsbetrieb (prägen diesen). Eine größere Rolle spielt nun die Frage der „Auswirkungen", was sich aus der zitierten Vorschrift ergibt. Der Betrieb, der einer wohnungsnahen Versorgung dient, kann also nicht nur durch die Großflächigkeit definiert werden. Von Relevanz bei der Klärung einer Zulässigkeit sind auch Gliederung (Ortsteile und deren Versorgung) und Größe der Gemeinde, die Sicherung der verbrauchernahen Versorgung, das Warenangebot, der Einzugsbereich des Betriebes und die Verkehrssituation.

Generell sind bei diesem Thema Kontakte zu der Raumordnungs- und der Genehmigungsbehörde unerlässlich.

8. Bedeutung der Fachbelange

349 Insgesamt sollen alle relevanten Gesichtspunkte bei der Bauleitplanung von der Bürgerschaft und den Fachbehörden der planenden Gemeinde mitgeteilt werden, damit diese die Belange kennt, gewichtet und bewertet. **Beispielhaft** werden folgend kurz die Themen Umwelt, Hochwasserschutz, Energie und Denkmalschutz angesprochen und ein Hinweis zu barrierefreiem Bauen gegeben.

350 a) **Umwelt.** Spätestens mit der Umsetzung der Bauleitpläne verändert sich die Umwelt. Es kommt zu Versiegelungen und zu **Eingriffen in Natur und Landschaft.** Daher fordert der Gesetzgeber im Vorfeld die Erhebung, Bewertung und möglichst Vermeidung von entsprechenden Eingriffen. Zu den Fachbelangen, die im Rahmen der Aufstellung der Bauleitpläne erfragt werden und Bestandteil der Abwägung sind, gehört u. a. der Umweltbereich. Die Vorschriften der §§ 1 Abs. 6, 1a und 2 Abs. 4, 4c, 13a Abs. 1 S. 2 Nr. 2 BauGB sowie die dazu erlassenen Anlagen 1 und 2 sind zu beachten. Die Umweltprüfungen sind durch die zu erstellenden Umweltberichte formalisiert worden. Die Umweltschutzgüter (vgl. § 1 Abs. 6 Nr. 7 BauGB) sind vor allem Fauna, Flora, Boden, Wasser, Luft und Klima, Naturschutz und Landschaftspflege. Von immer stärkerer Bedeutung ist der Artenschutz, der stets zu prüfen ist. Im Hinblick auf die Klärung des Themas ist regelmäßig eine fachliche Begutachtung erforderlich. Häufig sind dann Maßnahmen nötig, die bei rechtzeitiger Abstimmung mit der zuständigen Naturschutzbehörde oftmals vorgezogen werden können bzw. müssen, um Bauvorhaben realisieren zu können.

351 Die Umweltprüfung dient dazu, denkbare Auswirkungen zu erfassen und zu bewerten. Ziel ist eine **Vermeidung** von neuen **Umwelteingriffen.** Falls das nicht möglich ist, muss ein adäquater Ausgleich erfolgen. Für die Bewertung solcher Eingriffe/Ausgleiche ist im Baurecht bisher keine gesetzliche Bewertungsmethode vorgegeben. Der **Ausgleich** ist im Bebauungsplangebiet oder an anderer Stelle zu erbringen. Es kann nämlich unter Umweltgesichtspunkten vorteilhaft sein außerhalb des Plangebietes, möglichst in der Gemeinde selbst, den Ausgleich zu erbringen (z. B. für Renaturierungsmaßnahmen). Das Baugesetzbuch hat Maßnahmen für den Naturschutz und die Möglichkeit eines „baurechtlichen Ökokontos" in den §§ 135a bis 135c BauGB geregelt. Diese bundesrechtlichen Vorgaben beziehen sich auf die Bauleitplanung. Sie sind strikt zu trennen von den Vorgaben im Naturschutzrecht und dem dortigen (naturschutzrechtlichen) „Ökokonto" nach § 16 Abs. 1 Bundesnaturschutzgesetz (BNatSchG),

II. Bauleitplanung

§ 16 Naturschutzgesetz Baden-Württemberg (NatSchG) und der entsprechenden Ökokonto-Verordnung des Landes Baden-Württemberg. Das landesrechtliche Ökokonto ist für Eingriffs-/Ausgleichsregelungen **außerhalb** der Bauleitplanung vorgesehen, auch wenn rechtlich die Möglichkeit besteht, Daten des baurechtlichen Ökokontos „nachrichtlich" in ein Verzeichnis der Naturschutzbehörden aufzunehmen bzw. „Umbuchungen" möglich sind.

352 **Erleichterungen** über § 13a BauGB für die Bebauungspläne der Innenentwicklung sind deshalb möglich, da die Flächen z. B. schon bisher genutzt wurden. Das Ziel der Schonung der freien Landschaft, des Außenbereichs und eine verstärkte Nutzung dort, wo bereits Bebauung/Versiegelung vorhanden ist, zeigen sich in der Vorschrift. Aber auch hier gilt, dass der Artenschutz zu beachten ist.

353 **Hinweis:** Bei der Suche nach neuen Bauflächen, auch für Gewerbenutzung, verstärkt die Möglichkeiten im innerörtlichen Bereich suchen. Gibt es Brachflächen, alte Industrieflächen oder ist eine Nachverdichtung möglich? Nicht nur die aktuellen Erschließungskosten, sondern auch die langfristigen Unterhaltungskosten für Abwassernetz, Straßenbeleuchtung und -unterhalt etc. beachten und die demografische Entwicklung in die Planungen einbeziehen.

353a b) **Hochwasserschutz.** Zum Schutz der Bevölkerung und vor hohen Schäden durch Hochwasser sind im Wasserhaushaltsgesetz (WHG) starke Restriktionen vorgesehen. In Bereichen, in denen es keinen 100-jährlichen **Hochwasserschutz** gibt, sind die Bauleitplanung und die Realisierung von Einzelbauvorhaben massiv eingeschränkt bzw. ganz unzulässig, vgl. § 78 ff. WHG und § 65 Wassergesetz Baden-Württemberg (WG). Auskünfte über die hochwassergefährdeten Bereiche sowie die Darstellungen in sog. Hochwassergefahrenkarten sind daher wichtig und bei den Gemeinden bzw. Fachbehörden (Landratsamt, LUBW) zu erhalten.

354 c) **Energie.** Die **Nutzung alternativer Energien** findet ihren Niederschlag auch in der Bauleitplanung. Neben der Ausweisung von bestimmten Großflächen für z. B. Windenergieanlagen oder Solarparks gilt das verstärkt auch für die Bebauungspläne. Es ist möglich, eine Versorgung des Baugebietes z. B. mit Erdwärme durchzuführen. Eine genaue Analyse des Gebietes sollte hinsichtlich der Geeignetheit erfolgen. Es gibt nämlich aus anderen Fachbereichen, z. B. Wasserrecht, Beschränkungen zu entsprechenden Anlagen (z. B. ist in Wasserschutzgebieten als Trägerstoff nur Wasser zulässig). Bei tieferen Bohrungen (über 100 m Tiefe) ist mit dem Regierungspräsidium Freiburg (Landesamt für Geologie, Rohstoffe und Bergbau) Kontakt aufzunehmen. Auch andere Fachbelange, z. B. die Gewerbeaufsicht können von Bedeutung sein, beispielsweise wenn eine Solaranlage auf einem Eternitdach errichtet werden soll, was nicht immer zulässig ist (Asbestgefahr).

355 Das Gesetz zur Nutzung erneuerbarer Wärmeenergie in Baden-Württemberg (EWärmeG) bzw. das Gesetz zur Förderung Erneuerbarer Energien im Wärmebereich des Bundes (EEWärmeG) enthalten aus Klima- und Umweltschutzgründen Vorgaben – für Neubauten greift das Bundes- und für Bestandsgebäude das Landesrecht – mit dem Ziel, den Wärmebedarf stärker durch regenerative Energien zu decken.

356 d) **Denkmalschutz.** Die Belange des Denkmalschutzes sind bei der Bauleitplanung ebenso zu beachten, vgl. § 1 Abs. 6 Nr. 5 BauGB. Im Zusammenhang zwischen Umweltschutz und Denkmalschutz kann es dabei Fragen geben, die frühzeitig mit der Denkmalschutzbehörde abzuklären sind. Darf z. B. auf einem denkmalgeschützten Haus eine Solaranlage installiert werden oder beeinträchtigt das die Denkmalschutzeigenschaft?

357 Hinweis: Das Thema barrierefreies Bauen kann sowohl in der Bauleitplanung als auch im Bauordnungsrecht eine Rolle spielen. Für Bauherren und Planer hat das Ministerium für Wirtschaft, Arbeit und Wohnungsbau eine Broschüre erstellt, die auf der Homepage unter Service/Publikationen/Barrierefreies Bauen als Download zur Verfügung steht.

III. Bauen außerhalb von Bauleitplänen

Übersicht: Bebauungsplan – Innenbereich – Außenbereich

Bebauungspläne **§ 30 BauGB**	**Innenbereich** **§ 34 BauGB**	**Außenbereich** **§ 35 BauGB**
– qualifizierter Bebauungsplan – vorhabenbezogener Bebauungsplan – Bebauungsplan der Innenentwicklung, § 13a – Regelung des § 13b, Einbeziehung von Außenbereichsflächen – einfacher Bebauungsplan hierzu ergänzend Vorschrift des § 34 oder § 35 BauGB – Regelung der § 9 Abs. 2a und 2b	Bauvorhaben muss sich nach – Art und Maß der baulichen Nutzung – Bauweise und – Grundstücksfläche in die Umgebung einfügen (= Vergleich mit der tatsächlich vorhandenen Umgebung)	Schonung des Außenbereichs von einer baulichen Nutzung ist stets zu beachten – privilegierte Vorhaben, § 35 Abs. 1 BauGB: typische Vorgänge, die im Außenbereich baulich realisiert werden sollen – sonstige (nicht privilegierte Vorhaben) sind (nur) zulässig, wenn die davon ausgehenden Störungen im Außenbereich hingenommen werden können (es dürfen keine öffentlichen Belange beeinträchtigt werden, vgl. § 35 Abs. 3 BauGB)
	Erleichterungen bei Erweiterungen vorhandener Gebäude durch § 34 Abs. 3a BauGB	
	Satzungsmöglichkeiten nach § 34 Abs. 4 BauGB – Klarstellungssatzung in Nr. 1 – Entwicklungssatzung in Nr. 2 – Ergänzungssatzung in Nr. 3	Außenbereichssatzung nach § 35 Abs. 6 BauGB

III. Bauen außerhalb von Bauleitplänen

1. Bauen im Innen- und Außenbereich

358 Mit der Bauleitplanung soll die bauliche und sonstige Nutzung der Grundstücke in einer Gemeinde geordnet und entwickelt werden. In der Praxis ist aber – aus vielfältigen Gründen – nicht jede Fläche der Gemeinde im Geltungsbereich eines Bebauungsplans. Sind viele Flächen eines Gemeindegebietes außerhalb eines Bebauungsplans bebaut, handelt es sich meist um Fälle des **Innenbereichs**, § 34 BauGB. Ist keine Bebauung vorhanden oder ist diese noch nicht von einem prägenden Gewicht, greifen die Regelungen für den **Außenbereich** nach § 35 BauGB. Große Freiflächen im Innenbereich können aber dazu führen, dass hier die Vorschrift des § 35 BauGB zur Anwendung kommt, man spricht dann vom „Außenbereich im Innenbereich". In jedem Fall ist bauplanungsrechtlich ein Vorgang einem Bebauungsplan oder dem Innen- bzw. Außenbereich zuzurechnen. Andere bauplanerische Kategorien gibt es nicht.

Beim Innenbereich (definiert als Ausdruck einer **organisch gewachsenen Siedlungsstruktur**) muss sich ein Vorhaben grundsätzlich nach der baulichen Nutzung und der Größe in die Umgebung einfügen, z. B. in den Straßenzug, einen bebauten Block. Die vorhandene Bebauung hinsichtlich Höhe, Größe und Grundstückstiefe ist eine Orientierung für die Genehmigungsfähigkeit von Neu- oder Umbauten. Diese Umgebungsbebauung ist aber keine absolute Grenze. Es sind Reduzierungen und Erweiterungen in geringem Umfang möglich. Die Einzelheiten sind jeweils situationsbezogen zu bewerten; vermieden werden muss aber das Entstehen eines „städtebaulichen Spannungsverhältnisses".

Eine Erleichterung gibt es für **Erweiterungen, Änderungen** oder Erneuerungen nach § 34 Abs. 3a BauGB für schon zulässige gewerbliche Nutzung und Wohnnutzung. Dort kann vom Erfordernis des Einfügens abgesehen werden, wenn dies städtebaulich und unter Beachtung der Interessen der Nachbarschaft möglich ist. Bei Neuvorhaben gilt diese Erleichterung nicht.

2. Satzungen im Innen- und Außenbereich

359 Die **Abgrenzung** zwischen Innen- und Außenbereich kann fraglich sein oder bestimmte Teile des Außenbereichs sollen dem Innenbereich bauplanungsrechtlich zugeordnet werden, ohne einen Bebauungsplan zu erstellen. Hier greifen die Satzungsmöglichkeiten des § 34 Abs. 4 BauGB. Während die **Klarstellungssatzung** (§ 34 Abs. 4 Nr. 1 BauGB) deklaratorisch die Grenzen für den Innenbereich festlegt, sind die **Entwicklungssatzung** (§ 34 Abs. 4 Nr. 2 BauGB) und die **Ergänzungssatzung** (§ 34 Abs. 4 Nr. 3 BauGB) konstitutiv, d. h. sie überführen Flächen des Außenbereichs zum Innenbereich. Die Entwicklungs- und Ergänzungssatzung können gewählt werden, wenn dies städtebaulich vertretbar ist, die Umweltbelange nicht entgegenstehen und keine entgegenstehenden Vorgaben des Bundes- oder Landes-Umweltverträglichkeitsgesetzes bestehen. Ein **vereinfachtes Verfahren** nach § 13 BauGB kann dann durchgeführt werden.

360 Vergleichbares gilt für **Außenbereichssatzungen** nach § 35 Abs. 6 BauGB. Ist der Außenbereich durch Wohnbebauung geprägt und die Landwirtschaft nicht mehr überwiegend, kann durch Satzung eine Regelung getroffen werden, wonach bestimmte öffentliche Belange dem Vorhaben nicht mehr entgegengehalten werden können. Dadurch kann eine „gemäßigte" Entwicklung von Wohnbebauung auch im Außenbereich ohne einen Bebauungsplan ermöglicht werden.

3. Gemeindliches Einvernehmen

361 Die **Planungshoheit** der Gemeinde wird in § 36 BauGB deutlich. Immer dann, wenn kein Bebauungsplan vorliegt oder wenn von diesem eine Abweichung geplant ist, hat die Gemeinde (oder ein dafür eingesetzter Ausschuss) zu entscheiden. Binnen zwei Monaten nach Eingang des Vorgangs muss eine Entscheidung getroffen werden, da andernfalls die Zustimmung per gesetzlicher Fiktion als erteilt gilt.

362 Soll ein Bauvorhaben entsprechend der Vorgaben des Bebauungsplans umgesetzt werden, bedarf es der Regelung des § 36 BauGB nicht. Der Plan enthält die städtebaulichen Vorgaben und wenn sich der Bauwillige daran hält, hat er einen entsprechenden Rechtsanspruch, anders bei Abweichungen von den Festsetzungen und in Fällen des Innen- und Außenbereichs. Dort gibt es entweder keinen fixierten städtebaulichen Willen oder man will davon abweichen, d. h. von den Vorgaben des Bebauungsplans. Die Gemeinde darf nur aus städtebaulichen bzw. den in §§ 31, 33, 34 und 35 BauGB genannten Gründen ihre Zustimmung verweigern. Die Gründe müssen stets bauplanungsrechtlicher Art sein. Versagungsgründe aus bauordnungsrechtlichen oder anderen Gesichtspunkten sind unzulässig. Wenn, z. B. wegen Errichten von Stellplätzen nach § 37 LBO, ein „nein" ausgesprochen würde, wäre das rechtswidrig, da dies eine Frage des Bauordnungsrechts ist. Wird das Einvernehmen zu Unrecht versagt, kann das eine Schadensersatzpflicht der Kommune gegenüber dem Bauwillen auslösen (siehe auch Rn. 59, 61).

363 Auch wenn die Gemeinde ihr Einvernehmen erteilt hat, wird die **Baugenehmigungsbehörde** den Vorgang fachlich **prüfen**. Sie kann also zu dem Ergebnis kommen, dass trotz des Einvernehmens der Gemeinde eine Genehmigung eines Vorhabens aus Rechtsgründen zu versagen ist, z. B. weil die Voraussetzungen für eine Befreiung nicht vorliegen. Denkbar ist aber auch, dass die Gemeinde ihr Einvernehmen versagt hat, die Genehmigungsbehörde aber der Auffassung ist, dies sei zu Unrecht erfolgt.

364 Eine Besonderheit gilt für Städte und Gemeinden, bei denen Baugenehmigungsbehörde und Gemeinde „zusammenfallen". Nach einer Entscheidung des Bundesverwaltungsrechts ist die Gemeinde an eine rechtswidrige Versagung des Einvernehmens nicht gebunden. Ist indes die Gemeinde nicht Baugenehmigungsbehörde, sondern das Landratsamt, fehlt es an dieser Identität. Wurde nach Auffassung der Genehmigungsbehörde das Einvernehmen rechtswidrig versagt, muss diese das Einvernehmen der Gemeinde ersetzen, § 54 Abs. 4 LBO. Zuvor ist aber die Gemeinde zu dem Vorgang anzuhören und ihr die Möglichkeit einzuräumen, erneut zu beraten und die Gesichtspunkte der Genehmigungsbehörde zu prüfen. Diese Ersetzungsregelung wird vielfach von Gemeinderäten kritisiert, sie ist aber gesetzlich festgelegt.

365 Das gemeindliche Einvernehmen nach § 36 BauGB ist nicht zu verwechseln mit **Anhörungen der Gemeinde** im Zusammenhang mit Ausnahmen oder Befreiungen von örtlichen Bauvorschriften nach § 74 LBO. Die planende Gemeinde kann etwa aus baugestalterischer Sicht oder aus Gründen des Verkehrs oder städtebaulichen Bedürfnissen örtliche Bauvorschriften erlassen. Diese werden oft zusammen mit dem Bebauungsplan erlassen, was nach § 74 Abs. 7 LBO auch möglich ist. Auch wenn beides zusammen behandelt wird, greift die Vorschrift zum gemeindlichen Einvernehmen nur bei den Fällen, die in § 36 BauGB angesprochen werden, also nicht bei bauordnungsrechtlichen Bauvorschriften.

> **Hinweis:** Zur Vermeidung eines Schadensersatzanspruches wegen rechtswidriger Versagung des gemeindlichen Einvernehmens nach § 36 BauGB sollte **sorgfältig geprüft** werden, ob und welche bauplanungsrechtlichen Gründe vorliegen.

IV. Hinweise auf weitere Bereiche des Bauplanungsrechts

366 Im Besonderen Städtebaurecht (§§ 136 ff. BauGB) geht es um Sanierungsfragen in den Städten und Gemeinden. Der Gesetzgeber regelt zunächst die typischen **Sanierungsmaßnahmen**, deren Ziel die Behebung städtebaulicher Missstände ist. Durch eine **Sanierungssatzung** (vgl. § 142 BauGB) kann es verfahrensmäßige und inhaltliche Beschränkungen für Bauwillige geben, sofern die Grundstücke im Sanierungsgebiet liegen. Weitere Regelungen im besonderen Städtebaurecht sind die städtebaulichen Entwicklungsmaßnahmen (§ 165 BauGB). Zweck ist es z. B. im Rahmen einer städtebaulichen Neuordnung die Flächen einer neuen Entwicklung zuzuführen. Mit der Einführung der Möglichkeiten des Stadtumbaus (§§ 171a ff. BauGB) und der Sozialen Stadt (§ 171e BauGB) sowie der Einbindung privater Initiativen (§ 171f BauGB) erweitert der Bundesgesetzgeber die städtebaulichen Entwicklungsmaßnahmen und unterstützt dies mit entsprechenden Förderprogrammen.

367 Mitarbeiter des Staates wie auch der Kommune, die ihre rechtlichen Pflichten verletzen, können ggf. **Schadenersatzpflichten** auslösen. Das kann dazu führen, dass die Anstellungskörperschaft für den Schaden einzustehen hat oder der Mitarbeiter bei entsprechendem Pflichtverstoß selbst haftet. Im Baurecht kann die Amtshaftung für den jeweiligen Mitarbeiter der Behörde, als auch für die Kommune von Bedeutung sein. Das rechtswidrig versagte gemeindliche Einvernehmen kann einen entsprechenden Anspruch des Bauherrn gegenüber der Gemeinde auslösen. Denkbar ist auch, dass die Gemeinde auf Grund ihrer Planungshoheit Entscheidungen herbeiführt, die nach dem Gesetz einen Schadensersatz auslösen können. Hier sind die Vorschriften der §§ 39 ff. BauGB von Relevanz. Danach hat ein Bauherr ggf. einen **Vertrauensschutz** dahin gehend, dass die Nutzungsmöglichkeiten auf Grund eines Bebauungsplans mindestens sieben Jahre bestehen bleiben; ebenso, wenn im berechtigten Vertrauen auf den Bestand des gültigen Bebauungsplans Planungsaufträge erteilt wurden und diese wegen Änderungen des Planes nicht verwirklicht werden können.

V. Bauordnungsrecht Baden-Württemberg

368 Für den Gemeinderat spielt das Bauplanungsrecht im Rahmen der städtebaulichen Entwicklung die zentrale Rolle. Dennoch gibt es enge Verzahnungen zum Bauordnungsrecht. Das Bauordnungsrecht ist Landesrecht und in den jeweiligen **Landesbauordnungen** geregelt. In Baden-Württemberg in der Landesbauordnung (LBO). Aktuell stehen Änderungen an, die voraussichtlich im Jahr 2019 in Kraft treten sollen.

Ein **Praxisbeispiel**: Der Erlass einer (eigenen) Satzung zur Anzahl der Stellplätze. Eine solche wird oftmals mit einem Bebauungsplanverfahren zusammen behandelt. Nach § 74 Abs. 2 LBO können aus Gründen des Verkehrs, des Städtebaus oder zum sparsamen Umgang mit Flächen die Stellplatzverpflichtungen eingeschränkt oder erhöht werden.

1. Regelungsinhalt der Landesbauordnung

369 Zentraler Punkt des Bauordnungsrechts ist die **Gefahrenabwehr von baulichen Anlagen**. Es soll also für Leib und Leben sowie Sachgüter keine Gefahr von einem Gebäude ausgehen (daher z. B. vorbeugender Brandschutz). Auch heutige Standards im Baurecht (Hygiene, z. B. Toilettenanlagen) und Gestaltungsfragen (Rücksichtnahme auf Kultur- und Naturdenkmale) gehören zum Bereich der LBO. EU-Vorgaben zeigen sich z. B. im Teil „Bauprodukte und Bauarten" der LBO. In der Praxis spielen die Vorgaben zu den Abstandsflächen eine wichtige Rolle, da eine ausreichende Belichtung, Belüftung und Besonnung auch für angrenzende Anwesen gesichert werden soll. Auch die Nutzung einer (Grenz-)Garage für andere Zwecke (z. B. als Heizungsraum) schafft immer wieder Probleme, die mit der Baugenehmigungsbehörde zu klären sind. Mit der Überarbeitung der LBO, die für 2019 vorgesehen ist, soll es u. a. Vereinfachungen und Beschleunigungen geben. Angedacht sind z. B. eine höhere Flexibilität etwa im Bereich der Barrierefreiheit oder bei Abstellplätzen sowie im Baugenehmigungsverfahren, das mit einer Einreichung der Antragsunterlagen direkt bei der Genehmigungsbehörde (bisher bei der Gemeinde) starten soll.

2. Verfahren der Landesbauordnung

370 Die Landesbauordnung kennt neben dem traditionellen Baugenehmigungsverfahren und dem vereinfachten Baugenehmigungsverfahren mit **Erteilung** der schriftlichen **Baugenehmigung** auch das **Kenntnisgabeverfahren**. Im Bereich eines qualifizierten Bebauungsplans können bestimmte Vorhaben (häufigster Anwendungsfall: Wohngebäude) ohne eine Baugenehmigung realisiert werden, wenn sie den Festsetzungen des Plans entsprechen; vgl. § 51 LBO. Der Entwurfsverfasser (i. d. R. Architekt oder Bauingenieur) reicht über die Gemeinde die erforderlichen vollständigen Planunterlagen ein und kann nach kurzer Zeit – bei schriftlicher Zustimmung des Angrenzers schon nach zwei Wochen, vgl. § 59 Abs. 4 LBO – mit dem Bau beginnen. In diesem Fall gibt es also weder eine Baugenehmigung noch eine Baufreigabe.

Das Kenntnisgabeverfahren ist nur noch dann möglich, wenn die Festsetzungen des Bebauungsplans eingehalten werden, also keinerlei Abweichungen gewünscht sind. Im vereinfachten Baugenehmigungsverfahren ist der durch die Genehmigungsbehörde zu prüfende Umfang reduziert, § 52 Abs. 2 LBO. Eine

V. Bauordnungsrecht Baden-Württemberg

umfassende Prüfung der baurechtlichen Vorschriften erfolgt durch die Genehmigungsbehörde also nur beim „traditionellen" Baugenehmigungsverfahren. Weiterhin gibt es noch **verfahrensfreie Vorhaben** (vgl. § 50 LBO i. V. m. dem Anhang zu dieser Vorschrift), für die es keiner baurechtlichen Entscheidung bedarf. Allerdings können aus anderen Rechtsbereichen, z. B. Naturschutz, Wasserrecht, Genehmigungen notwendig werden.

Übersicht: Verfahren nach der LBO Baden-Württemberg

§ 50 LBO verfahrensfrei	§ 49 LBO „klassisches" Baugenehmigungsverfahren	§ 52 LBO „vereinfachtes" Baugenehmigungsverfahren	§ 51 LBO Kenntnisgabeverfahren
Verfahrensfreie Vorhaben, vgl. Anhang zu § 50 Abs. 1		Zulässig für Gebäude nach § 51 Abs. 1 Prüfungsumfang der Behörde reduziert	das Vorhaben wird nur zur Kenntnis gegeben, keine Genehmigung
Beachte: Möglichkeit des „unechten Bauvorbescheids" § 50 Abs. 5 S. 2 LBO (verweist auf § 57 LBO)			Aktuelles Recht: Wahlfreiheit zwischen Kenntnisgabeverfahren und Baugenehmigungsverfahren *aber:* nur möglich, wenn keine Abweichungen vom BP

3. Bauordnungsrechtliche Vorgaben

Diese sind für die Genehmigungsbehörden und die Frage, ob und wann sie tätig werden müssen, von Bedeutung.

a) Ermessen

Beispiel:
Es ist eine Ermessensentscheidung der Baurechtsbehörde, ob und wie sie gegen illegales Bauen einschreitet.
Die ergriffenen Maßnahmen müssen stets **verhältnismäßig** sein dabei aber dafür sorgen, dass „baurechtskonforme" Zustände erreicht werden.

b) Nachbarschutz.
Nicht jede Beschwerde eines Nachbarn kann ein Bauvorhaben stoppen. Es muss bezogen auf die Nachbarschaft geprüft werden, ob Vorschriften auch zu deren Schutz vorhanden sind und falls ja, ob auch tatsächlich ein Verstoß vorliegt. So sind z. B. die Regelungen zur Abstandsflächentiefe nachbarschützend. Werden diese unterschritten kann sich der Nachbar wehren. Unabhängig davon, ob nachbarschützend oder nicht: Wenn die Behörde mitgeteilt bekommt, dass (angeblich) Verstöße gegen Vorschriften des öffentlichen Baurechts vorliegen, muss sie prüfen, ob und ggf. wie sie tätig wird.

c) Brandschutz.
Im Bauordnungsrecht spielen die Vorgaben zum Brandschutz eine wichtige Rolle. Da die Umsetzung entsprechender Vorgaben oft kostenintensiv ist, sollten die notwendigen Maßnahmen mit der zuständigen Stelle der

Genehmigungsbehörde möglichst im Vorfeld genau abgestimmt werden. Dann können auch Überraschungen bei Brandverhütungsschauen vermieden werden, was für private, gewerbliche, kommunale und staatliche Einrichtungen gleichermaßen gilt. Mit der seit 2013 geltenden Regelung des § 15 Abs. 7 LBO wurde die Verpflichtung zum Einbau von Rauchwarnmeldern in die LBO aufgenommen.

375 **d) Ordnungswidrigkeit.** Verstöße gegen die Vorgaben der Landesbauordnung können ggf. einen Ordnungswidrigkeitentatbestand auslösen, vgl. § 75 LBO.

Vierter Teil Weitere kommunalpolitische Handlungsfelder

I. Gemeinden im Spannungsfeld des Staatsaufbaus

Gemeinden, als elementare Grundlage des Staates, haben ein umfassendes **376**
Selbstgestaltungsrecht. Dennoch sind sie eingebunden in ein vielfältiges Geflecht, das ihnen sehr viel Freiheit, aber auch Abhängigkeiten auferlegt. Landkreis, Region, Land, Bund und nicht zuletzt Nachbargemeinden haben **Einfluss** auf das Selbstgestaltungsrecht der einzelnen Gemeinde. So kann sich eine Gemeinde bei ihren Entscheidungen keinesfalls nur als isolierte Körperschaft betrachten.

Die nachfolgenden Handlungsfelder der Kommunalpolitik geben einen Überblick über die Vielfalt kommunalpolitischen Wirkens, der nicht abschließend, sondern nur beispielhaft das breite Spektrum kommunalpolitischen Mitwirkens aufzeigen soll.

1. Der kompetente Gemeinderat

Die kommunale Selbstverwaltung verleiht dem Gemeinderat als dem höchsten **377**
Gremium das Recht, Geschicke und Entwicklung der Gemeinde **selbst zu gestalten**. Das oberste Handlungsziel ist es, die Lebensverhältnisse für die Bürgerschaft zu verbessern, auszubauen und auf höchst möglichem Niveau zu erhalten. Mittelpunkt aller Bestrebungen ist dabei der Mensch und sein Umfeld. Gemeinderat und Bürgermeister müssen eine Form der Zusammenarbeit finden, deren ausschließliches Ziel das **Wohl der Gemeinde** ist.

Die Gemeinderäte organisieren sich innerhalb ihrer Wahlliste zu kommunalen **378**
Fraktionen. Eine **Fraktion** gibt sich eine interne Geschäftsordnung und Gliederung. In Fraktionssitzungen werden die Sitzungen des Gemeinderates vorbereitet, um eine Meinung zu bilden und die Beschlussfassung im Gemeinderat zu beeinflussen und zu erleichtern. Einen Zwang für einen einzelnen Gemeinderat, die Mehrheitsmeinung der Fraktion auch bei der Beschlussfassung im Gemeinderat zu vertreten, gibt es jedoch nicht. Auch gibt es kein ausschließliches Recht der Meinungsäußerung nur für den Fraktionssprecher. Jeder einzelne Gemeinderat hat das Recht seine persönliche Meinung zu äußern und diese auch bei Abstimmungen zur Geltung zu bringen.

Innerhalb der Fraktionen ergibt sich eine **Spezialisierung** für einzelne Fraktionsmitglieder, die sich am Beruf, am persönlichen Interesse oder am persönlichen Informationsstand orientieren kann. Bei der Fülle der kommunalen Themen ist eine Spezialisierung innerhalb der Fraktionen nahezu unumgänglich. Wichtig ist es, bei den Fraktionssitzungen Informationen an alle Fraktionsmitglieder weiterzugeben, um einen vergleichbaren Wissensstand zur Meinungsbildung zu erreichen.

2. Zusammenarbeit innerhalb des Gemeinderates

379 Die Zusammenarbeit zwischen den Fraktionen und innerhalb des Gesamtgemeinderats ist dadurch geprägt, dass das Gremium ein **Verwaltungsorgan** ist und kein Parlament. Es gibt also keine Regierung und keine Opposition. Ein wesentliches Element für erfolgreiches Arbeiten im Gesamtgremium ist ein respektvoller Umgang untereinander. Unterschiedliche Meinungen sollten nicht in persönlichen Attacken münden, sondern stets das gemeinsame Ziel der Weiterentwicklung der Gemeinde verfolgen. Rechtmäßig zu Stande gekommene Mehrheitsentscheidungen sind zu respektieren, auch wenn sich die eigene Meinung nicht durchgesetzt hat.

3. Zusammenarbeit – Gemeinderat und Bürgermeister

380 Für die Qualität der Zusammenarbeit ist es bedeutsam, eine **Vertrauensbasis** zu finden. Bürgermeister und Verwaltung geben an den Gemeinderat rechtzeitig Sitzungsvorlagen, deren Umfang überschaubar ist, die aber trotzdem ein Höchstmaß an Information enthalten. Die Vertraulichkeit von Informationen muss dabei unbedingt gewährleistet bleiben. Ein persönlicher Meinungsaustausch zwischen dem Bürgermeister und den Fraktionen, schon im Vorfeld wichtiger Entscheidungen, erleichtert dabei das Finden eines optimalen Ergebnisses.

4. Öffentlichkeitsarbeit

381 Die **Bürgerschaft** hat ein **Recht** darauf, über alle wichtigen Vorgänge innerhalb des Gemeinderates und der Verwaltung **informiert** zu werden. Über die Presse und Mitteilungsblätter ergeben sich sehr wirkungsvolle Informationswege. Unumgänglich ist es jedoch auch die Meinung der Bürger zu erhalten. Die in der Gemeindeordnung vorgesehene und lange Zeit auch im Vordergrund stehende Bürgerversammlung, hat in den vergangenen Jahren an Bedeutung verloren. Zu gering war das Interesse der Öffentlichkeit an derartigen Veranstaltungen. Neue Wege ergeben sich durch besondere Informations- und Diskussionsveranstaltungen zu Brennpunktthemen. Ein **Bürgertag**, an dem über alle wichtigen Themen der Gemeinde informiert werden kann, verspricht mehr Resonanz aus der Bürgerschaft. Die Verwaltung informiert dabei in Zusammenarbeit mit Fachbüros mit Informationsständen, Diskussionsrunden, Präsentationen und Ausstellungen sehr umfassend über aktuelle Fragen der Gemeinde. Wichtig ist dabei, die Meinung der Bürger zu erfassen und in die weitere Entwicklungsarbeit einfließen zu lassen. Spezielle **Informationsveranstaltungen** wie Energietage, Themen der Jugend und des Alters, Schulentwicklung, Kindergartenarbeit, Tagesbetreuung, sind nahezu unerschöpfliche Möglichkeiten, mit Bürgern und dem jeweils betroffenen Personenkreis in Kontakt zu kommen.
Jede einzelne Fraktion kann darüber hinaus in eigenen Informationsveranstaltungen ihre Meinung den Bürgern kundtun. Die Gespräche bei derartigen Veranstaltungen geben ein umfassendes Meinungsbild der Bevölkerung zur Arbeit von Gemeinderat und Gemeindeverwaltung. Bei Einzelproblemen, beispielsweise bei Bebauungsplanänderungen oder Baumaßnahmen innerhalb der Gemeinde bringen ein Informationsgespräch mit den betroffenen Bürgern und ein Termin vor Ort die beste Lösung.

5. Gestaltung und Entwicklung

382 Der Gemeinderat wird sich, vor allem in einer neuen Amtszeit, über die Gestaltung und Entwicklung der Gemeinde grundlegende Gedanken machen. Es ist wichtig, **Visionen** zu entwickeln, die oftmals von kurzfristigen Veränderungen beeinträchtigt werden können, die aber trotzdem eine **wichtige Richtschnur** für mittel- und langfristiges Arbeiten sind.

II. Gesellschaft und Soziales

1. Kinderbetreuung

383 Der gesellschaftliche Wandel tritt in den Gemeinden und in ihrer Aufgabenstellung am deutlichsten zu Tage. Vor allem im Bereich der Kinder- und Jugendbetreuung haben sich neue Handlungsfelder für die Kommunen entwickelt. Wichtig ist dabei, Defizite der Betreuung, aber auch Fehlentwicklungen möglichst frühzeitig zu erkennen und diesen entgegenzuwirken. Die **Ganztagesbetreuung** schon ab dem Kindergartenalter und die Übernahme von Kindern ab dem ersten Lebensjahr in Kinderkrippen, sind ein wichtiger Faktor für die Familienfreundlichkeit einer Kommune. Für berufstätige Eltern ist es wichtig, ihre Kinder in einer Tagesstätte unterbringen zu können. Durch geänderte Familienstrukturen sind die Träger der Kindertagesstätten gefordert, auch die Betreuungszeiten bedarfsorientiert auszuweiten und die Kleinkindbetreuung anzubieten. Eine enge Zusammenarbeit der verschiedenen Träger (Gemeinde, Kirchen, freie Träger) ist unerlässlich.

In den Kindergärten muss darauf hingewirkt werden, allen Kindern eine gute Grundlage zum Erlernen der deutschen Sprache zu schaffen. Ohne das Beherrschen der deutschen Sprache werden die Entwicklungsmöglichkeiten der Kinder in ihrem weiteren Leben immer eingeschränkt bleiben, dies gilt nicht nur für Kinder mit Migrationshintergrund.

Für Gemeinden ergeben sich hier zusätzliche Möglichkeiten, zu den Programmen von Land und Bund, **eigene Initiativen** zu entwickeln. Sofern größere Arbeitgeber am Ort ansässig sind, empfiehlt es sich, bei der Frage der Ganztagesbetreuung eine Kooperation mit den Unternehmen anzustreben. Es liegt durchaus auch im Interesse von Arbeitgebern, berufstätigen Eltern eine qualifizierte Ganztagesbetreuung für ihre Kinder anzubieten.

2. Schulen

384 Die **Gemeinde als Schulträger** hat die Möglichkeit, die Arbeit der Schule selbst flankierend zu unterstützen. Sofern noch keine Ganztagesschule etabliert ist, kann die Gemeinde mit ehrenamtlichen Kräften für die Schüler nach Beendigung des Unterrichts ein Mittagessen anbieten, um anschließend mit Hausaufgabenbetreuung und Freizeitgestaltung die Arbeit der Lehrerschaft zu ergänzen. Ein wichtiges Element ist auch im Schulbereich die **Verbesserung der Sprachkenntnisse** mit Sprachhilfe und Sprachschulung. Auch für das Sozialverhalten der Kinder, in Verbindung mit einem gewissen Maß an Erziehung, ist die Ganztagesbetreuung förderlich.

In enger Zusammenarbeit mit der Schulleitung ist auch bei Ganztagsschulen ein zusätzliches Engagement der Gemeinde förderlich für eine positive Entwicklung der Kinder und Jugendlichen.
Das **Angebot der Gemeinde** könnte folgende **Bereiche** umfassen:
- Sprachhilfe in der Grundschule als Weiterführung der Sprachförderung im Kindergarten zur Beseitigung noch bestehender Sprachdefizite
- Mittagessen, warme Mahlzeit für die Kinder
- Hausaufgabenbetreuung zur Unterstützung der schulischen Leistungen
- Freizeitphase als Abrundung der Nachmittagsbetreuung mit verschiedenen Aktivitäten im musischen, kreativen und sportlichen Bereich
- Kurse zur Vorbereitung auf die Hauptschulabschlussprüfung um einen guten Abschluss und damit eine Verbesserung des Einstieges in das Berufsleben oder auch in weiterführende Schulen zu ermöglichen

3. Allgemeinbildung

385 Für Jugendliche und Erwachsene ergeben sich über das umfassende Angebot der **Volkshochschulen** in Zusammenarbeit mit der Gemeinde gute Möglichkeiten die Allgemeinbildung zu vertiefen. Die heutige Informationsgesellschaft bedarf nach wie vor eines gewissen Maßes an Allgemeinbildung.
Öffentliche Bibliotheken erfüllen Schlüsselfunktionen für familienfreundliche Kommunen. Sie sind Kommunikationszentrum, ein Ort der Bildung und des Lernens und kommunales Forum. Vor allem zielgruppenorientierte Angebote sprechen Bürger aller Altersgruppen an und prägen damit die Bildungslandschaft und das kulturelle Leben einer Gemeinde. Das klassische Angebot an Büchern wird dabei durch die Vielfalt neuer Medien ergänzt.

4. Seniorenpolitik

386 **Altenbetreute Wohnungen, Pflegeheime** und **Tagespflege** gehören weitgehend schon zum Standardangebot einer Gemeinde. Bei der Schaffung neuer Einrichtungen wird dabei stets ein zentrumsnaher Standort gewählt, um den künftigen Bewohnern das Gefühl zu vermitteln, mitten im Geschehen der Gemeinde zu leben.
Neben öffentlichen findet sich auch zunehmend eine große Zahl von privaten, kirchlichen und freien Trägern. Der **Gemeinde** obliegt die **Pflicht**, geeignete Standorte für diese wichtigen Einrichtungen zu finden.
Die **Fürsorge** für ältere und behinderte Menschen ist ein immer wichtiger werdendes Element der Kommunalpolitik. So ist die gesetzlich verankerte Barrierefreiheit in öffentlichen Gebäuden und Gesundheitseinrichtungen weitgehend realisiert. Dem Gemeinderat obliegt darüber hinaus die Pflicht bei Planungen für Neubaugebiete oder Sanierungen von öffentlichen Verkehrswegen den Belangen Älterer und Behinderter Rechnung zu tragen. Dies gilt vor allem bei der Oberflächengestaltung von Fußwegen, Gehwegen entlang von Straßen und Fußgängerüberwegen. Sie sind so zu gestalten, dass sie auch mit einem Rollstuhl oder Rollator sicher befahren und begangen werden können. Bei privaten Neubauten kann die Gemeinde durchaus Empfehlungen für eine Barrierefreiheit geben, was sich vor allem bei Zugängen, Gestaltung der Bäder und der Türbreite langfristig positiv auswirken wird.

Senioren, die sich noch einer guten Leistungsfähigkeit erfreuen, können für die vielfältige ehrenamtliche Arbeit in einer Gemeinde gewonnen werden. Gesellschaftliche Veranstaltungen für ältere Mitbürger sollten auch zu Informationsforen durch die Gemeinde genutzt werden.

5. Vereine

Ein vielfältiges Vereinsleben ist ein **wesentliches Element** einer örtlichen Gemeinschaft. Für eine Gemeinde ist es eine Selbstverständlichkeit, die Vereine mit ihrer umfassenden ehrenamtlichen Tätigkeit zu **fördern** und zu **unterstützen**. Die Vereine bieten eine Vielfalt an Betätigungsfeldern, die Generationen und Altersgruppen verbinden und im Bereich von Sport und Kultur vor allem für die Jugend und zunehmend auch für ältere Mitbürger ein umfassendes Angebot unterbreiten. Eine Förderung durch die Gemeinde kann sich in einer finanziellen Unterstützung niederschlagen, sehr viel wirksamer ist es jedoch, Räumlichkeiten in einem Bürgerhaus oder Sportanlagen zur Verfügung zu stellen. Die finanzielle Belastung der Gemeinde ist durch den gesellschaftlichen, kulturellen, sozialen und gesundheitspolitischen Nutzen der Vereine gerechtfertigt.

Das **ehrenamtliche Engagement** kann eine entsprechende öffentliche Würdigung durch besondere Ehrungsveranstaltungen und Sportlerehrungen erfahren.

6. Jugendbegegnungsstätten

Das Angebot im gesellschafts- und sozialpolitischen Bereich einer Gemeinde wird sehr häufig durch Jugendbegegnungsstätten in **verschiedensten Organisationsformen** ergänzt. Bewährt haben sich **Jugendtreffs** unter sozialpädagogischer Betreuung. Hier wird ein Raum für das Treffen und den Meinungsaustausch von Jugendlichen unterschiedlicher kultureller Ebene oder sozialer Herkunft und Bildungsschicht geboten. Das Miteinander und die soziale Kompetenz werden dadurch gefördert. Ein wichtiger Teil der Arbeit in Jugendbegegnungsstätten ist die Gewalt- und Drogenprävention.

Die Gemeinde kann diese Aufgabe mit eigenen angestellten Fachkräften erfüllen oder aber mit freien Trägern kooperieren, was vor allem bei Personalvertretungen und bei der Konstanz des Betreuungspersonals erhebliche Vorteile bietet.

Es sollte darauf geachtet werden, eine **Kooperation** zwischen Jugendbegegnungsstätten und den örtlichen Vereinen zu finden. Die öffentlich finanzierte Jugendbegegnungsstätte ergänzt damit die ehrenamtliche Jugendarbeit der Vereine und tritt nicht als Konkurrent auf.

7. Integration

Die Integration von Migranten in unserer Gesellschaft braucht das Engagement der kommunalen Ebene als wichtige Grundlage für eine **erfolgreiche Integrationspolitik** von Bund und Land. Die Gemeinde besitzt die beste Voraussetzung, um mit Migranten in Kontakt zu treten. Grundlage ist es, eine **Kommunikationsebene** mit Migranten zu schaffen. Dabei sollte der Schwerpunkt in der Vermittlung der deutschen Sprache und Kultur liegen. Fundierte Deutschkenntnisse sind die Grundlage für schulische und berufliche Qualifikation von Kindern und Jugendlichen. So empfiehlt es sich schon im Kindergarten mit der Vermittlung der deutschen Sprache zu beginnen und diesen Lehrprozess auch in der Schule fortzuführen. Das Gespräch mit Migranten jeden Alters und unterschiedlicher Herkunftsländer kann von Seiten der Gemeindeverwaltung oder von Arbeitskreisen aufgenommen werden. Bewährt haben sich dabei Gesprächskreise vor allem mit Müttern in Form eines „Frauenfrühstücks". Auch die Einbindung von Migranten in Veranstaltungen der Gemeinde oder Vereine schafft eine Begegnungsebene, die dem gegenseitigen Verständnis zu Gute kommt. Wichtig ist allerdings die Erkenntnis, dass Integration nicht verordnet werden kann. Sie braucht die Mitwirkung der Zuwanderer und deren Akzeptanz des gesellschaftlichen, sozialen und kulturellen Lebens in Deutschland. Integration ist ein fortwährender Prozess, der sehr viel Geduld, aber auch Beharrlichkeit voraussetzt.

III. Infrastruktur

1. Arbeitsmarkt

390 Die **Erschaffung** und **Erhaltung von Arbeitsplätzen** ist eine elementare Aufgabe einer Gemeinde. Sie strebt dabei eine enge **Zusammenarbeit** mit **Industrie, Handel** und **Gewerbe** an, um im Rahmen ihrer Möglichkeiten einen stabilen Arbeitsmarkt zu erhalten. Ein enger Kontakt mit den Firmenleitungen ist dabei unerlässlich. Die **Bereitstellung** von Gewerbefläche, Gewerbesteuerhebesatz, Verkehrsanbindung, Immissionsschutz sind dabei Faktoren, die einen Betrieb an eine Gemeinde binden kann.

Das Arbeitsplatzangebot sollte dabei nicht nur aus dem örtlichen Blickwinkel, sondern **gemeinsam** mit Nachbargemeinden und der ganzen Region betrachtet werden. Nicht jeder Gemeinde wird es möglich sein, immer die erforderliche Gewerbe- oder Industriefläche bereitzustellen. Gemeinsame Lösungen mehrerer Nachbargemeinden sollten unter Zurückstellung des „Kirchturmdenkens" angestrebt werden. Neue Gewerbegebiete sollten zwar planerisch abgesichert sein, aber erst bei einem vorhandenen Bedarf tatsächlich erschlossen werden. Dies spart nicht nur Finanzen, sondern verhindert auch, dass große Flächen erschlossen werden, ohne dass ein tatsächlicher Bedarf vorliegt.

Häufig bieten sich in den Gemeinden gute Startvoraussetzungen für mittelständische Unternehmen, Existenzgründer, Handwerker und Neugründer. Oft kann auf vorhandene gewerbliche Gebäude oder Hallen zurückgegriffen werden. Für junge Unternehmen ergibt sich dabei eine erhebliche Erleichterung, wenn sie keine Neubauten erstellen müssen, sondern ihr Kapital in Maschinen und Arbeitskräfte investieren können. Hier ist die Gemeinde über ihre eigentliche Aufgabenstellung hinaus gefordert, die Unternehmen beratend und unterstützend zu begleiten.

2. Verkehrsinfrastruktur

391 Die Wirtschafts- und Lebensräume sind in unserem Land sehr eng vernetzt und von Ein- und Auspendlern geprägt. Gemeinden, die an ein **öffentliches Schienennetz** angebunden sind, haben dabei erhebliche Vorteile. Aber auch Gemeinden ohne Schienenanbindung haben die Möglichkeit mit einem bedarfsgerechten **Busverkehr** eine umweltfreundliche Verkehrsinfrastruktur anzubieten. **Erhalt** und **Ausbau** von Verkehrswegen und Anbindungen sind eine wichtige

Voraussetzung für eine positive wirtschaftliche Entwicklung. Die wirtschaftliche Entwicklung verlangt von den Bürgern eine gesteigerte Mobilität, der auch die Gemeinde Rechnung zu tragen hat.

3. Wohnen

Die **Bereitstellung** von **zeitgemäßem Wohnraum** ist mitentscheidend für die Attraktivität einer Gemeinde. Vor allem einem ausreichenden Mietwohnungsangebot gilt es ein Augenmerk zu schenken. Deshalb ist es eine wichtige Aufgabe der Gemeinde, Investoren für die Schaffung von Mietwohnungen zu finden. In vielen Gemeinden ergeben sich in den alten Ortskernen Möglichkeiten zum Bau von Mietwohnungen, wovon vor allem jüngere Familien und Ältere profitieren können. Dadurch wird nicht nur der Flächenverbrauch reduziert und vorhandene erschlossene Flächen sinnvoll genutzt, darüber hinaus entwickelt sich auch eine erhebliche Belebung der alten Ortskerne.

Gemeinden mit dem entsprechenden finanziellen Rückhalt haben selbst die Möglichkeit über eine Wohnbau-GmbH Mietwohnungen zu schaffen. Häufig ergeben sich dabei Fördermöglichkeiten aus dem Sanierungsprogramm oder dem Entwicklungsprogramm „Ländlicher Raum".

Viele junge und auch ältere Mitbürger streben verstärkt eine Wohnmöglichkeit in den Ortszentren an.

Für die **städtebauliche Entwicklung** einer Gemeinde hat dies zur Konsequenz, dass die Entwicklung nicht mehr ausschließlich aus dem Zentrum heraus in die freie Fläche erfolgen sollte, sondern eine Umkehr von der Fläche zurück in vorhandene Wohnbereiche ermöglicht wird.

Im Zeichen der Familienfreundlichkeit kann die Gemeinde eigene **Förderprogramme** gestalten. Für Familien mit Kindern ist ein Nachlass auf den Kaufpreis für Baugelände möglich oder die Kommune fördert unmittelbar den Bau von Mietwohnungen für Familien mit Kindern. Es sollte dabei bedacht werden, dass vor allem junge Familien mit Kindern nur in seltenen Fällen das erforderliche Eigenkapital haben, um sich selbst Wohnungseigentum zu schaffen.

4. Öffentliche Einrichtungen

Wasserversorgung und **Abwasserbeseitigung** zählen zu den Klassikern der öffentlichen Einrichtungen. Der Schwerpunkt der kommunalen Einrichtungen wird sich künftig noch mehr aus den gesellschafts- und sozialpolitisch relevanten Themen ergeben.

In Baden-Württemberg besteht, wie in ganz Deutschland, Schulpflicht für alle Kinder und Jugendlichen, die ihren Wohnsitz oder gewöhnlichen Aufenthalt in B.-W. haben. Die Schulpflicht beginnt, wenn ein Kind zu einem bestimmten Stichtag sechs Jahre alt ist. Es wird dann zu Beginn des nächsten Schuljahres in eine Grundschule eingeschult. Eine Zurückstellung oder vorzeitige Einschulung ist auf Antrag möglich.

Das **Schulwesen in Baden-Württemberg** ist seit langem einem steten Wandel unterworfen. Erklärtes Ziel ist es, die Ganztagsschule flächendeckend einzuführen. Die Gemeinde wird als Schulträger zunehmend in die Betriebsführung der Schulen eingebunden werden. Unabhängig von der gesetzlichen Regelung des Landes sollte die Gemeinde in enger Zusammenarbeit mit der Schulleitung, vor allem im Bereich der Grundschule, der Haupt- und Werkrealschule und der Gemeinschaftsschule, ein umfassendes Ergänzungsangebot zum Schulunterricht unterbreiten können. Neben Hausaufgabenbetreuung, Sprachschulung und Freizeitgestaltung wird das Angebot eines Mittagessens für viele Familien und Alleinerziehende und für ihre Kinder eine wesentliche Hilfe beim Lernen, bei der Erziehung und Sozialbildung sein.

395 Ähnliches gilt für die **Kindergärten und Kindertagesstätten**. Seit 2013 haben alle Eltern mit Kindern ab dem vollendeten 1. Lebensjahr einen Rechtsanspruch auf frühkindliche Förderung gem. §§ 22, 23 ff. SGB VIII. Es handelt sich dabei um ein subjektiv einklagbares Recht.
Ab dem vollendeten 3. Lebensjahr hat ein Kind bis zum Schuleintritt Anspruch auf Förderung in einer Tageseinrichtung. Damit besteht für jede Gemeinde die gesetzliche Verpflichtung, Kinder ab dem 1. Lebensjahr in ihre Obhut zu nehmen. Unabhängig von der jeweiligen Trägerschaft erfüllt damit die Gemeinde in Kooperation mit ihren Partnern von Kirche und freien Trägern, eine der wichtigsten Aufgaben, die sich aus dem gesellschaftlichen Wandel ergeben haben. Richtschnur muss dabei sein, Fehlentwicklungen bei Kindern weitgehend zu vermeiden, anstatt sich wie bisher mit den Kindern und Jugendlichen erst dann auseinanderzusetzen, wenn diese Defizite schon offenkundig und damit nur noch mit erheblichem Aufwand zu beseitigen sind.

396 **Volkshochschulen** sind für die Weiterbildung von Erwachsenen jeglichen Alters und die Jugend eine wertvolle Einrichtung, die in keiner Gemeinde fehlen sollte.
Gleiches gilt für die **Musikschulen**, die in unserer technischen und naturwissenschaftlich orientierten Zeit, das musische Element, vor allem auch bei Kindern und Jugendlichen, fördern. Nicht jede Gemeinde wird eine eigene Musikschule schaffen können, deshalb ist es empfehlenswert, dass sich mehrere Gemeinden mit einem größeren Einzugsgebiet zur Schaffung dieses öffentlichen Angebots, in unterschiedlichen Rechtsformen der Trägerschaft, zusammenfinden.

397 Für die Identifikation einer Gemeinde kann ein **Museum**, das die geschichtliche Entwicklung eines Gemeinwesens aufzeigt, ein starker, integrativer Faktor sein. Viele Bürger, die sich für die Geschichte einer Kommune interessieren, sind bereit, mit entsprechender Unterstützung der Gemeinde, sich ehrenamtlich für den Aufbau und Betrieb einer derartigen Einrichtung zu engagieren. Sehr häufig empfiehlt es sich, engagierte Bürger und Vereinigungen mit der Bitte um Mithilfe direkt anzusprechen.

5. Grundversorgung

398 Die Gemeinden werden sich künftig in erheblich größerem Umfang als gewohnt um die **Erhaltung der Grundversorgung** für ihre Bürger bemühen müssen. Der Fortbestand von Postdienstleistungen ist für Betriebe, Selbstständige und die gesamte Bevölkerung unerlässlich. Sie sind eine der wichtigsten Grundlagen der wirtschaftlichen Entwicklung einer Gemeinde ebenso wie die notwendige Breitbandinfrastruktur. Vor allem in ländlichen Räumen sind nicht überall breitbandige Internetzugänge wie DSL-Anschlüsse verfügbar. Hier ist die Gemeinde gefordert, unter Ausnutzung der Fördermöglichkeiten des Landes, eine

III. Infrastruktur **399, 400**

Breitbandinfrastruktur aufzubauen. Von Chancengleichheit zwischen den Gemeinden kann hier zwar nicht mehr die Rede sein, dennoch werden die Gemeinden, in denen dieses Angebot fehlt, nicht umhinkommen, initiativ zu werden und mit hohem finanziellem Aufwand dieses Defizit auszugleichen.
Die Reformen im **Bankenwesen** haben dazu geführt, dass manche Gemeinden keine Bankzweigstellen vor Ort mehr haben. Vor allem im ländlichen Raum haben Sparkassen und Genossenschaftsbanken eine wichtige Aufgabe zur Weiterentwicklung. Ziel der Gemeinde muss es sein, wenigstens eine Zweigstelle dieser regionalen Banken für ihre Bürger vor Ort zu haben. Trotz hohen Kostendrucks sind die Bankenleitungen sicherlich zu einer solchen gemeinsamen Lösung bereit.
Der **Einzelhandel** ist ein wichtiger Bestandteil der Grundversorgung einer Gemeinde. Aufgabe der Gemeinde ist es, die planungs- und baurechtlichen Voraussetzungen in Zusammenarbeit mit den verschiedenen Genehmigungsbehörden zu schaffen. Dabei sollte der Erhalt von kleineren Familienbetrieben wie Bäckereien und Metzgereien nicht aus den Augen verloren werden.

6. Ärztliche Versorgung

Lebensqualität und Attraktivität einer Gemeinde wird sehr wesentlich vom Angebot der **Gesundheitsleistungen** bestimmt. Abhängig von der Größe der Kommune ist es unverzichtbar **Ärzte, Apotheken, Krankenhäuser** und **Pflegeeinrichtungen** entweder in der eigenen Gemeinde oder in der Region zu erhalten. Im Gefolge der nicht endenden Gesundheitsreform bekommen die Gemeinden vor allem im ländlichen Raum zunehmend Probleme mit der Niederlassung von Ärzten. Der Trend geht eindeutig zu Ärztehäusern, die vor allem in Mittelzentren angesiedelt werden. Kleinere und mittelgroße Gemeinden müssen sich rechtzeitig und vorausschauend um die Niederlassung von Ärzten bemühen. Dies gilt sowohl für Allgemeinmediziner, als auch für Fachärzte. Es sollte versucht werden, entweder mit einer gemeindeeigenen Wohnbau-GmbH oder einem privaten Investor ein kleineres Arztzentrum für Allgemeinmediziner und Fachärzte zu schaffen. Dies kann ein durchaus attraktiver Gegenpol zu den großen Arztzentren sein.

399

7. Interkommunale Zusammenarbeit (IKZ)

Die IKZ ist ein Modell, das in vielen Gemeinden schon praktiziert wird, dessen Möglichkeiten aber noch nicht in vollem Umfang ausgenutzt werden. Sie bedeutet, die Kräfte mehrerer Gemeinden zu bündeln, um die kommunale Infrastruktur mit einem hohen Maß an Wirtschaftlichkeit und Effizienz zu sichern. Der zunehmende Umfang gemeindlicher Aufgaben kann oft nur durch eine **effektive gemeindliche Zusammenarbeit** bewältigt werden. Dabei ist allerdings gewährleistet, dass den jeweiligen Gemeinden ihr örtlicher Charakter erhalten wird. Die eigenverantwortliche Aufgabenerfüllung der einzelnen Gemeinden bleibt erhalten.
Viele Städte und Gemeinden arbeiten vor allem im Bereich der Wasserversorgung, der Abwasserbeseitigung, bei der Bauleitplanung, dem Schulwesen sowie beim Kulturwesen und Tourismus sehr erfolgreich zusammen.
Die **Motivation** für eine IKZ ergibt sich in erster Linie aus der Verbesserung der Wirtschaftlichkeit und der Verbesserung der Service- und Bürgerorientierung.

400

Aufgaben, deren Umfang die finanzielle und personelle Leistungsfähigkeit einer Gemeinde übersteigen, können oft nur gemeinsam realisiert werden.
Bei der IKZ **überträgt** die einzelne Gemeinde **Entscheidungskompetenzen**. Allerdings sollte allen Beteiligten ein Mitwirkungsrecht eingeräumt werden. Insbesondere sollten die Gemeinderatsgremien regelmäßig über die Gestaltung und den Fortgang der IKZ informiert werden.
Neben der seit langem bewährten Zusammenarbeit bei der Ver- und Entsorgung, haben sich in unseren Gegenden in den zurückliegenden Jahren neue Felder eröffnet. Der ÖPNV, die kommunale Datenverarbeitung, die Raumordnung und die Kulturförderung sind ein weit gestecktes Gebiet für gemeinsame Lösungen.
Gemeinsame Industrie- und Gewerbegebiete empfehlen sich vor dem Hintergrund des zunehmenden Flächenverbrauchs. Nicht jede Gemeinde kann es sich leisten, Flächen für Gewerbe und Industrie in ausreichendem Maße vorzuhalten. Die Schaffung und Erhaltung von Arbeitsplätzen ist keinesfalls nur eine Aufgabe einer einzelnen Gemeinde, sondern sollte unter regionalen Gesichtspunkten beurteilt werden. Für die Verteilung von Kosten und Steuererträgen gibt es eine ganze Reihe erprobter Modelle.
Im **Bereich** der **Gemeindeverwaltung** ist ein gemeinsamer Personaleinsatz bei der elektronischen Datenverwaltung mit ihrer zunehmenden Spezialisierung überlegenswert. Auch im Grundbuchwesen gibt es landesweit eine große Anzahl von Kooperationen. In Gemeinden mit reger Bautätigkeit kann im Wege der IKZ eine eigene Baurechtszuständigkeit erreicht werden. Es empfiehlt sich in diesem Fall jedoch besonders, eine genaue Kostenkalkulation und Prognose über das Kosten-Nutzen-Verhältnis zu erstellen.
Erreichen mehrere Gemeinden zusammen eine entsprechend hohe Einwohnerzahl, besteht die Möglichkeit Aufgaben der unteren Verwaltungsbehörde zu übernehmen. Aber auch hier müssen die Kosten dem angestrebten Ziel der Verwaltungsvereinfachung und Bürgernähe gegenübergestellt werden.

8. Rechtliche Organisationsformen der IKZ

401 a) **Zweckverband.** Der Zweckverband ist eine erprobte und weit verbreitete Form der IKZ. Hier geht die Aufgabenverantwortung von der Gemeinde auf den Zweckverband als Körperschaft des öffentlichen Rechts über. Ihre Organe sind die Verbandsversammlung, deren Mitglieder von den Gemeinderäten entsandt werden und der Verbandsvorsitzende.

402 b) **Verwaltungsgemeinschaft.** Mit dem Gemeindeverwaltungsverband und der vereinbarten Verwaltungsgemeinschaft gibt es zwei Formen.
Der **Gemeindeverwaltungsverband** ist eine eigene Körperschaft mit Verbandssatzung und eigener Verwaltung.
Im Gegensatz dazu werden bei der **vereinbarten Verwaltungsgemeinschaft** durch eine erfüllende Gemeinde Aufgaben übernommen. Organe sind beim Gemeindeverwaltungsverband die Verbandsversammlung und der Verbandsvorsitzende, bei der vereinbarten Verwaltungsgemeinschaft dagegen nur der Gemeinsame Ausschuss.

403 c) **Öffentlich-rechtliche Vereinbarung und öffentlich-rechtlicher Vertrag.** Beide Rechtsformen bilden keine eigene Rechtspersönlichkeit. Dabei werden lediglich

Aufgabenbereiche zur Erledigung oder Mitwirkung übertragen. Es erfolgt kein vollständiger Aufgabenübergang. Der Einfluss der jeweiligen Gemeinde ist durch den Vertrag gestaltbar. Es besteht die Möglichkeit ein Abstimmungsgremium zu bilden, was unter Zweckmäßigkeits- und Wirtschaftlichkeitsgründen zu prüfen wäre.

d) Privatrechtliche Formen der IKZ. – aa) Gesellschaft mit beschränkter Haftung (GmbH). Die GmbH ist als juristische Person eine Kapitalgesellschaft mit Haftungsbeschränkung. Aufgaben werden im Gesellschaftsvertrag genau definiert. Zu beachten sind dabei die Restriktionen der §§ 102 ff. GemO. Neben der Geschäftsführung und der Gesellschafterversammlung kann, abhängig von der Zahl der Arbeitnehmer, ein Aufsichtsrat gebildet werden.

bb) Aktiengesellschaft (AG). Die AG ist als Kapitalgesellschaft eine juristische Person. Die Aufgaben sind im Gesellschaftsvertrag definiert. Sie ist nachrangig gegenüber anderen Rechtsformen. Die Gemeinde selbst hat bei der AG nur einen eingeschränkten Einfluss. Einschränkungen ergeben sich aus den §§ 102 ff. GemO. Organe sind der Vorstand, der Aufsichtsrat und die Hauptversammlung.

Umfang und **Inhalt** einer beabsichtigten Zusammenarbeit und die daraus abgeleitete rechtliche Organisationsform müssen in jedem Einzelfall sehr genau geprüft werden. Dabei ist zu unterscheiden, ob Aufgaben und Zuständigkeiten übertragen werden, oder eine einfache Kooperation ausreichend ist. Bei der Übertragung von Aufgabenverantwortung ist der Zweckverband die erste Wahl. Auch Verwaltungsgemeinschaften und öffentlich-rechtliche Vereinbarungen sind bewährte öffentlich-rechtliche Organisationsformen der IKZ.
Bei den Privatrechtsformen dominiert die GmbH gegenüber der AG. Die GmbH bietet sich an, wenn nicht öffentliche juristische Personen beteiligt werden, was z. B. bei Wirtschaftsfördergesellschaften durch Hereinnahme von Banken und Sparkassen als Mitgesellschafter gelegentlich der Fall ist. Grundvoraussetzung für die Beteiligung einer Gemeinde an einer GmbH oder AG ist es jedoch, dass der öffentliche Zweck das Unternehmen rechtfertigt.

9. Verlagerung von Aufgaben

Die Gemeinden sind, ebenso wie Privatunternehmen, gefordert, ihre Aufgabenerfüllung **betriebswirtschaftlich** zu **kalkulieren**. Im Bereich der EDV ist es üblich geworden externe Dienstleister zur Erfüllung einzelner Aufgaben zu verpflichten. Auch im Bereich des Bauhofes ergibt sich zunehmend die **Notwendigkeit** zu **überprüfen**, ob der erforderliche Aufwand an Maschinen und Personal die Erledigung einzelner Aufgabengebiete in eigener Regie noch wirtschaftlich rechtfertigt. Bei Aufgaben die einerseits nur in einem zeitlich begrenzten Umfang anfallen, andererseits aber einen hohen Aufwand an Personal, Maschinen, Gerätschaften und Fahrzeugen erfordert, sollte geprüft werden, ob die Vergabe solcher Arbeiten an kleinere oder mittelständische Unternehmen und Dienstleister aus der Gemeinde oder der Region nicht eine wesentlich bessere **Kosten-Nutzen-Relation** gegenüber der Erfüllung durch die Gemeinde ergibt. Diese Frage stellt sich bei manchen Gemeinden, beispielsweise beim Winterdienst. Bewährt hat sich hier neben der eigenen Aufgabenerfüllung eine Kooperation mit örtlichen Bau- oder Landwirtschaftsbetrieben; gleiches gilt für Saisonarbeiten, wie der Pflege von Grünanlagen, Spielplätzen und Sportplätzen. Vor allem der hier erforderliche hohe Personalaufwand lässt bei einer Vergabe an private Dienstleister eine wesentlich bessere Wirtschaftlichkeit erwarten. Gleiches gilt für Reinigungsdienste.

10. Public Private Partnership (PPP)

408 Für Gemeinden, deren Investitionskraft eingeschränkt ist, ergibt sich die Möglichkeit vor allem bei der Erneuerung und Modernisierung von Infrastruktureinrichtungen in **enger Zusammenarbeit mit Privatunternehmen** dringend notwendige Investitionen vorzuziehen. Über eine Ausschreibung kann ein privater Geldgeber beauftragt werden, in Infrastruktureinrichtungen einer Gemeinde, wie z. B. einer Schule, einer Straße oder einer Freizeiteinrichtung zu investieren und diese langfristig zu betreiben. Die Gemeinde leistet an den privaten Investor ein entsprechendes Entgelt. Der **Vorteil** für die Gemeinde liegt in der Modernisierung der Infrastruktur, der Einsparung von Kosten und Zeit und einer hohen Qualitätssicherung. Zusätzlich werden Aufträge für die Wirtschaft vergeben.
Die unmittelbare Kostenverantwortung verbleibt bei dem privaten Investor.
Bei PPP können knappe öffentliche Mittel sehr effektiv eingesetzt werden. Für den Privatinvestor ergeben sich durch die Verbindung von Bau und Betrieb konjunkturunabhängig langfristig sichere Einnahmen. Die Gemeinde muss die wirtschaftlichste Variante zwischen PPP und der Eigenrealisierung wählen.

11. Der Gemeinderat und die sozialen Netzwerke (Social Media)

409 Mit den sozialen Medien hat der Gemeinderat eine Plattform, um mit den Bürgern aller Generationen zu kommunizieren. Allerdings empfiehlt es sich, Veröffentlichungen und Reaktionen auf Beiträge anderer Nutzer sehr genau zu überlegen. Denn für Äußerungen im Internet, insbesondere in sozialen Netzwerken wie Facebook, Twitter und Instagram, gelten dieselben Gesetze und Rahmenbedingungen wie auch bei Äußerungen im realen Leben, also insbesondere auch das Strafgesetzbuch – dort vor allem die Tatbestände der §§ 185 ff. (Beleidigung, üble Nachrede etc.).
Dies bedeutet grundsätzlich, dass sich der Gemeinderat, wie sonst auch, in diesem Rahmen frei äußern kann. Seine öffentlichen Aussagen stehen aber auch bei jeder im Internet getroffenen Äußerung im Spannungsverhältnis zu „Sprachregelungen", die in der Gemeinderatsfraktion vereinbart wurden.

> **Wichtig!**
> – Werden Beiträge im Internet geteilt oder geliked, macht sich der Gemeinderat den Inhalt des Beitrags zu eigen. Diese Beiträge sind grundsätzlich als seine eigene Meinungsäußerung zu betrachten.
> – Kommentare zu Beiträgen im Internet, Posts oder Twitter-Nachrichten geben selbstverständlich die Meinung des Gemeinderats wieder.
> – Grundsätzlich kann JEDE Äußerung in sozialen Netzwerken zu ihrem Urheber zurückverfolgt werden.

III. Infrastruktur **409**

Daher die **Faustformel**: Jede Äußerung im Internet ist wie ein veröffentlichter Leserbrief in einer Zeitung unter Nennung des Autors, mit allen rechtlichen und politischen Konsequenzen.
Die Öffentlichkeit – auch die im Internet – unterscheidet darüber hinaus nicht zwischen der Privatperson und der Funktion als Gemeinderat. Dessen muss sich der Gemeinderat bei jeder Äußerung im Internet bewusst sein.
Nicht vergessen: DAS NETZ VERGISST NIE!

Stichwortverzeichnis

Die Zahlen beziehen sich auf die fortlaufenden Randnummern.

Abwägung 340 f.
AG *siehe Aktiengesellschaft*
Agglomeration 348
Aktiengesellschaft 405 f.
- Aufsichtsrat 315h
- Hauptversammlung 315h
- Organe 315h
- Vorstand 315h
Aktivierte Eigenleistungen, Bestandsveränderungen 215
Ältestenrat 131
Anfechtungs- oder Verpflichtungsklage 6
Anhang 283
Anlage zum Haushaltsplan 240
Arbeitsmarkt
- Erschaffung und Erhaltung von Arbeitsplätzen 390
- Gewerbefläche 390
- Industriefläche 390
- Zusammenarbeit mit Industrie, Handel und Gewerbe 390
Artenschutz 324, 329, 350
Ärztliche Versorgung 399
Aufgabenerfüllung, stetige 150
Aufstellungsbeschluss 337
Aufwendungen für Sach- und Dienstleistungen 216
Ausschüsse des Gemeinderats
- Befugnisse 122
- Beratende Ausschüsse 125
- Beschließende Ausschüsse 120
- Bildung 120, 125
- Geschäftsgang 123, 127
- Zusammensetzung 124, 128
- Zuständigkeit 122, 126
Außenbereich 358
Außerordentliche Aufwendungen 217
Außerordentliche Erträge 217
Außerplanmäßige Aufwendungen und Auszahlungen 259

Barrierefreiheit 357
Baugenehmigung 370
Bauleitplanung 320, 322, 336
Baunutzungsverordnung 332, 345
Bauordnungsrecht 319
Bauplanungsrecht 368

Baurecht
- öffentliches Baurecht 316
- privates Baurecht 316
Bebauungsplan 324
- Einfacher Bebauungsplan 328
- Innenentwicklung 329
- Qualifizierter Bebauungsplan 326
- Vorhabenbezogener Bebauungsplan 327
Bedarfsdeckungsprinzip 139
Befangenheit
- Ausnahme vom Mitwirkungsverbot 56
- Begriff 47
- Feststellung 54
- Gruppeninteressen 57
- Organmitgliedschaft 51
- Tatbestandsmerkmale 49
- Verlassen der Sitzung bei Befangenheit 55
- Wahlen in ehrenamtliche Tätigkeiten 58
- wegen Interessen Dritter 50
- wegen sonstiger Tätigkeit 53
Beiträge 187
Beschlussfassung im schriftlichen, elektronischen Verfahren oder durch Offenlegung 111
Besonderes Städtebaurecht 366
Bestellung eines Beauftragten 6
Betätigung, wirtschaftliche 288
- Ziel 293
Betriebsausschuss 299
Betriebsleitung 299
Betriebssatzung 297
Bewirtschaftungsbefugnis 256
Bezirksbeirat 129 f.
Bilanz 282
Bilanzregel, goldene 301
Brandschutz 374
Bruttogrundsatz 250
Budget 237
Budgetrecht 141
Bürgerantrag *siehe Einwohnerantrag*
Bürgerbegehren 135
Bürgerentscheid 134
Bürgermeister 37
- Allgemeines 19

Stichwortverzeichnis

- Amtsverweser 22
- Eilentscheidungsrecht 20
- Ersatzbeschlussrecht 20
- gesetzlicher Vertreter der Gemeinde 20
- Personalrechtliche Stellung 21
- Rechtsstellung 20
- Stellvertreter des Bürgermeisters 22
- Vorsitzender des Gemeinderats 20

Bürgertag 381
Bürgerversammlung *siehe Einwohnerversammlung*

Deckungsgrundsätze 253
Deckungsmittel 158
Dispens 334
- Ausnahmen 346
- Befreiung 346

EEWärmeG 355
Einwohnerantrag 136
Einwohnerversammlung 137
Einzelhandelserlass 348
Entschädigung für ehrenamtliche Tätigkeit
- Anspruchsgrundlage 64
- Aufwandsentschädigung 65
- Durchschnittssätze 65
- Einkommensteuerpflicht 67
- Einzelabrechnung 65
- Pauschalabgeltung 65
- Reisekosten 66
- Unfallfürsorge 68

Erfolgsplan 303
Ergebnisabdeckungen aus Vorjahren 216
Ergebnisrechnung 279
Errichtung, Übernahme und Erweiterung wirtschaftlicher Unternehmen 291
Ersatzvornahme 6
EWärmeG 355

Facebook *siehe Soziale Medien*
Fachaufsicht 6
Fachbedienstete für das Finanzwesen 201
fakultative Gremien nach der Gemeindeordnung 10
Finanzbedarf 155
Finanzerträge 215
Finanzhoheit 140
Finanzrechnung 281
Flächennutzungsplan 323
Fraktionen 34 ff., 132, 378
Freiberufler 333

Gebühren
- Benutzungsgebühr 190
- Verwaltungsgebühr 189

Gemeinde
- Aufgaben der Gemeinde 2
- Freiwillige Aufgaben/Pflichtaufgaben 3
- Rechtsstellung 1
- Weisungsaufgaben 5
- Weisungsfreie Aufgaben 5
- Wirkungskreis 1

Gemeindeanteil an der Einkommensteuer 173
Gemeindeanteil an der Umsatzsteuer 174

Gemeinderat
- Akteneinsicht 36
- Amtseinführung 24
- Amtsführung 39
- Amtszeit des Gemeinderats 13
- Anspruch auf Sitzungsteilnahme 28
- Antragsrecht 30
- Aufnahme eines Punktes in die Tagesordnung 35a
- Ausscheiden aus dem Gemeinderat 15
- Einladung 27
- Entscheidungsfreiheit 25
- Fragerecht 33
- Größe des Gemeinderats 14
- Hauptorgan 12
- Hinderungsgrund 17
- Immunität 23
- Indemnität 23
- Mitwirkungsrechte 26
- Nachrücken 18
- Passives Wahlrecht 16
- Recht auf Abgabe einer Angelegenheit 38
- Recht auf Auskunftserteilung 36
- Recht auf unverzügliche Einberufung einer Sitzung 35
- Recht auf Verweisung einer Angelegenheit an einen Ausschuss 37
- Recht zu persönlichen Erklärungen 32
- Rechte von Gruppen und Fraktionen 34
- Rederecht 29
- Stimm- und Wahlrecht 31
- Teilnahmepflicht an Gemeinderatssitzungen 41
- Verpflichtung der Gemeinderäte 24
- Verschwiegenheitspflicht 42
- Vertretungsverbot 40

Gemeindevermögen 263 ff.
Gemeindliches Einvernehmen 361
Genehmigungsverfahren 319, 370

Stichwortverzeichnis

Gesamtabschluss 286
Gesamtergebnishaushalt
– Aufwendungen 212
– Erträge 212
– Gesamtergebnis 213
– Haushaltsausgleichsregel 213
– ordentliches Ergebnis 213
– Ressourcenaufkommen 212
– Ressourcenverbrauch 212
– Sonderergebnis 213
Gesamtfinanzhaushalt 218
gesamtwirtschaftliches Gleichgewicht 152
Geschäftsordnung 80
Gesellschafterversammlung 315h
Gewerbesteuer 167
GmbH 315g
– Aufsichtsrat 315g
– Geschäftsführung 315g
– Gesellschafterversammlung 315g
– Organe 315g
Große Kreisstädte 7
Grundsatz der Einzelveranschlagung 248
Grundsatz der Gesamtdeckung 253
Grundsatz der Haushaltswahrheit und -klarheit 246
Grundsatz der Jährlichkeit 242
Grundsatz der Kassenwirksamkeit 249
Grundsatz der periodengerechten Abgrenzung 249
Grundsatz der sachlichen Bindung 254
Grundsatz der sachlichen Einheit 245
Grundsatz der sachlichen Vollständigkeit 244
Grundsatz der Vorherigkeit 243
Grundsatz der zeitlichen Bindung 255
Grundsteuer 165
Grundversorgung 398
– Bankenwesen 398
– Einzelhandel 398

Haftung der Gemeinderäte 59
– Amtshaftung 61
– Disziplinarische Maßnahmen 63
– Privatrechtliche Haftung 60
– Strafrechtliche Verantwortung 62
Haushaltsausgleich 251
Haushaltsführung, vorläufige 206
Haushaltsgrundsätze, allgemeine 149
Haushaltskreislauf 147
Haushaltsplan
– Begriff und Bedeutung 209
– Bestandteile 211
– Gliederung 211

– Inhalt 210
Haushaltsquerschnitt 223
Haushaltsrechtlicher Kreditbegriff 268
Haushaltssatzung
– Außenwirkung 194
– besonderes Verfahren 192
– Doppelhaushalt 193
– Genehmigung 192
– Verbindliche Haushaltssatzung 194
– Zustandekommen und Erlass 197
Haushaltswirtschaft 149
Haushaltswirtschaft, sparsame 153
Hochwasserschutz 353a

Informationsveranstaltung 381
Innenbereich 358
Integration 389
Interkommunale Zusammenarbeit 400
– Gemeindeverwaltungsverband 402
– öffentlich-rechtliche Vereinbarung 403
– öffentlich-rechtlicher Vertrag 403
– Privatrechtliche Form 404
– Rechtliche Organisationsformen 401
– Verwaltungsgemeinschaft 402
– Zweckverband 401

Jahresabschluss 277
– Bestandteile 278
Jugendbegegnungsstätte 388
Jugendgemeinderat 133

Kassenkredite 270, 275
Kenntnisgabeverfahren 370
Kennzahlen zur Beurteilung der finanziellen Leistungsfähigkeit 151a
Kinderbetreuung 383
Kommunalanstalt 311, 313
– Besonderheiten 315c
– Haftung 314
– Organe 315
– Rechtsaufsicht 315b
– Rechtspersönlichkeit, Rechtsverhältnis 312
– Steuerung 315a
Kommunale Konkurrenz 294
Konsolidierung 286
Kontenplan 222
Konzessionsabgaben 186
Kostenerstattungen und Kostenumlagen 215
Kreditbedingungen 273

Landesbauordnung 369 f.

Stichwortverzeichnis

Mitgliedervereinigungen *siehe* Fraktionen
Monopolstellung 294

Nachbarschutz 373
Nachtragshaushaltssatzung 203

Öffentliche Bibliothek 385
Öffentliche Einrichtungen
– Abwasserbeseitigung 393
– Kindergarten 395
– Kindertagesstätte 395
– Museum 397
– Musikschule 396
– Schulwesen 394
– Volkshochschule 396
– Wasserversorgung 393
Öffentliche Finanzwirtschaft 139
Öffentlichkeitsarbeit 381
Öffentlich-rechtliche Leistungsentgelte 215
Ökokonto 351
Ordnungswidrigkeit 375
Organisations- und Rechtsformen
– Eigenbetrieb 297
– Regiebetrieb 296
– Unternehmen und Einrichtungen in Privatrechtsform 315e
Örtliche Bauvorschrift 344, 365
Ortschaftsrat 129

Parallelverfahren 331
Personalaufwendungen 216
Planmäßige Abschreibungen 216
Planungshoheit 320, 361
Planzeichenverordnung 345
Privatrechtliche Leistungsentgelte 215
Produkt 229
Produktbereiche 229
Produktgruppen 229
Public Private Partnership (PPP) 408

Rangfolge der Erträge und Einzahlungen 158
Raumordnung 321
Rechenschaftsbericht 284
Rechtsaufsicht 6
Rechtsaufsichtsbehörde 6
Rechtsgeschäfte, kreditähnliche 274
Reisekosten 66

Satzung
– Außenbereich 359
– Innenbereich 359
Schadensersatz 342, 362, 365, 367

Schlüsselprodukt 231
Schulden 267 ff.
Schule 384
Selbstgestaltungsrecht 376
Selbstständige Kommunalanstalt *siehe Kommunalanstalt*
Seniorenpolitik 386
Sitzung des Gemeinderats
– Abstimmung 96
– Andere Gemeindebedienstete 107
– Änderung und Aufhebung von Beschlüssen 114
– Anhörung Betroffener 109
– Aussprache 88
– Beendigung 104
– Beigeordnete 106
– Beratungsvorlagen 79
– Beschlussfähigkeit 83
– Beschlussfassung 94
– Besonderheit bei Personalentscheidung 103
– Einberufung 75 f.
– Einberufungsform 78
– Einberufungsfrist 77
– Ersatzbeschlussrecht des Bürgermeisters 85
– Form der Beschlussfassung 95
– Fragestunde 110
– Gang und Reihenfolge 98
– Geheime Abstimmung 97
– gemeinsam handeln, beraten 69
– Geschäftsordnungsantrag 93
– Grundsatz der geheimen Wahl 101
– namentliche Abstimmung 96
– Nichtöffentliche Sitzung 73
– Niederschrift 115
– Offene Abstimmung 96
– Öffentliche Ankündigung der Sitzung 71
– Öffentlichkeit der Sitzung 70
– Rechtsaufsichtbehörde 108
– Redezeit 89
– Sachantrag 93
– Sachkundige Einwohner 105
– Sachverständige 105
– Sachvortrag 87
– Schluss der Aussprache 90
– Stellung von Anträgen 91
– Stichwahl 102
– Tagesordnung 79
– Teilnahme sonstiger Personen an der Sitzung 105
– Teilnahmepflicht 75
– Umfang der Öffentlichkeit 72

Stichwortverzeichnis

- Unterbrechung der Sitzung 104
- Verhandlungsleitung 81
- Vorbereitung der Sitzung 74
- Vorsitz 81
- Wahl 100
- Wahlvorgang 102

Social Media *siehe Soziale Medien*
Sondervermögen 145
Sonstige ordentliche Aufwendungen 216
Sonstige ordentliche Erträge 215
Sonstige Transfererträge 215
Soziale Medien 409
Sponsoring 162
Stadtkreise 7
Stammkapital 301
Stellenplan 239
Stellenübersicht 306
Steuern 164
Steuern, sonstige
- Grunderwerbsteuer 178
- Hundesteuer 175
- Jagdsteuer 177
- Vergnügungssteuer 176

Steuern und ähnliche Abgaben 215
Störpotenzial 346 f.
Süddeutsche Ratsverfassung 9

Teilergebnishaushalt 232
Teilfinanzhaushalt 235
Teilhaushalt 228
Träger öffentlicher Belange 324, 329, 338
Transferaufwendungen 216
Treuhandvermögen 146

Überplanmäßige Auszahlungen für Investitionen, die im Folgejahr fortgesetzt werden 262
Überplanmäßige und außerplanmäßige Aufwendungen 260
Überplanmäßige und außerplanmäßige Auszahlungen 261
Übertragbarkeit 255
Umschuldungen 269
Umwelt 329, 350
Unternehmen und Beteiligungen 287
Urbanes Gebiet 332

Veränderungssperre 337

Veranschlagungsgrundsätze 242
Veräußerung von Unternehmen 315i
Verbindlichkeitenübersicht 285
Vereine 387
Vereinfachtes Verfahren 330
Verkehrsinfrastruktur
- Busverkehr 391
- Erhalt und Ausbau 391
- öffentliches Schienennetz 391

Verlagerung von Aufgaben 407
Vermögenserwerb 263
Vermögensplan 305
Vermögensrechnung *siehe Bilanz*
Vermögensübersicht 285
Vermögensveräußerung 265 f.
Verpflichtungsermächtigungen 224
Versorgungsaufwendungen 216
Verwaltung und Nachweis des Vermögens 264
Verwaltungsgemeinschaften 138
Volkshochschule 385
Volksvertretung 12

Weitere Gremien 11
Wirtschaftlichkeit 154
Wirtschafts- und Finanzierungsgrundsätze 148
Wirtschaftsplan 303
Wohnraum
- Bereitstellung 392
- städtebauliche Entwicklung 392

Zielabweichungsverfahren 325
Zinsen und ähnlichen Aufwendungen 216
Zulässigkeit von Kreditaufnahmen 271
Zurückstellung des Baugesuchs 337
Zuweisungen des Landes
- Bedarfszuweisung aus dem Ausgleichsstock 182
- Kommunale Investitionspauschale 180
- Kommunaler Investitionsfonds 186
- Schlüsselzuweisung nach mangelnder Steuerkraft 181
- Sonstige Zuweisung nach dem Finanzausgleichsgesetz 184
- Zuweisung zum Ausgleich von Sonderlasten 183

Zuweisungen und Zuwendungen 215

2., erweiterte und aktualisierte Auflage
2017. XIX, 343 Seiten. Kart. € 42,-
ISBN 978-3-555-01808-9
Fokus Verwaltung

Löhken/Brugger
Kommunale Redepraxis

Dieses Buch bietet Führungskräften eine schrittweise Anleitung, gelungene Reden vorzubereiten und zu halten. Darüber hinaus gehen die Autoren auf andere wichtige Bereiche der verbalen Kommunikation und die Körpersprache ein. In den neuen Kapiteln der 2. Auflage werden zudem die sehr aktuellen Themen „Social Media" sowie „Bürgerbeteiligung und Bürgermitwirkung" behandelt.

Jedes Kapitel wird durch Checklisten und Übersichten ergänzt. Besonderen Wert legen die Autoren auf Faktoren, die eine Führungskraft in ihrer Kommunikation glaub- und vertrauenswürdig machen – und damit auf Dauer erfolgreich.

Das Buch richtet sich vor allem an Oberbürgermeister, Bürgermeister, Landräte, Beigeordnete, Amtsleiter, Stadträte, Gemeinderäte, Kreisräte und andere Führungskräfte sowie an Bewerber für Führungspositionen.

Die Autoren:
Dr. Sylvia Löhken, promovierte Sprachwissenschaftlerin, zertifizierter Coach und Expertin für persönlichkeitsgerechte Kommunikation. Norbert Brugger, Dezernent, Städtetag Baden-Württemberg.

Leseproben und weitere Informationen unter www.kohlhammer.de

W. Kohlhammer GmbH
70549 Stuttgart

4. Auflage. Loseblattausgabe
Gesamtwerk – 25. Lieferung
Stand: Dezember 2018
Ca. 3.590 Seiten inkl. 3 Ordner. € 209,–
ISBN 978-3-17-017619-5
Kommentar

Loseblattwerke werden zur Fortsetzung geliefert. Eine Abbestellung ist jederzeit möglich. Auf Wunsch auch als Einmalbezug.

Kunze/Bronner/Katz

Gemeindeordnung für Baden-Württemberg

Das 1956 begründete, dreibändige Werk ist der bewährte und führende Standardkommentar zur Gemeindeordnung für Baden-Württemberg mit einer ausführlichen und grundlegenden Kommentierung des Gesetzes. Die fundierten Erläuterungen stellen Entstehungsgeschichte, Zweck und Entwicklung sowie die Systematik der Regelungen praxisnah dar. Die Hinweise auf weiterführendes Schrifttum und die höchstrichterliche Rechtsprechung beziehen auch die parallele Entwicklung der Materie in den anderen Bundesländern mit ein. Das Gemeindehaushaltsrecht ist während der mehrjährigen Übergangszeit für die Einführung der Reform („Kommunale Doppik") in der bisherigen und der neuen Fassung nebeneinander dargestellt.

Die Kommentierung wird ergänzt durch aktuelle, einschlägige Textauszüge aus dem Grundgesetz und der Landesverfassung sowie durch die Texte des Gesetzes über kommunale Zusammenarbeit (GKZ), des Eigenbetriebsgesetzes (EigBG), der Verordnung zur Durchführung der Gemeindeordnung (DVO GemO), der Gemeindehaushaltsverordnung (GemHVO) und der Gemeindekassenverordnung (GemKVO).

Leseproben und weitere Informationen unter www.kohlhammer.de

W. Kohlhammer GmbH
70549 Stuttgart

Kohlhammer